REDLINE WIRTSCHAFT
bei ueberreuter

Team Schlick

Führen leicht gemacht

Was Sie als Chef wirklich wissen müssen ...

REDLINE WIRTSCHAFT
bei ueberreuter

Team Schlick
Führen leicht gemacht: Was Sie als Chef wirklich wissen müssen ...
Frankfurt/Wien: Redline Wirtschaft bei Ueberreuter, 2003
ISBN 3-8323-0959-4

Unsere Web-Adressen:

http://www.redline-wirtschaft.de
http://www.redline-wirtschaft.at

1 2 3 / 2005 2004 2003

Umschlag: INIT, Büro für Gestaltung, Bielefeld
Coverabbildung: Getty Images, München

Typografie: deleatur:com
Druck: Druckerei Theiss GmbH, A-9431 St. Stefan im Lavanttal
Printed in Austria

Inhaltsverzeichnis

Für Bernardo

Vorwort

„Nullum est iam dictum, quod non sit dictum prius!“ („Es gibt nichts, was nicht schon früher gesagt wurde.“) – Das wussten schon die Gelehrten im alten Rom. Dies gilt vermutlich im besonderen Maße für Führung. Bücher über Menschenführung und Motivation gibt es wie Sand am Meer. Sie werden sich berechtigterweise fragen, warum wir uns dennoch entschlossen haben, dieser Menge an Büchern noch eines hinzuzufügen.

Bei unzähligen Seminaren und Workshops wurden wir immer wieder gefragt, welche weiterführende Literatur wir empfehlen können. Und da kamen wir schon in die Zwickmühle. Viele der ausgezeichneten Standardwerke sind entweder vergriffen oder nie auf Deutsch erschienen. Einige Lehrbücher sind zwar noch verfügbar, und dies sogar in deutscher Sprache, sie haben aber einen Umfang, der viele Leser abschreckt, deren Zeitbudget begrenzt ist. Zu guter Letzt sind in einigen Büchern vor allem einzelne Kapitel interessant, deswegen wird man aber nicht gleich das ganze Buch kaufen.

Es handelt sich bei dem vorliegenden Buch also um ein Kondensat aus all den Erkenntnissen zum Thema Menschenführung, die wir für wichtig halten, gespickt mit eigenen Anekdoten und Erlebnissen. Die unterschiedlichen Denkansätze werden einander gegenübergestellt und daraus eine Synthese versucht. Sie werden keine Moden in diesem Buch finden, denn einem Strohfeuer gleich verschwinden sie ebenso schnell, wie sie gekommen sind.

Menschen zu führen, ist die schwierigste Aufgabe der Welt! Mit diesem Buch soll es Ihnen leichter gemacht werden. Viele Verhaltensweisen, die Sie intuitiv an den Tag gelegt haben, werden Sie bestätigt finden. Das gibt Sicherheit. Andere Inhalte mögen neu für Sie sein, hier sind Sie eingeladen zu prüfen, was davon für Ihren Arbeitsalltag nützlich ist. Mithilfe der sofort verwendbaren Fragebögen und Arbeitspapiere können Sie morgen schon umsetzen, was Sie heute lesen.

Viel Spaß beim Lesen und viel Erfolg bei Ihrer „unmöglichen“ Aufgabe wünscht

Team Schlick

Einleitung

Sie kennen vielleicht die indische Geschichte, bei der eine Gruppe von Gelehrten in einem vollkommen dunklen Raum einen Elefanten untersuchte. Ziel war es herauszufinden, worum es sich bei dem riesenhaften Gebilde handelte. Jener, der gerade ein Bein berührte, sagte im Brustton der Überzeugung: „Es ist eine Säule, das ist ganz eindeutig!" Sein Kollege, der den Rüssel betastete, sagte: „Es ist eine große Schlange, das ist ganz klar!" Und jener, der den Stoßzahn berührte, war sich sicher, dass es eine Lanze wäre. Der Gelehrte beim Ohr bezeichnete das Gebilde als Fächer, ein anderer hingegen als Liege, denn er inspizierte den Rücken.

Natürlich besteht der Elefant aus all diesen Komponenten, erst die Gesamtheit aber macht ihn zu dem, was er ist.

Ähnlich verhält es sich mit der Führung. Menschenführung ist eine Kunst, die aus einer Reihe von Fähigkeiten, Fertigkeiten und Persönlichkeitsmerkmalen besteht. Die einzelnen in diesem Buch betrachteten Aspekte der Führung sind zwar Voraussetzung für die Beherrschung dieser Kunst, aber erst ihre Kombination ergibt den wahren Erfolg.

Wir haben uns diesem Thema angenähert, indem wir die Kunst des Führens in sieben Komponenten zerteilt haben. Jede dieser Komponenten beleuchtet diese Kunst von einer anderen Seite. Die Aufgliederung in genau die von uns gewählten Komponenten hat sich aus didaktischen Gründen in unzähligen Seminaren bewährt. Sie ist dennoch künstlich und entspricht nicht einem natürlichen Prinzip. Daraus resultiert notwendigerweise eine teilweise Überlappung der Inhalte; die Grenzen zwischen den Kapiteln sind fließend. Erst die Gesamtschau lässt das ganze Bild erkennen, so wie in der indischen Geschichte.

Mit folgenden Komponenten soll Ihnen die Führungsaufgabe leichter gemacht werden:

Führung

Was ist Führung und welche Stile haben sich im Laufe der Zeit herauskristallisiert? Hier geht es um eine allgemeine Begriffsbestimmung und wie sich Führung im Laufe der Geschichte verändert hat. Menschenführung ist nicht losgelöst vom Umfeld und vom Zeitgeist zu sehen, sondern von ihnen abhängig. Obwohl sich die Grundprinzipien der Führung seit dem antiken Rom nicht wirklich verändert haben, finden wir heute gänzlich andere Rahmenbedingungen vor. Globalisierung, Informationsgesellschaft und rascher Wandel sind nur einige von den Bedingungen, die die Führung vor große Herausforderungen stellen.

Motivation

Ist das Kernstück der Führung. Die Fähigkeit, Menschen bei ihren innersten Motiven und Wünschen zu erreichen, ist nicht hoch genug einzuschätzen. Nur dort, wo man Menschen berührt, kann man sie auch bewegen. Und Bewegung ist unabdingbar, wenn man überdurchschnittliche Leistungen benötigt. Unzählige Motivationstheorien wurden im Laufe der Geschichte formuliert, dann kritisiert und letztendlich vergessen. Es ist leicht, etwas zu verwerfen. Man sollte das aber nur tun, wenn man etwas Besseres in der Hand hat. Viele Modebücher über Motivation, die sich über die Theorien lustig machen, können nichts Besseres anbieten.

Peter Drucker, Altmeister der Führung, sagte einmal: „Wir wissen nichts über Motivation. Alles, was wir tun können, ist, Bücher darüber zu schreiben."

Im Grunde hat er natürlich Recht. Trotzdem beinhalten die meisten Motivationstheorien zumindest einen interessanten Denkansatz. Da es noch keine allgemein gültige und umfassende Theorie zu diesem Thema gibt, haben wir uns entschlossen, viele dieser Theorien einander gegenüberzustellen und zu vergleichen. Aus der Synthese all dieser Theorien, so hoffen wir, können Sie für Ihre Führungsaufgabe etwas mitnehmen.

Kommunikation

Wird von den meisten Führungskräften als Schlüssel des Erfolges gesehen. Es geht im Wesentlichen darum, möglichst ohne Missverständnisse und in einem guten Klima Informationen, Befindlichkeiten und Meinungen den anderen kundzutun. Genau daran scheitern aber die meisten Gruppen. Die Folgen sind Missgunst, Fehlinterpretationen und zerstörerische Konflikte. Es wäre natürlich eine Illusion zu glauben, dass Kommunikation in einem Seminar oder durch die Lektüre eines Buches plötzlich einwandfrei funktionieren wird, aber schrittweise Verbesserungen sind allemal zu erzielen. Wie heißt es so schön: Steter Tropfen höhlt den Stein!

Teams

Sind die Grundlage jeder Zusammenarbeit. Als Führungskraft werden Sie während Ihres Arbeitslebens vermutlich öfter gefordert sein, Teams ins Leben zu rufen, seien es Projektteams, Qualitätszirkel oder Entwicklungsteams. Teams sind jedoch nur effektiv, wenn man eine Reihe von gruppendynamischen Gesetzmäßigkeiten berücksichtigt. Tut man dies nicht, so sind Reibungsverluste und ineffiziente Ergebnisse die Folge. Dieses Kapitel beschäftigt sich mit den unterschiedlichen Arten von Teams, worauf man bei der Teamzusammensetzung achten sollte und wie man aus einem Haufen von Individuen ein arbeitsfähiges Team macht.

Konflikte

Konflikte sind, und sie sind gut. Aber nur, wenn sie die Grundlage für eine Verbesserung darstellen. Ihnen ist nämlich auch eine zerstörerische Kraft inhärent, die es abzuwenden gilt. Stattdessen kann – bei richtiger Umlenkung – diese Kraft in eine positive Win-Win-Lösung verwandelt werden. Dazu bedarf es allerdings großen Fingerspitzengefühles und einiger Technik. Werden Konflikte nicht behandelt, sondern unter den Teppich gekehrt, so brechen sie meistens zum ungünstigsten Augenblick hervor, und zwar in aller Vehemenz.

Stress

Nur wenn Sie als Führungskraft Ihren eigenen Distress, also den schlechten Stress, unter Kontrolle haben und die positive Energie des Eustress nutzen können, werden Sie Ihre Mitarbeiter erfolgreich führen. Darüber hinaus ist es wichtig, den Stresslevel in der Gruppe zu erkennen, um gegenzusteuern.

Nur wenige Menschen sagen, dass ihre Arbeitsbelastung in den letzten Jahren abgenommen hat. Neue Kommunikationsmittel verlangen viel rascheres Reagieren. Noch vor einem Jahrzehnt kommunizierte man mit Briefen. Diese befanden sich einige Tage auf dem Postweg. Die Entwicklung der Faxgeräte beschleunigte die Kommunikation schon erheblich. Eine E-Mail will noch rascher beantwortet werden. Führungskräfte bearbeiten an einem Arbeitstag oft einige hundert Mails. Dies neben all den anderen Aufgaben, mit denen sie betraut sind. War früher der Beobachtungszeitraum für die Leistung ein Jahr, so werden heute die Ergebnisse zumindest vierteljährlich, oft sogar monatlich gemessen. All dies führt zu Stress, der in weiterer Folge in gesundheitlichen Problemen mündet, wenn nichts dagegen unternommen wird. Leider hören viele Menschen die Alarmglocken erst viel zu spät. Nämlich erst dann, wenn der Herzinfarkt zugeschlagen hat. In diesem Kapitel werden die frühen Alarmzeichen beschrieben und Gegenstrategien aufgezeigt.

Sozio-emotionale Intelligenz

Längst gilt der Intelligenzquotient alleine nicht mehr als ausreichend für Führungserfolg. Die Fähigkeit, Emotionen zu erkennen und mit ihnen umzugehen, ist mindestens genau so bedeutend. Die neue Formel dafür heißt:

Erfolg = IQ x EQ
(IQ = Intelligenzquotient, EQ = emotionaler Quotient)

Sie ist der Schlüssel zum gelungenen Zugang zu Ihrem Selbst und zu den Mitarbeitern. Davon hängt die Fähigkeit ab, Menschen zu gewinnen, ihnen mit Empathie zu begegnen, Konflikte zu einer Win-Win-Lösung zu bringen und zielführende Teamarbeit zu leisten.

Führen

Ein Führer ist am besten,
wenn man kaum weiß, dass
es ihn gibt. Nicht so gut,
wenn man ihm gehorcht und
zujubelt. Am ärgsten, wenn
man ihn verachtet ... Doch
von einem guten Führer, der
wenig spricht, wenn sein
Werk getan ist, sein Ziel
erreicht, werden alle sagen:
„Wir haben es selbst getan!"
Lao-tse

Die Definition

Fragen wir uns zunächst: Was heißt führen? Darauf ist eine praktikable Antwort:

Führen heißt, Ziele erreichen mit Menschen.

Diese Definition ist auf den Bergführer ebenso anwendbar wie auf den Manager eines kleinen oder großen Unternehmens.

Die zwei Hauptaufgaben einer Führungskraft sind demnach:

1. die Unternehmensziele zu verfolgen und
2. aus den Menschen, den Mitarbeiter/-innen, ein zielorientiertes Team zu machen.

Sie werden manchmal für die erste Funktion auch die Bezeichnung *Lokomotionsfunktion* oder *Zielfunktion* finden und für die zweite *Mitarbeiterfunktion* oder *Teamfunktion.*

Die Ureinwohner Nordamerikas haben die Führung ihrer Stämme zwei Personen übertragen: Es gibt den *Häuptling*, der die Stammesziele (= Zielfunktion) im Auge behält, und den *Medizinmann,* der für das Wohlergehen und die Gesundheit der Stammesmitglieder (= Mitarbeiterfunktion) zuständig ist.

Das Modell von Blake und Mouton

Die US-amerikanischen Wissenschaftler Blake und Mouton haben aus diesen beiden Hauptfunktionen ein Führungsmodell entwickelt. In diesem Modell werden den Funktionen der Führungskraft deren Orientierungen zugeordnet, woraus sich eine auf einer Skala von 1 bis 9 ausgedrückte „Ziel- oder Produktionsorientierung" und ebenso eine auf einer Skala von 1 bis 9 dargestellte „Mitarbeiterorientierung" ergibt. Die folgende Darstellung soll das erläutern:

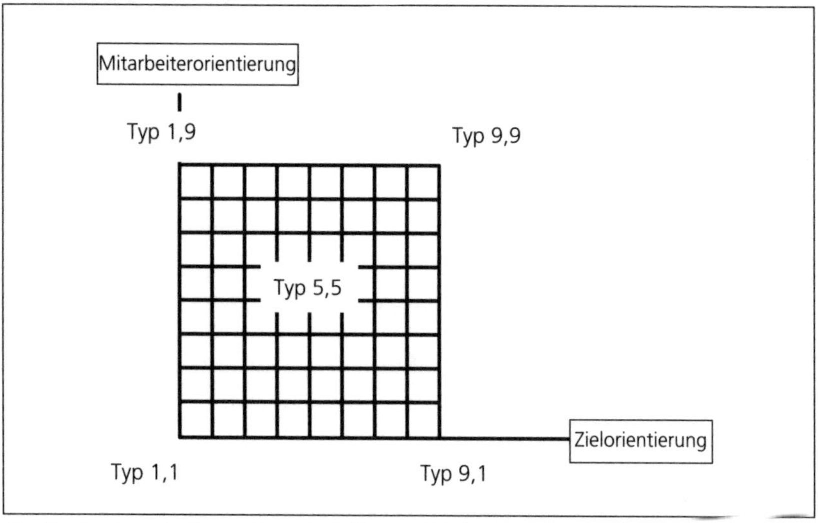

Grafische Darstellung des Modells von Blake und Mouton

Beschreibung der fünf Haupttypen:

Typ 1,1 Führungskräfte zeichnen sich dadurch aus, dass sie nur jene minimale Anstrengung im Unternehmen aufbringen, die notwendig ist, um Mitglied der Organisation zu bleiben.

Typ 1,9 Führungskräfte nehmen sorgfältig Bedacht auf die Bedürfnisse der Menschen, sie möchten befriedigende zwischenmenschliche Beziehungen und streben ein komfortables, freundliches Arbeitsklima an.

Typ 5,5 Führungskräfte setzen gerade soviel Energie ein, dass es eine zufrieden stellende Leistung gibt und gleichzeitig ganz gute Arbeitsbeziehungen aufrechterhalten bleiben.

Typ 9,1 Führungskräfte erreichen die Unternehmensziele, indem sie die oft störenden Einflüsse der Mitarbeiter/-innen auszuschalten versuchen.

Typ 9,9 Führungskräfte sehen das Unternehmensziel als Ergebnis von engagierten, motivierten Mitarbeiter/-innen; die Arbeit am gemeinsamen Zweck führt zu einem Klima, das von Respekt und Vertrauen getragen ist.

Es gibt Personen, die sich wohler fühlen, wenn es um die Erreichung von Unternehmenszielen geht, als wenn Mitarbeiteraufgaben zu erledigen sind. Umgekehrt ziehen es manche Führungskräfte vor, sich um Anliegen von Mitarbeitern zu kümmern, mit ihnen zu reden und sie zu motivieren, anstatt vorrangig die Ziele des Unternehmens zu verfolgen. Wenige zeigen eine gleichermaßen starke Ausprägung in beiden Orientierungen. Dieser Typ (9,9) ist als Idealtyp zu bezeichnen. Jede Abweichung davon zeigt die individuellen Entwicklungspotentiale auf.

Die Anwendung des Modells

Erforschen Sie sich in fünf stillen Minuten selbst! Bei welchen der beiden Hauptfunktionen haben Sie sich in der Vergangenheit wohler gefühlt und welche haben Ihnen die größeren Erfolge gebracht: Als Sie sich hauptsächlich mit Mitarbeiter/-innen und deren Motivation und Problemen beschäftigten? Oder als Sie in erster Linie die Effizienz des Unternehmens im Auge hatten und dabei versuchten, den oft auch störenden Einfluss der Mitarbeiter/-innen auszuschalten? Oder liegt Ihnen beides gleichermaßen?

Tragen Sie Ihre Selbsteinschätzung in ein Blatt nach diesem Schema ein, fragen Sie Kolleg/-innen, wie diese Sie sehen.

Der gesellschaftliche Zusammenhang

Führen findet immer im gesellschaftlichen Zusammenhang statt und wird von diesem beeinflusst. „Jede Zeit lebt bewusst oder unbewusst von dem, was die ‚Denker', unter deren Einfluss sie steht, hervorgebracht haben" (A. Schweitzer). So handeln auch Führungskräfte immer im Geiste ihrer Zeit.

„Was ist nun der Geist unserer Zeit?", werden Sie fragen. Beschränken wir uns auf die westliche Industriegesellschaft, so ist ihr Geist dabei, sich zu verändern, im Wandel begriffen. Es gibt einen vorherrschenden Trend und einen oder mehrere Gegentrends, woraus sich viele Widersprüche ergeben.

Neue Werthaltungen

Den vorherrschenden Trend könnte man mit den folgenden für diesen Zusammenhang wichtigsten Werthaltungen beschreiben:

- Das Kapital ist wichtiger als der Mensch.
- Quantität geht vor Qualität.
- Analyse ersetzt Synthese.
- Wettbewerb überwiegt Kooperation.

Was sind die besonderen Probleme, die Führungskräfte zu erwarten haben? Was macht „Führen" im Geiste unserer Zeit besonders schwierig? Und gibt es Lösungswege?

Globalisierung

Mit der Öffnung des Eisernen Vorhangs, der den „kapitalistischen Westen" vom „kommunistischen Osten" für Jahrzehnte getrennt hatte, wurde die ganze Welt zu einem Markt. Ganze Bücher haben sich diesem Phänomen gewidmet. Viele davon befürworten diese Entwicklung und erwarten bessere Lebensbedingungen sowohl für die Industrieländer als auch für die Länder, die sich in Entwicklung befinden. Es gibt aber auch eine ganze Reihe von Autoren, die die negativen Folgen der Globalisierung höher einschätzen als ihre Vorteile.

Wieder liegt die unterschiedliche Position hauptsächlich im Welt- und Gesellschaftsbild des Betrachters.

Mögliche Auswirkungen der Globalisierung auf die Führungskräfte:

- Die Wirkungskette **erhöhter Wettbewerb – Kostendruck – Abwandern in Billiglohnländer** stellt überall ganz spezifische Herausforderungen an das Management.
- Zusammen mit der Internettechnologie hat das **Tempo** in den Betrieben stark zugenommen. Der Wandel ist zur ständigen Herausforderung geworden. Erholung ist nicht mehr vorgesehen, es gibt kaum Ruhepausen für Unternehmen (und ihre Mitarbeiter), die an der Front der Globalisierung stehen. Da es sich bei der Globalisierung um einen dynamischen Prozess handelt, gibt es auf der einen Seite Unternehmen, die schon sehr stark mit den Folgen konfrontiert sind – ihnen kommt Pionierfunktion zu –, und auf der anderen Seite Unternehmen, die den Wind der Veränderung noch wenig verspüren.
- Der gesteigerte **Kostendruck** führt zu absurden Maßnahmen. In manchen Unternehmen reduziert man einfach die „Köpfe" (ohne Unterschied, was in den „Köpfen" drin ist) und bekommt bald diesen Aderlass zu spüren. Oft sind es die älteren (= teureren) Mitarbeiter/-innen, von denen man sich trennt. Die verlorene Erfahrung und das Know-how bleiben außer Acht. Häufig müssen dann jüngere Nachfolger die Aufgaben übernehmen und werden vor unlösbare Aufgaben gestellt. Andere Unternehmen setzen sich zum Ziel, in zwei Jahren ihre Gesamtkosten zu halbieren oder jedes Jahr 20% davon einzusparen, um konkurrenzfähig – meist mit den Ländern im Fernen Osten – zu bleiben. Wieder andere reduzieren die hierarchischen Stufen, machen ihre Organisationspyramide flacher und hoffen auf Kosteneinsparung auf diesem Weg.
- Auch im **Outsourcing** suchen manche ihr Heil. Man stellt sich die Frage: „Make or buy?" Betriebsteile werden ausgelagert, und meist werden auch Einsparungen erzielt. Dass sich damit auch die Unternehmenskultur in eine nicht gewünschte Richtung verändern kann, wird selten berücksichtigt.

Während und am Ende all dieser Maßnahmen fehlt oft eine Zukunftsperspektive. Damit bleibt häufig eine wenig motivierte, sehr oft sogar eine vorwiegend demotivierte Mannschaft übrig, mit der man dann im verschärften Wettbewerb bestehen soll. Ausdruck dieser Situation ist der Ausspruch einer 45-jährigen Führungskraft: „Die restlichen 15 Jahre biege ich schon noch herunter!“

Wir sehen allerdings gleichzeitig mit diesen Phänomenen des Wettbewerbs, dass die Zahl der internationalen Kooperationen oder Firmenübernahmen im Zuge der Globalisierung ebenso stark zunimmt. Robert Reich (Harvard-Professor und in der Clinton-Administration Minister für Arbeit) beschreibt diese neuen Formen der Kooperation am Beispiel des Mazda-Konzerns folgendermaßen:

> „Der neueste Sportwagen hat in Kalifornien sein Design erhalten, in Tokio und New York ist das Projekt finanziert worden, in Worthing (England) ist der Prototyp entstanden und in Michigan (USA) und Mexiko wird der Wagen produziert – wobei modernste elektronische Komponenten zur Anwendung kamen, die in New Jersey entwickelt und in Japan gefertigt wurden."

Robert Reich kommt zu dem Schluss, dass es in naher Zukunft keine bedeutenden nationalen Unternehmen mehr geben wird, sondern nur noch internationale Konzerne. Die Berufsqualifikation („human factor“) wird mehr und mehr für die Wertschöpfung in einem Land verantwortlich sein, meint Reich.

Nicht zuletzt kommen die Mitarbeiter und die Geschäftspartner aus zunehmend verschiedenen Kulturkreisen – man denke nur an die Öffnung Europas und die Internationalisierung der Handelswege.

Qualifikationsmerkmale der globalen Führungskraft

Was wird heute und in Zukunft von einer idealen „globalen Führungskraft“ verlangt?

1. Sie wird sich in den wichtigsten Weltmärkten Europa, Nord- und Südamerika und Asien auskennen müssen. Sie muss über deren Geschichte, Wirtschaft, Kultur und Sprache Bescheid wissen.
2. Sie wird kultur-tolerant sein müssen. Sie muss davon überzeugt

sein, dass keine Kultur den Anspruch erheben kann, besser oder schlechter zu sein als eine andere. Vielmehr wird sie Kulturen als unterschiedliche, aber gleichwertige Manifestationen derselben menschlichen Basiserfahrungen (Geburt – Liebe – Tod) verstehen.

3. Sie wird anpassungsfähig und stabil gleichzeitig sein müssen. Sie muss fähig sein, sich in verschiedenen „Umwelten" zurechtzufinden und sich gleichzeitig der Wurzeln des eigenen kulturellen Erbes bewusst sein.
4. Sie wird sensibel und empathisch sein müssen. Sie muss verbale und nonverbale Äußerungen im Umgang mit Menschen anderer Kulturen erspüren und sie nicht wertend als Unterschiede zur Kenntnis nehmen und berücksichtigen.
5. Sie wird ein Identitätsbewusstsein haben müssen. Sie muss wissen, woher sie kommt und wer sie ist. So kann sie Erlebnisse und Kenntnisse der unterschiedlichen Kulturen bewusst als Impuls und Aufruf erleben, die eigenen Werte und Verhaltensweisen zu überprüfen und gegebenenfalls auch zu verändern.
6. Sie wird sich als Weltbürger verstehen und sich dieser Welt umfassend verpflichtet fühlen müssen. Verpflichtet fühlen in dem Sinne, dass ihr bewusst ist, dass nicht nur die globalen Bedrohungen wie Atomkrieg und Umweltzerstörung Engagement verlangen. Der verantwortlich verpflichtete Weltbürger wird aktiv an der Verbesserung der Lebenschancen der Mitbürger mit schlechter Ausgangslage mitwirken und diese ethische Haltung mit unternehmerischem Handeln verbinden.

Zugegeben, diese Anforderungen sind als ideal zu bezeichnen. Sie sollen bei Fragen der Besetzung von interkulturell sensiblen Führungspositionen Orientierungshilfe sein.

Fazit der Globalisierung

Getriebensein („Stress" ist das am häufigsten verwendete Wort unter Führungskräften geworden), Identitätsverlust, Fremdbestimmung sind die Folgen. Aktive Lebensplanung wird unmöglich gemacht oder erschwert. Oft wird vergessen, dass Wachstum nicht alles ist.

Die Spezialisierung in arbeitsteiliger Produktion

Die Fülle des heute vorhandenen Wissens kann von einer Person nicht mehr bewältigt werden. Das hat zur Folge, dass das Wissen der Mitarbeiter auf allen Hierarchieebenen für die Zielerreichung benötigt wird. Ein Handwerker zu Beginn des vorigen Jahrhunderts, z. B. ein Tischlermeister, hat über mehr Kenntnisse verfügt als etwa ein Geselle oder Lehrling. Heute sagt die Hierarchieebene darüber nichts mehr aus. Führungskräfte müssen sich auf das spezialisierte Wissen ihrer Mitarbeiter verlassen, ja, sind häufig davon abhängig. Eine Führungskraft heute kann nicht mehr über alles Bescheid wissen. Versucht sie das, fühlt sie sich bald überfordert.

Das Tempo der Innovationen

Am besten wird das Tempo, in dem sich Wirtschaften und Führen heute in den westlichen Industriegesellschaften abspielt, durch folgende Übersicht über technische Innovationen dargestellt:

Christi Geburt bis 1900:	1900 Jahre	➔	eine angenommene Menge
1900 bis 1985:	85 Jahre	➔	eine vergleichbare Menge an technischen Neuerungen
1985 bis 2000:	15 Jahre	➔	eine vergleichbare Menge an technischen Neuerungen

- Das bedeutet, dass von Christi Geburt bis zum Jahr 1900 sechzig Generationen Zeit hatten, die technischen Neuerungen hervorzubringen und sich an sie zu gewöhnen (Beispiele aus dieser Epoche: Buchdruck, Dampfmaschine, elektrischer Strom, Eisenbahn, Schreibmaschine etc.).
- Von 1900 bis 1985 hatten etwa drei Generationen Zeit, mit der gleichen Menge an technischen Erfindungen umzugehen (Bei-

spiele aus dieser Epoche: Automobil, Flugzeug, Telefon, Fernsehen, Computer etc.).

- In nur einer halben Generation von 1985 bis 2000 waren die Menschen mit derselben Zahl an technischen Neuerungen konfrontiert. Dazu hatten vorher 60 Generationen Zeit! (Denken Sie nur an die rasche Verbreitung des „Personalcomputers“, des Mobiltelefons und des Internets in der Zeitspanne von 15 Jahren!)

Das Wissen – auch der Führungskraft – veraltet schnell. Ruhepausen zwischen den Veränderungen werden selten. Dauerstress ist oft die Folge, der leicht zum Burn-out werden kann.

Der Wertewandel – vom Pflichtbewusstsein zum „Job“

Die empirische Sozialforschung ermittelt den Wandel gesellschaftlicher Werte regelmäßig durch Befragungen. Die Ergebnisse zeigen, dass die Orientierung an Pflicht- und Akzeptanzwerten (wie Disziplin, Gehorsam, Fleiß, Arbeit = Lebensinhalt etc.) zurückgeht, während die an Selbstentfaltungswerten (Emanzipation von Autoritäten, Partizipation, Abenteuer etc.) ansteigt.

Der Wertewandel ist kein kontinuierlicher Prozess. Er verläuft vielmehr in Schüben. In den letzten 30 Jahren wurden postmaterialistische Arbeitsmotive (Spaß an der Arbeit, persönliche Entwicklung, Partizipation, Emanzipation u. a.) immer wichtiger, materialistische (Wohlstand, Pflichterfüllung, Gehorsam etc.) hingegen sinken in der Bedeutung.

Führungskräfte sind häufig mit Konflikten zwischen den materialistischen Unternehmenszielen und den eigenen Lebenszielen sowie den Lebenszielen ihrer Mitarbeiter/-innen konfrontiert. Hier ist jeder Einzelne als Persönlichkeit gefordert.

Aktienmärkte und Vierteljahresberichte

> Zur Halbzeit sieht alles wie
> ein Misserfolg aus.
> *Rosabeth Moss Kanter*

Für börsennotierte Unternehmen ist ein weiterer von Führungskräften zu beachtender Faktor der Zwang zu kurzfristiger (und kurzlebiger) Darstellung von Erfolg geworden. Die mehr oder weniger willkürliche Bestandsaufnahme zu jedem Quartalsende (manche Unternehmen zielen ihre Ergebnisse schon auf das Monatsende ab) lässt häufig die langfristigen Zielsetzungen unberücksichtigt, sieht nicht das Ganze, sondern konzentriert sich auf Teile des Unternehmens, die medienwirksam als Erfolg dargestellt werden können. Damit will man Investoren günstig stimmen und eine positive Kursentwicklung an der Börse erreichen.

Darunter leiden langfristige Vorhaben wie z. B. Investitionen in Forschung und Entwicklung, Bildungsinvestitionen in Führungskräfte und Mitarbeiter/-innen oder längerfristige Maßnahmen, die der Entwicklung der Unternehmenskultur dienen. Gerade diese Maßnahmen sind auf den Bestand des Unternehmens ausgerichtet, werden jedoch durch die kurze Sichtspanne nicht gefördert, sondern im Gegenteil geradezu verhindert.

So weigert sich Porsche wohl aus gutem Grund, Vierteljahresberichte zu veröffentlichen.

Führungskräfte erleben den Konflikt zwischen den Zwängen, das langfristig Richtige oder das kurzfristig „Erfolgreiche" zu tun. Da ihr Einkommen häufig an das kurzfristig Erfolgreiche geknüpft ist, treffen sie oft zwar verständliche, aber in den Konsequenzen für das Unternehmen sich negativ auswirkende Entscheidungen.

Organisationsformen und Führungsstile

Führen findet meist in einem organisatorischen Rahmen, dem Unternehmen, statt. Dieser Rahmen mit seiner Struktur und seiner Kultur bildet oft eine Orientierungshilfe für die Führungskräfte. Andererseits kann aber auch unerwünschter und belastender Druck, sich konform zu verhalten, davon ausgehen. Diese Organisationsformen ändern sich zudem laufend mit dem Umfeld.

Die drei Organisationsprinzipien

Die folgenden grundsätzlichen Organisationsrahmen als Wege zur Zielerreichung stehen zur Verfügung:

Ziele können mit Gewalt erreicht werden
Starke Positionsmacht der Führenden und ein mächtiger Apparat zur Unterdrückung ist dazu erforderlich. Am Beispiel von Diktaturen lässt sich diese Form am besten darstellen. Ein Spitzelwesen stellt sicher, dass abweichende Systemgegner früh erkannt werden und sich Gegenmacht nicht entwickeln kann. In diesem Zusammenhang werden oft „charismatische“ Führer genannt wie Napoleon, Hitler, Stalin oder Saddam Hussein). Dem Führer wird die „göttliche Gnadengabe“ (Charisma) zugeschrieben, die den Anhängern mannigfaltige Möglichkeiten zur Identifikation und Projektion eröffnet. Massenveranstaltungen mit gezielter Massensuggestion sind typisch für diese Form der Herrschaft zur Stützung des Regimes.

In Unternehmen der westlichen Industrieländer wird man diese Form in ihrer extremen Ausprägung kaum finden, weil dazu der politische Rahmen fehlt. Im Zeichen der Globalisierung hat man es aber oft mit solchen Firmen in anderen Kulturkreisen zu tun.

Interessierten seien zur Vertiefung die psychoanalytischen Schriften eines Sigmund Freud oder Erich Fromm empfohlen.

Ziele können durch Regeln und Vorschriften erreicht werden
Diese Denkrichtung wird als das klassische Verständnis von Organisationen bezeichnet. Max Weber nannte diese Form **Bürokratie.** Zahllose

bürokratische Unternehmen sind Beweise dafür, dass das möglich ist. Sie sind gleichzeitig meistens Beweise dafür, dass diese Organisationsform wenig effizient und für marktorientierte Unternehmen in unserer Zeit existenzbedrohend sein kann. Diese von Weber als „ideale" Organisation bezeichnete Bürokratie zeichnet sich durch eine streng definierte Hierarchie aus. Weber baut sein Bürokratiemodell auf der technischen Kompetenz der Mitglieder auf. Die Abläufe (oder Prozesse) sind rational durchdacht und genauestens festgelegt. Der „menschliche Faktor" – wie Emotionen – bleibt weitgehend außer Acht.

Kritisiert wird die Bürokratie von mehreren Seiten. Sie passt sich an geänderte Rahmenbedingungen nur sehr langsam an. Ein weiterer häufig beobachteter negativer Effekt liegt auch darin, dass Führungskräfte in Bürokratien sich häufig mehr um ihre eigene Position und Verteidigung ihrer Autorität bemühen als um die Ziele des Unternehmens.

In bürokratischen Unternehmen findet Führung in sehr eingeschränkter Form als Administration statt. Die Gestaltungsfreiheit der Führungskräfte bleibt gering, ihr Potential und das ihrer Mitarbeiter/-innen bleibt oft ungefördert und ungefordert. Nicht Motivation, sondern Regeln und Vorschriften für die „ideale Organisationsform" sollen dafür sorgen, dass die Unternehmensziele erreicht werden.

Einige Vertreter des neoklassischen Verständnisses von Organisationen wie Douglas McGregor, Rensis Likert und Chris Argyris sehen zwar eine intensive Beteiligung der Mitarbeiter/-innen bzw. Arbeitsgruppen (Teams) am Entscheidungsprozess vor, halten aber an der Fiktion, dass es einen „besten Weg", die ideale Organisationsform gibt, fest.

Ziele können durch das Prinzip der Zusammenarbeit erreicht werden

Die zukunftsorientierte Weiterentwicklung findet im Modell der **„sich selbst organisierenden Systeme"** (SOS) ihren Niederschlag. Dieser Ansatz geht von der Fähigkeit der Organisationsmitglieder zu weitgehender Selbstorganisation aus (hoher Reifegrad) und vertritt die Meinung, dass immer mehrere „richtige" Wege zum Unternehmensziel führen, es demnach keinen „besten Weg" gibt.

Fazit
Die drei hier idealtypisch beschriebenen Organisationsformen sind in ihrer reinen Form in der Praxis selten zu finden. So haben Unternehmen, die sich dem Prinzip der Zusammenarbeit verschrieben haben, durchaus immer wieder gegen die scheinbar von selbst wachsende Bürokratie vorzugehen („Bürokratien blasen sich schneller auf als so mancher Airbag!"). Auch Bürokratien werden – oft begrenzt auf Abteilungen – ohne Zusammenarbeit nicht auskommen.

Die ersten Gehversuche mit „sich selbst organisierenden Systemen" werden seit wenigen Jahrzehnten mit unterschiedlichem Erfolg von teamorientierten Organisationen gemacht (z. B. von einigen Beratungsunternehmen, Volvo, General Electric, GM-Fabrik in Georgia).

Selbstorganisation ist anspruchsvoll – die Liste der möglichen Fallen ist lang! – und daher nicht für jedes Unternehmen geeignet. Aber wo sie funktioniert, ist der Erfolg groß.

Führungsstile

Entsprechend den Überlegungen, welche der beschriebenen Organisationsformen am besten geeignet ist, die Unternehmensziele zu erreichen, sind auch verschiedene Führungsstile (Managementstile) zu unterscheiden.

Führungsstile unterscheiden sich vor allem durch die Verteilung der Entscheidungsmacht und des Einflusses. Liegt die ganze Entscheidungsmacht beim Vorgesetzten, so spricht man vom **autoritären** Führungsstil, liegt der Einflussschwerpunkt mehr bei den Mitarbeiter/-innen (= Teammitgliedern), bezeichnet man den Führungsstil als **kooperativ** oder partizipativ. „Autoritär" und „kooperativ" bezeichnen die zwei theoretischen Extrempunkte auf einem Kontinuum. Praktisch wird man Mischformen mit Aspekten von beiden in verschiedener Ausprägung vorfinden.

Kommen wir auf die oben beschriebenen Organisationsformen zurück, so liegt nahe, dass Zielerreichung durch Gewalt (wie in Diktaturen) dem autoritären Führungsstil entspricht. Sollen Ziele durch Zusammenarbeit erreicht werden, so wird man den kooperativen Führungsstil wählen.

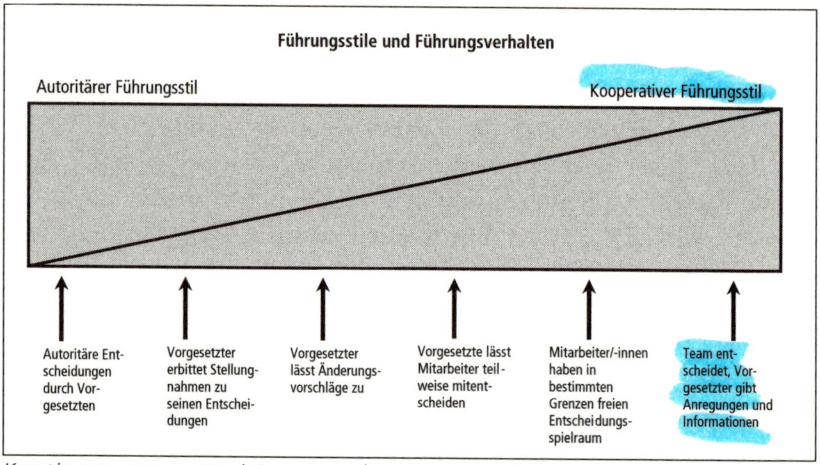

Kontinuum vom autoritären zum kooperativen Führungsstil

Es soll nicht unerwähnt bleiben, dass sich in allen Organisationsformen, besonders in Bürokratien, ein dritter Führungsstil entwickeln kann, der sich durch „Nichtführen" auszeichnet, weder den Organisationszielen dient noch den Mitarbeiterinteressen gerecht wird, und den man als „laissez faire" bezeichnen könnte. (Dieser Stil entspricht dem Typ 1,1 bei Blake/Mouton.)

Der richtige Führungsstil

Welche Einflussfaktoren bestimmen die Wahl des „richtigen" Führungsstils? Gibt es einen „idealen" Führungsstil? – Wenn auch die letzte Antwort darauf im Menschenbild und Weltbild des Betrachters liegt, geben die nachfolgenden Überlegungen eine Hilfestellung.

Ihre Positionsmacht

Zunächst ist die faktische Positionsmacht der Führungskraft zu erwähnen. Fehlt diese, ist autoritäre Führung gar nicht möglich.

Der Reifegrad der Mitarbeiter/-innen

Ein wichtiger, sehr oft übersehener Faktor! Unter Reifegrad ist zu verstehen, inwieweit jemand

- mit Freiheit verantwortlich umzugehen versteht,
- von innen arbeitsmotiviert und
- auch persönlich lern- und entwicklungsbereit ist,
- nach einem ethischen Standard handelt, sich also verlässlich und vorhersagbar verhält.

Wenn Ihre Mitarbeiter/-innen nach dieser Beschreibung „unreif" sind, wird ein extrem kooperativer Führungsstil wahrscheinlich nicht dazu beitragen, die gewünschten Ziele zu erreichen. Wenn Sie sich daher für einen autoritäreren Stil entscheiden, so ist zu beachten, dass Sie als Führungskraft die Aufgabe haben, diese unreifen Mitarbeiter/-innen in Richtung Reife zu entwickeln. In dem Ausmaß, in dem Ihnen das gelingt, werden Sie mehr und mehr den kooperativen Führungsstil anwenden können.

Die Aufgabenstellung
Zuletzt ist noch die Aufgabenstellung als Einflussfaktor auf den Führungsstil zu erwähnen. Je komplexer die Aufgabe, je mehr Lösungswege denkbar sind, um so eher wird der kooperative Führungsstil dem autoritären überlegen sein, jedoch nur unter der Voraussetzung, dass es sich bei Ihren Mitarbeiter/-innen um reife Personen handelt.

Führungsstil und Reifegrad der Mitarbeiter

Die Grafik auf der folgenden Seite soll die Beziehung zwischen Führungsstil und Reifegrad der Mitarbeiter/-innen darstellen. Die Fläche des Rechteckes entspricht dem gesamten Entscheidungsspielraum. Wie viel davon von der Führungskraft und wie viel von den Mitarbeitern ausgefüllt wird, zeigt die Linie.

Wenn eine Führungskraft den Großteil der Entscheidungen trifft und die Mitarbeiter mit dem verbleibenden Spielraum zufrieden sind, sprechen wir vom rein autoritären Führungsstil (Bild a). Beschränkt sich die Führungskraft auf die wirklich wichtigen Entscheidungen, und die Mitarbeiter nutzen ihren Entscheidungsfreiraum, dann wird das der kooperative Führungsstil genannt (Bild b).

In beiden Fällen werden alle Entscheidungen getroffen. Wenn eine autoritäre Führungskraft mit einem entwickelten und reifen Team zusammenkommt, das Freiräume gewohnt ist, dann kommt es zum Konflikt um den Anteil der Entscheidungen, der von beiden Seiten beansprucht wird. Im politischen Zusammenhang wäre das die Revolution (Bild c). Trifft jedoch eine kooperative Führungskraft auf ein unreifes Team, das mit Freiräumen schlecht umgehen kann, dann entsteht ein Entscheidungsvakuum und daraus resultierendes Chaos (Bild d).

Die Antwort ist der situative Führungsstil. Das bedeutet, jedem Mitarbeiter den Freiraum zu gewähren, mit dem er gut umgehen kann und ihn zu noch mehr Selbständigkeit hinzuführen (Bild e).

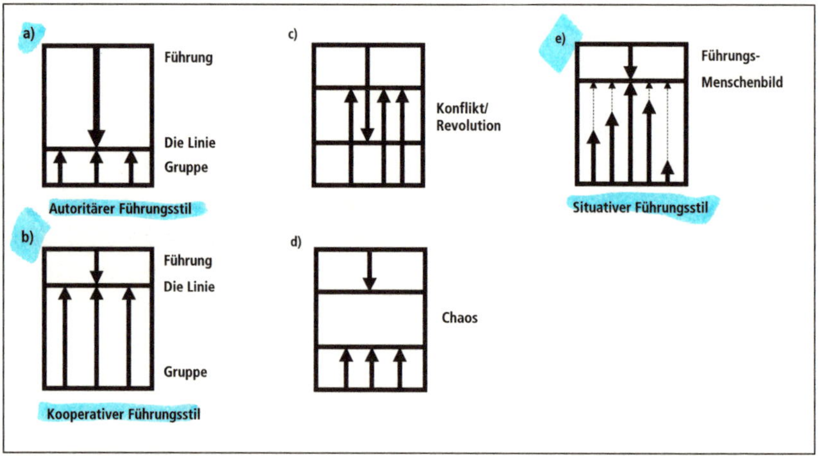

Säulen-Modell

Führungsstil, Menschenbild und Positionierung (McGregor)

Viele Führungskräfte ziehen aufgrund des Menschenbildes, also ihres Bildes über die Natur des Menschen, das sich im Laufe ihres Lebens entwickelt hat, meist einen bestimmten Führungsstil vor.

Douglas McGregor beschreibt zwei extreme Positionen von Annahmen darüber, was denn die Natur des Menschen sei. Er nennt sie *Theorie X* und *Theorie Y*. Als Hilfe für Ihre eigene Positionierung und das bessere Verständnis Ihres Arbeitsumfeldes seien die beiden kurz zusammengefasst.

Der **traditionelle Standpunkt (Theorie X)** geht von folgenden Annahmen über die menschliche Natur aus:

1. Menschen sind von Natur aus faul, drücken sich vor Arbeit, betrachten Arbeit nur als Instrument zum Überleben.
2. Die meisten Menschen wollen gelenkt und geleitet werden.
3. Die meisten Menschen wollen keine Verantwortung übernehmen.
4. Damit die Unternehmensziele erreicht werden, muss man den Menschen klare Anweisungen geben, sie kontrollieren und Strafen androhen.
5. Führungskräfte müssen streng und autoritär sein, damit „Untergebene“ arbeiten.

Der **optimistischere Standpunkt (Theorie Y)** geht von folgenden Annahmen über die menschliche Natur aus:

1. Es ist natürlich, dass Menschen ihre physischen und geistigen Fähigkeiten bei der Arbeit einsetzen – so natürlich wie spielen und ausruhen.
2. Menschen können sich selbst Ziele setzen, wenn sich die Erreichung für sie als „lohnend“ darstellt.
3. Die meisten Menschen haben die Fähigkeit, Verantwortung zu übernehmen, ja sie suchen sie geradezu und widmen sich mit ihrem Verstand und ihrer Kreativität den Problemen ihres Unternehmens.
4. Die meisten Menschen wollen arbeiten, und unter den richtigen Umständen beziehen sie aus der Arbeit auch Befriedigung.

Wenn Sie sich in der Theorie X eher wieder finden, wird Ihnen wahrscheinlich der autoritäre Führungsstil mehr liegen. Sollten die Annahmen der Theorie Y den ihren näher sein, so wird der partizipative (kooperative) Führungsstil wahrscheinlich von Ihnen bevorzugt werden.

Wichtig! Auch wenn Sie persönlich einen der beiden Stile vorziehen, sind die Rahmenbedingungen (wie Organisationsform, Unternehmenskultur, Reifegrad der Mitarbeiter/-innen, Positionsmacht, gewünschte Managementkonzeption etc.) zu beachten. Das bedeutet, dass der praktizierte Führungsstil der konkreten Situation angepasst sein muss. Man spricht dann vom schon erwähnten **situativen Führungsstil.**

„Führung" und „Leadership"

Häufig findet man eine Unterscheidung zwischen „Führung" und „Leadership". Dabei bezieht sich Leadership meist auf Organisationen, die auf Selbstorganisation und Selbstregulation aufbauen.

Führen und Gruppenphänomene

Führen heißt, Ziele erreichen mit Menschen! Wir hoffen, dass jetzt schon klar geworden ist, dass sich der richtige Führungsstil aus der Interaktion zwischen der Führungskraft, den Mitarbeiter/-innen, der Aufgabenstellung, der Organisationsstruktur und der Unternehmenskultur ergibt.

Lange Zeit glaubte man, dass nur die persönlichen Eigenschaften der Führungskraft schon den Erfolg sichern (Eigenschaftstheorie). Persönlichkeitsprofile der „idealen" Führungskraft wurden erstellt. Immer wieder kann man aber erleben, wie hochgejubelte, mit Vorschusslorbeeren überhäufte Führungskräfte in einem anderen Unternehmen kläglich versagen. Es ist nicht so, dass die Persönlichkeit der Führungskraft bedeutungslos wäre, aber das soziale Umfeld spielt eine mindestens so entscheidende Rolle.

Daher sollen die Gruppenphänomene Zusammenhalt und Konformität (Autoritätsgehorsam) näher betrachtet werden.

Zusammenhalt (Gruppenkohäsion)

Was macht aus Individuen eine arbeitsfähige Gruppe? Was hält Teams zusammen? Keine Person, keine Abteilung kann das Unternehmensziel alleine erreichen. So gut wie jeder im Unternehmen hängt mit seiner Zielerreichung von einer anderen Person oder einer anderen Abteilung ab (Interdependenz).

Erinnern Sie sich an die zwei Hauptaufgaben der Führungskraft:

1. **die Unternehmensziele verfolgen (Zielfunktion – „Häuptling"),**
2. **aus den Mitarbeiter/-innen ein zielorientiertes Team machen (Teamfunktion, Kohäsionsfunktion oder Mitarbeiterfunktion – „Medizinmann").**

Als Führungskraft sind Sie Häuptling und Medizinmann in Personalunion!

Unter Gruppenkohäsion versteht man die Bindung an eine Gruppe. Was begründet oder verstärkt nun diese Bindung?

- **Ein gemeinsames Ziel**
  Dieses kann durch Kooperation erreicht werden. Der Kommunikation des gemeinsamen Zieles kommt daher große Bedeutung bei der Gruppenkohäsion zu. – „Wer seinen Kurs nicht kennt, dem weht nie ein günstiger Wind" (Seneca).
- **Gemeinsame Sprache und ein ähnliches Wertsystem**
  Diese sind für die Gruppenbindung essentiell.
- **Bedrohung von außen**
  Wenn in einem Unternehmen z. B. immer die Produktion der Sündenbock ist, bewirkt das ein Zusammenrücken der in der Produktion Beschäftigten.
- **Erfolgserwartung**
  Jedes Gruppenmitglied erwartet sich aus dem Zusammenschluss einen Erfolg, einen Vorteil, ein individuelles Ziel, das nur gemeinsam realisiert werden kann. Implizit oder explizit wird eine gegenseitige Bedürfnisbefriedigung angestrebt. Wenn die Gruppenmitglieder diese nicht mehr wahrnehmen, beginnt die Gruppe zu zerfallen. (Es klingt einfach. Aber jeder Mitarbeiter stellt sich die Frage: „Was habe ich davon, wenn ich mich der Gruppe anschließe bzw. in ihr bleibe?")
- **Rollenverteilung**
  Eine formelle oder informelle Rollenverteilung fördert ebenso die Gruppenkohäsion.

Konformität (Autoritätsgehorsam)

Obwohl alle Menschen im Unternehmen einzigartige Persönlichkeiten sind, können sie in Teilen der Persönlichkeit wie Verhalten, Einstellungen und Werthaltungen übereinstimmen. Konformität kann am Beispiel der Kleidermode anschaulich gezeigt werden. Wie kommt es, dass die neue Mode immer wieder auf große Akzeptanz stößt? Menschen vergleichen sich mit anderen, insbesondere in Gruppen, denen sie sich zugehörig fühlen (Bezugsgruppe). Bei Abweichung entsteht ein Druck zur Annäherung, die die Gruppenbindung unterstützt.

Ein Beispiel für diesen Konformitätsdruck ist die Nachgiebigkeit gegenüber „Autoritäten". Ein umfangreiches Forschungsprojekt dazu wurde von Stanley Milgram durchgeführt und gut dokumentiert veröffentlicht. Seine Fragestellung war, ob und unter welchen Bedingungen Autoritätsgehorsam auftritt. In der Versuchsanordnung trat ein Versuchsleiter (Autoritätsfigur) auf, der den Probanden unter einer Reihe von verschiedenen Bedingungen unethische „Aufträge" gab – nämlich, einer Person simulierte Elektroschocks zu verabreichen. Wegen der Bedeutung der Ergebnisse (insbesondere für hierarchische Unternehmen und die Frage des Führungsstils) seien die Ergebnisse nachfolgend kurz zusammengefasst:

- Es trat ein hoher Grad an Autoritätsgehorsam auf.
- Die Autoritätsfigur hat Nachgiebigkeit gegenüber ihren Anweisungen erzeugt.
- Die schrittweise Steigerung der Gewalt erhöht die Bereitschaft zu weiterer Gewalt. (Derselbe Effekt tritt auch bei positivem sozialem Verhalten auf.)
- Räumliche Distanz enthemmt den Täter – räumliche Nähe löst Hemmmechanismen aus.

Hierarchisch organisierte und geführte Unternehmungen stellen klare Über- und Unterordnungen zwischen Vorgesetzten und Mitarbeiter/-innen her. Daher ist ein hoher Grad an Autoritätsgehorsam zu erwarten. Kreativität und rasches Reagieren auf geänderte Bedingungen bleiben meist auf der Strecke. Deshalb ist auf die Auswahl der Führungskräfte in Hinblick auf Einstellungen und Werthaltungen besonders zu achten.

Managementkonzeptionen

Die bekannten Managementkonzeptionen sind unterschiedlich erfolgreich und ebenso vielfältig wie verwirrend. Die meisten davon sind sehr kurzlebig. Erinnern Sie sich noch an Begriffe wie Total Quality Management, Lean Management, Business Reengineering, Balanced Scorecard? Viele davon haben längst ein Begräbnis erster Klasse erhalten.

Bevor wir uns mit der wichtigsten Managementkonzeption **Management by Objectives (MbO)** näher beschäftigen, möchten wir einige andere populäre Konzepte erwähnen.

Populäre Managementkonzepte

Die folgenden Konzepte klingen vielleicht scherzhaft, werden aber immer wieder angewendet und können eventuell als Negativbeispiele Denkanstöße geben. Jeder von uns hat wohl schon Variationen davon erlebt.

Management by Numbers (Führen nach Zahlen)
Hier werden nicht so sehr Mitarbeiter/-innen durch Führung beeinflusst, sondern die Zahlen sollen die Mitarbeiter/-innen steuern. Dieses Konzept erfreut sich immer größerer Beliebtheit in den Industrieländern. Sogar tägliche Ziele in Form von Zahlenvorgaben sind heute nicht mehr ungewöhnlich. Hier bleibt das Potential der Mitarbeiter/-innen ungenutzt, und Frustration ist zwangsläufig.

Management by Champignons (Führen nach der Champignon-Methode)
Die Mitarbeiter/-innen stecken ihre Köpfe in den Sand und werden von Zeit zu Zeit mit Mist beworfen. Die Köpfe, die aus dem Mist herausschauen, werden abgeschnitten. Kreativität und Engagement der Mitarbeiter/-innen dürften hier wohl schon bald verkümmert sein. So etwas wird oft bei autoritären Unternehmen beobachtet.

Management by Wild West (Führen wie im Wilden Westen)
Man schießt Löcher in die Wand und hängt hinterher die Zielscheiben

auf. Jedenfalls ist die Rate der Zielerreichung dabei groß! Die Orientierungslosigkeit der Mitarbeiter/-innen ist es auch. Ein Zickzackkurs kann die Folge sein. Auch wertvolle Mitarbeiter/-innen (Leistungsträger) leiden darunter und suchen das Weite oder reduzieren ihren Einsatz. So etwas wird oft nach Firmenübernahmen beobachtet.

Management by Blue Jeans
An allen wichtigen Stellen sitzen Nieten. Das kann die Folge von nicht nach Qualifikation differenziertem, sondern nur nach Köpfen vorgenommenem Personalabbau sein. Frustration macht sich breit.

Management by Last Book Read (Führen nach dem zuletzt gelesenen Buch)
Die Führungskraft führt nach dem zuletzt gelesenen Buch. Der Erfolg hängt nicht nur von der Lesefreudigkeit der Führungskraft ab, sondern auch vom Inhalt der Bücher! Oft ist dies eine Folge mangelnder Unternehmenskultur und Schulung.

Management by Helicopter (Führen nach dem Hubschrauberprinzip)
„Landen, viel Staub aufwirbeln und schnell wieder abheben!", heißt die Devise. Hier wird auf die oft sehr kurze Verweildauer von Führungskräften in ihren Jobs angespielt. Jack Welch, der Langzeit-Generaldirektor von General Electric, meint in seinen Memoiren, dass man die Leistung einer Führungskraft erst nach Jahren beurteilen kann. Er vergleicht die Führung mit der Steuerung eines Hochseedampfers und spricht damit die Trägheit des sozialen Systems „Unternehmen" an. Maßnahmen von heute greifen erst nach „Kilometern".

Management by Rumpelstilzchen
Das Ziel heißt Stroh zu Gold zu spinnen. Den Organisationsmitgliedern wird große Freiheit eingeräumt. Wie Führungskräfte und Mitarbeiter/-innen das bewerkstelligen, bleibt ihnen überlassen. Damit wird auf die zunehmend zu beobachtende Praxis angespielt, dass unrealistische Traumziele definiert und gleichzeitig die benötigten Ressourcen (Finanz- und Humankapital) eingeschränkt werden.

Management by Exceptions (Führen nach dem Ausnahmeprinzip)
Die Führungskraft greift nur dann in die Arbeit der Mitarbeiter/-innen ein, wenn eine Ausnahmesituation entstanden ist. Was als Ausnahmesituation zählt, wird vorher definiert. Meist handelt es sich um die Gefahr von Budgetüberschreitungen, Termingefährdungen oder andere die Zielerreichung gefährdende Ereignisse.

Management by Walking Around (Führen durch Herumgehen)
Dieses Führungskonzept wurde z. B. von Sam Walton, dem Gründer und Eigentümer der größten Einzelhandelskette Wal-Mart praktiziert, als es dem Unternehmen finanziell sehr schlecht ging. Sam Walton erschien persönlich zu den verschiedensten Tageszeiten an möglichst vielen Arbeitsplätzen und fragte die dort arbeitenden Menschen: „Was kann ich tun, damit Sie produktiv arbeiten können?" Die gesammelten Antworten wurden in drei Kategorien sortiert: 1. Was sofort erledigt wird. 2. Was innerhalb von sechs Monaten geplant ist. 3. Und was nicht umgesetzt werden wird. Der Erfolg zeigte sich sehr bald in einem „Turnaround", der Abwärtstrend des Unternehmens wurde gestoppt, die Bilanzen wiesen bald wieder Gewinne aus. Eine ähnliche Vorgangsweise wird auch von Lee Iacocca (ehemaliger Chrysler-Chef) berichtet. (Anmerkung: In Seminaren wird uns häufig erzählt, dass Führungskräfte größerer Unternehmen ihren Firmenchef noch nicht zu Gesicht bekommen haben.)

Management by Objectives (MbO) – Führen durch Zielvereinbarung

Wir wollen dieses Managementkonzept näher beschreiben, weil es erstens weit verbreitet ist (auch in Abwandlungen oder Teilen davon) und weil es zweitens sehr erfolgreich sein kann, wenn gewisse Voraussetzungen, auf die wir noch eingehen werden, beachtet werden. MbO wurde von Peter Drucker bereits im Jahr 1954 entwickelt und in seinem Buch „The Practice of Management" beschrieben.

Die Grundidee des Management by Objectives:

- MbO vertraut auf die motivierende Kraft von Zielen und auf die Fähigkeit der Mitarbeiter zur Selbstorganisation.

- MbO ist ein Set von mehr oder weniger formalen Verfahren und Gesprächen, das mit der individuellen Zielvereinbarung beginnt und sich bis zur individuellen Leistungsbeurteilung hin erstreckt.
- MbO ist eine Methode, die Anstrengungen sämtlicher Mitarbeiter/-innen auf das Unternehmensziel hin auszurichten.

Nun zu den einzelnen Elementen des Management by Objectives.

Akzeptanz des Programms im ganzen Unternehmen
Um MbO erfolgreich einzuführen, erfordert gerade dieser Punkt viel Zeit und große Anstrengung und ist Aufgabe des Top-Managements.

Individuelle Zielvereinbarungen auf allen Ebenen
Hierbei geht es darum, individuelle Motive oder Ziele für jeden Mitarbeiter und jede Mitarbeiterin mit den Unternehmenszielen zu verknüpfen. **Partizipation** ist dabei der **Erfolgsfaktor.**

Sie werden sich fragen: Ist es denn möglich, Einvernehmen herzustellen? Will nicht jeder Mitarbeiter Ziele haben, die so niedrig wie möglich und leicht erreichbar sind? Die Antwort liegt im Menschenbild der Führungskraft, wie sie oben unter der X- und Y-Theorie von McGregor beschrieben wurde. Eines bleibt klar: Je näher Sie an ein Einvernehmen herankommen, umso größer ist die Wahrscheinlichkeit, dass die Ziele auch tatsächlich erreicht werden.

Peter Drucker, der der Theorie Y folgt, weist auf die Beteiligung der Mitarbeiter/-innen beim Zielfindungsprozess immer wieder besonders hin. Viele Forschungsergebnisse zeigen, dass die Wahrscheinlichkeit der Zielerreichung davon abhängt, wie stark die Mitarbeiter/-innen an der Zielsetzung mitgewirkt und sich diese sogar selbst gesetzt haben. Das bestätigen unsere eigenen Erfahrungen, wonach Mitarbeiter/-innen (ebenso wie Student/-innen) dazu neigen, sich selbst ambitioniertere Ziele zu stecken, als wir ihnen zugemutet hätte. Wissen sie doch am besten selbst, zu welchen Leistungen sie bereit und in der Lage sind!

Eigenschaften der Ziele
Ziele sollen möglichst messbar, mindestens aber gut überprüfbar sein.

„Steigern Sie die Kundenzufriedenheit“ ist kein brauchbares Ziel. Besser ist: „Steigern Sie die Kundenzufriedenheit um zwei Prozentpunkte von X auf Y!“

Mitarbeiter/-innen sollen eine klare Vorstellung davon haben, was von ihnen erwartet wird. Ziele sollen (mit einiger Anstrengung) erreichbar sein, d. h., dass sie eine gewisse Herausforderung darstellen müssen. Wie stark herausfordernd das konkrete Ziel sein soll, ist das Ergebnis der Einschätzung des jeweiligen Mitarbeiters durch die Führungskraft und der Selbsteinschätzung und Ehrlichkeit der Mitarbeiter/-innen.

Große Freiheit, wie das Ziel erreicht werden soll (Selbstorganisation)
Sobald die Zielvereinbarung abgeschlossen und das WAS geklärt ist, erfreuen sich die Mitarbeiter/-innen weitgehender Autonomie, WIE sie das Ziel erreichen wollen. Es ist dieser große Handlungsspielraum, der die Kreativität fördert.

Leistungsbeurteilung und Feedback
Im MbO treffen sich Führungskräfte und Mitarbeiter/-innen periodisch, um den Fortschritt auf dem Weg zum Ziel zu bewerten. Bei diesen Gesprächen (Reviews) werden auch etwaige Hindernisse und Probleme besprochen und gemeinsam gelöst. Bei dieser Gelegenheit kann es auch zu einer Abänderung der Ziele kommen. Hier ist zu beobachten, dass die Qualität des Feedbacks (siehe in Kapitel „Kommunikation“ ab Seite 107) über den positiven Effekt dieser Reviews entscheidet.

Fazit
Management by Objectives ist eine sehr wirksame, aber auch anspruchsvolle Methode. Die Führungskraft ist in den Zielsetzungs- und Feedbackgesprächen in erster Linie als Mensch gefordert, als Spezialist für Menschen.

Authentizität (Echtheit) und mitfühlendes Verstehen (Empathie) fördern ein positives Arbeitsklima und sind geeignet, die Stärken der Mitarbeiter/-innen zu erkennen und wirksam einzusetzen.

Manche Unternehmen knüpfen an die Leistungsbeurteilung im

Rahmen von MbO Formen von Anreizzahlungen oder leistungsbezogenen Entgelten. Mit solchen Entlohnungs- und Belohnungssystemen sollen das individuelle und das Gruppenverhalten so beeinflusst werden, dass die Unternehmensstrategie unterstützt wird. Damit ein derartiges System mehr Nutzen als Schaden anrichtet, ist größte Sensitivität in der Analysephase und breiter Konsens vor der Beschlussphase empfohlen.

Empfehlung: Erwischen Sie Ihre Mitarbeiter dabei, wie sie etwas richtig machen!

Probleme beim Führen und welche Hilfen es gibt

Probleme bei Führungskräften liegen unter anderem häufig in den folgenden Bereichen:

Menschliche Fragen

- Ist der Balanceakt zwischen Familie und Beruf zu meistern?
- Wie kann ich mit Dauerstress umgehen und Signale eines bevorstehenden „Burn-out“ erkennen?
- Wie kann ich Führungsstärke entwickeln?
- Wie und in welchen Bereichen kann ich mich selbst weiterentwickeln?
- Wie gehe ich mit einem notwendigen Personalabbau um?
- Habe ich selbst eine Zukunft und wie könnte die aussehen?

Umgang mit ständigen Veränderungen

- Wie kann ich in den ständigen Veränderungsprozessen Erfolg haben?
- Wie kann ich die treibenden und die bremsenden Kräfte erkennen?
- Wie gehe ich um mit dem „normalen“ Widerstand gegenüber Veränderungen?

- Wie kann ich die Motivation während Veränderungsprozessen erhalten?
- Wie kann ich die „Besten“ behalten?

… und wo bleibt meine Seele?
Diese Themen können in den meisten Fällen weder im Kollegenkreis noch in der Familie oder im Freundeskreis ausreichend besprochen und damit einer Lösung näher gebracht werden, weil meistens eine der folgenden Voraussetzungen beim Gesprächspartner fehlt:

- Vertrauen, Unabhängigkeit oder Neutralität;
- persönliches oder fachliches Einfühlungsvermögen;
- professionelle Lösungskompetenz.

Eine Hilfe in diesem Bereich der persönlichen Entwicklung bietet das **Coaching** für Führungskräfte, das im Folgenden in seinen Grundprinzipien dargestellt wird.

Was ist Coaching und was kann Coaching bringen?

- Mit Coaching wird versucht, ein aus dem Sport bekanntes hilfreiches Instrument zur Steigerung der Leistungsfähigkeit von Führungskräften und Mitarbeiter/-innen zu nutzen.
- Wer besser werden will, benötigt Anregungen und Übung. Wir brauchen auch einen Spiegel, der uns zeigt, wie wir uns verhalten und welche Fehler wir machen.
- In der Führungspraxis ist unter Coaching eine umfassende Beratung und Betreuung einer Person zu verstehen. Diese Aufgabe kann von internen Coachs wahrgenommen – manche Führungskräfte entwickeln sich dazu – oder von externen Coachs durchgeführt werden.

Wann wird man die Hilfe eines externen Coachs in Anspruch nehmen?
- Wenn fachliche und/oder menschliche Fähigkeiten erforderlich sind, die intern nicht verfügbar sind.
- Wenn die hierarchische Stellung des „Coachee“ (oder Gecoachten) keinen adäquaten internen Gesprächspartner zulässt.

- Wenn es beim Coachingprozess um die Wahrung der Privat- oder Intimsphäre geht.

Wer ist der Coach?
Der Coach ist Partner – auch guter Freund –, der hilft, mit Leistungsdruck, Frustration und Ängsten (z. B. vor Versagen) umzugehen. Es werden in den Betreuungsgesprächen sowohl Probleme aus dem Beruf als auch aus dem Privatbereich behandelt.

Worauf ist bei der Auswahl eines Coachs zu achten?
- Der Coach braucht Selbsterfahrung und Lebenserfahrung.
- Der Coach muss das Umfeld des Coachees gut kennen.
- Der Coach braucht Einfühlungsvermögen in die Welt des Gecoachten.
- Emotionale Stabilität und soziale Intelligenz sind für das Ertragen von Spannungen – die sich aus den oft im Widerspruch stehenden Erwartungen des Unternehmens, des Gecoachten und dem Selbstverständnis des Coachs ergeben – Voraussetzung.
- Da sich die Ergebnisse eines erfolgreichen Coachingprozesses oft erst nach längerer Zeit einstellen, sind Geduld und Mut, die heiklen Dinge anzusprechen, hilfreich.
- Zuhören können klingt selbstverständlich, ist es aber leider nicht.

Was Coaching nicht ist:
- Coaching ist nicht Psychotherapie!
- Coaching kann nicht die formale Führungskräfte-Ausbildung ersetzen, eignet sich aber sehr gut dazu, Seminarinhalte individuell oder als Gruppencoaching zu vertiefen und auf das Unternehmen anzupassen.
- Coaching ist kein Lehrer-Schüler-Verhältnis.

Was Coaching sein soll:
- Coaching ist eine gemeinsame Suche nach Lösungspotentialen im Gecoachten (Hilfe zur Selbsthilfe).
- Coaching ist Unterstützung, alte Menschen- und Weltbilder durch neue abzulösen.

- Coaching ist ein Reflexionsprozess, der die Persönlichkeit und rollenspezifische Fähigkeiten entwickelt.

Unserer Einschätzung nach wird Coaching parallel zum permanenten Wandel weiter an Bedeutung gewinnen. Es ist eine direkte Unterstützung, neue Herausforderungen zu bewältigen. Allerdings wären Ausbildungsstandards hilfreich, damit Führungskräfte bei der Auswahl der Coachs sicherer sein können, was sie einkaufen.

Zusammenfassung des Kapitels „Führen"

Häuptling und Medizinmann
Führen heißt, Ziele erreichen mit Menschen! Eine Führungskraft hat sowohl eine Zielfunktion als auch eine Mitarbeiterfunktion. Bei Naturvölkern werden diese beiden Funktionen auf Häuptling und Medizinmann aufgeteilt. Die meisten Führungskräfte jedoch müssen beide Funktionen erfüllen. Nach dem Modell von Blake und Mouton werden Führungskräfte im Hinblick auf diese beiden Funktionen eingeteilt.

Der richtige Führungsstil
Führen passiert immer in einem gesellschaftlichen und kulturellen Kontext. Der richtige Führungsstil von gestern kann heute der falsche sein. Auch die jeweilige Unternehmenskultur spielt dabei eine wichtige Rolle.

Ein autoritärer Führungsstil überlässt den Mitarbeitern wenig Entscheidungsspielraum – im Gegensatz zum kooperativen Stil. Hier können die Mitarbeiter vieles selbst entscheiden bzw. Entscheidungen beeinflussen. In der Realität werden wir zumeist Mischungen finden, die eher autoritär oder eher kooperativ ausgerichtet sind. Der situative Führungsstil lässt jedem Mitarbeiter den Freiraum, den er gut ausfüllen kann. Ziel ist es, ihn zu noch mehr Selbständigkeit hinzuführen.

Steter Wandel
Globalisierung und rascher Wandel stellen neue Ansprüche an die Führungskraft von morgen. Sie muss sich in verschiedenen Kulturen

zurechtfinden, sehr flexibel sein und kann nicht vom Soldatengehorsam der Mitarbeiter/-innen ausgehen. Vielmehr ist ihre Fähigkeit zu motivieren und zu kommunizieren der Schlüssel zum Erfolg.

Management by Objectives (MbO)

Management nach Zielvereinbarungen hat sich als erfolgreichste Managementkonzeption herauskristallisiert. Sie beruht auf einer Zielvereinbarung zwischen Führungskraft und Mitarbeiter. Bei der Erreichung dieser Ziele sind dem Mitarbeiter große Freiheiten gewährt. Die Führungskraft unterstützt nur. Nach dem vereinbarten Zeitraum wird das Ergebnis gemeinsam bewertet. Prämien und andere Bonifikationen können an die Erreichung der Ziele geknüpft werden.

Motivation

Men Wanted
for hazardous journey. Small
wages, bitter cold, long
months of complete
darkness, constant danger,
safe return doubtful. Honor
and recognition in case of
success.

(Männer gesucht für eine gefährliche Reise. Geringe Bezahlung, eisige Kälte, viele Monate absoluter Finsternis, ständige Gefahr, sichere Rückkehr zweifelhaft. Ehre und Anerkennung im Falle von Erfolg.)

Dieses Inserat wurde vor einiger Zeit in einer englischen Zeitung geschaltet. Offensichtlich handelt es sich dabei um ein Jobangebot, allerdings um ein unkonventionelles. Bis auf den letzten Satz widerspricht der Inhalt auch allen Motivationstheorien. Selten kann man mit Gefahr locken, und doch beinhaltet der erste Satz einen Hinweis darauf. Wenig Geld, Kälte und Dunkelheit sind in der Regel ebenfalls nicht dazu angetan, besonders motivierend zu wirken. Auch die in Frage gestellte sichere Rückkehr wird die meisten Leser wohl abschrecken. Ehre und Anerkennung sind zwar durchaus geeignete Motivatoren – wie wir später noch sehen werden –, allerdings relativ schwache angesichts der genannten Unannehmlichkeiten. Noch dazu, wenn der Erfolg des ganzen Unternehmens überhaupt zweifelhaft zu sein scheint ...

Wie viele Männer, glauben Sie, haben sich auf dieses Inserat hin gemeldet? Und würden Sie auf ähnliche Weise Mitarbeiter suchen?

Wir wollen Sie nicht länger auf die Folter spannen. Es waren einige hundert, die sich schon Stunden vor dem angegebenen Termin vor dem Personalbüro einfanden, sodass die Veranstalter die Warteschlange schlossen, da unter diesen Hunderten sicherlich geeignete Kandidaten zu finden sein würden.

Worum aber handelte es sich? Vielleicht haben sie es schon erraten: Es ging um Captain Scotts Expedition zum Südpol. Der Inhalt des Inserates entsprach also durchaus der Wahrheit. Zugegeben, dies alles fand in einer anderen Epoche statt. Ehre und Anerkennung waren möglicherweise noch höher angesehen als heute. Trotzdem zeigt diese Geschichte, dass Motivation offensichtlich sehr viele Facetten besitzt, dass es viele Dinge unter der Sonne gibt, die Menschen bewegen können, große Leistungen zu vollbringen. Denn die Strapazen, welche die Expedition mit sich bringen würde, wären keinem Arbeitnehmer zumutbar, auch würde die Gewerbeaufsicht sofort eingreifen.

Übrigens war Scotts Expedition von Anfang an vom Unglück verfolgt. Die Schneemobile hielten der eisigen Kälte nicht stand, und die mitgebrachten Ponys erwiesen sich als ungeeignet, weshalb die Gruppe zu Fuß weiter musste. Einige Schlitten stürzten in Spalten. Scotts Männer erreichten zwar den Südpol, allerdings nach Amundsen, hatten den Wettlauf also verloren. Auf der Rückkehr wurden sie von einem Schneesturm überrascht und erfroren einige Meilen vom rettenden Depot entfernt. Das Inserat beschönigte also nichts.

In vielen Seminaren im deutschsprachigen Raum haben wir die Frage gestellt, ob sich die Teilnehmer/-innen auf ein ähnliches Inserat melden würden. Der Großteil verneinte dies, allerdings gibt es in jeder Gruppe einige, die sich sofort gemeldet hätten. Begründet wird das meist mit Neugierde, Abenteuerlust, der Aussicht auf interessante Erlebnisse und darauf, etwas Außergewöhnliches erreichen zu können. Aber natürlich spielten auch die Ehre und Anerkennung eine Rolle.

Interessant ist die Beobachtung, dass die Zahl derer, die sich auf das Inserat gemeldet hätten, in den Reformländern Estland, Lettland, Bulgarien, Rumänien und Moldawien ungefähr gleich hoch war wie im Westen. Offensichtlich spricht diese Art von Reiz einen annähernd gleich großen Anteil der Menschen an, unabhängig von Wohlstand und kulturellem Hintergrund.

Was ist Motivation? – Versuch einer Begriffsbestimmung

Der Begriff „Motivation" hat die gleichen Wurzeln wie Motor, Motiv, Lokomotive, Emotion. Wie allgemein bekannt ist, *bewegt* ein Motor. Eine Lokomotive bewegt sogar sehr viel. Emotionen sind der wichtigste Motor menschlichen Tuns. Diese Erkenntnis hat in den meisten Motivationstheorien Einzug gefunden, wenngleich natürlich auch die Ratio (also der Verstand) eine Rolle spielt. Ausführlich wird dies im Kapitel über Sozio-emotionale Intelligenz (ab Seite 215) behandelt.

Lateinisch „movere" bedeutet nichts anderes als „bewegen". Motivation umfasst also somit alle Handlungen und Rahmenbedingungen, die Menschen dazu bewegen, etwas Bestimmtes zu tun – im Idealfall sogar freiwillig und gern.

Das Motiv

Für Kriminalisten ist das Motiv einer Tat der wichtigste Ansatz für die Suche nach dem Täter. Das „Warum" spielt eine zentrale Rolle. Dem liegt die Annahme zugrunde, dass Menschen nur etwas tun, wenn sie einen guten Grund dafür haben. Diese Gründe können allerdings sehr vielfältiger Natur sein. Und gerade dieser Umstand macht das Finden des Täters oft so schwierig.

Nahezu alle Motivationstheorien setzen am Motiv – also am Grund für eine Handlung – an. Diese Gründe können in der Befriedigung so einfacher Bedürfnisse wie Essen, Schlafen und Sicherheit zu suchen sein, aber auch in den Trieben oder im Streben nach Selbstverwirklichung. Bei kriminellen Handlungen sind psychische Krankheiten nicht außer Acht zu lassen. Eine Theorie sieht Neurosen gar als Triebfeder der Motivation allgemein (Pathologisches Modell von Kets de Vries, siehe Seite 81).

Und nicht anders verhält es sich beim Motivieren von Mitarbeiter/-innen! Hat man erst einmal das Hauptmotiv jedes Mitarbeiters gefunden, kann man ihn damit zu Höchstleistungen anspornen, die er noch dazu gerne erbringt. Findet man es aber nicht, können nur durchschnittliche Leistungen erwartet werden.

Dies ist auch der Grund, warum Arbeitsgruppen über längere Zeiträume zusammenarbeiten sollten! Weil es nur mit der Zeit möglich ist, seine Mitarbeiter/-innen hinreichend kennen zu lernen. Außerdem sollte eine Führungskraft nicht mehr als ca. zehn direkt an sie berichtende Mitarbeiter haben. Denn es ist schwierig, eine größere Zahl von Menschen wirklich gut zu kennen. Dies ist aber wiederum Voraussetzung dafür, das persönliche Hauptmotiv jedes Mitarbeiters zu erfassen und daran anzusetzen.

Die Verteilung von Motivationsmitteln nach dem Gießkannenprinzip geht an den meisten Menschen vorbei.

Erkennen Sie bei Ihren Mitarbeitern, was sie wirklich bewegt, dann werden sie sich von selbst hochmotiviert einsetzen.

Anschreien alleine genügt nicht mehr!

„Führungskräfte müssen ihre Mitarbeiter motivieren. Anschreien alleine genügt nicht mehr!" – Auf diese Provokation hin ernten wir zumeist Gelächter der Gruppe. Und dennoch ist es nicht lange her, dass diese Motivationsmethode sehr weit verbreitet war und auch heute noch anzutreffen ist. Bei einem Seminar in Bulgarien wurde das Thema Motivation zwei geschlagene Stunden lang diskutiert, die meisten Theorien behandelt. Plötzlich meldete sich ein korpulenter Firmenchef in der ersten Reihe und fragte mit der Inbrunst der Überzeugung: „Und bestrafen kann man gar nicht?"

Selbstverständlich ist auch Bestrafung eine Art der Motivation, die man sich aber nur leisten kann, wenn die Mitarbeiter in einem starken Abhängigkeitsverhältnis stehen und zudem leicht ersetzbar sind. Denn kein Mitarbeiter wird sich ein Klima der Bestrafung länger gefallen lassen, als er muss. In der Tat handelte es sich bei dem Unternehmen des Fragenden um eine Kleidungsfabrik, in der vor allem Näherinnen und Zuschneiderinnen beschäftigt sind, die man rasch anlernen kann. Außerdem ist die Arbeitslosenrate in der Region sehr hoch. Unter solchen Bedingungen wird auch ein Bestrafungsklima funktionieren, weil die Mitarbeiter keine andere Wahl haben. Trotzdem werden die Besten das Unternehmen sofort verlassen, wenn sich eine Alternative anbietet. Und jene, die bleiben, werden nicht mehr leisten, als sie unbedingt müssen.

Der Umstand, dass Sklaverei über viele Jahrhunderte funktioniert hat, beweist, dass Unterdrückung, Strafe und Repression natürlich sehr wohl zur Arbeit motivieren. Abgesehen von humanistischen Bedenken ist dafür ein sehr aufwendiger Macht- und Unterdrückungsapparat notwendig. Und trotzdem gab es viele Sklavenaufstände, bei denen die Aufseher zumeist ihr Leben ließen.

Glücklicherweise lässt der rechtliche Rahmen zumindest in westlichen Ländern extreme Unterdrückung von Mitarbeiter/-innen nicht mehr zu.

Kann man andere überhaupt motivieren?

Diese Frage hätten wir eigentlich an den Anfang dieses Kapitels stellen sollen, denn würde die Antwort „Nein" lauten, so wäre alles Weitere überflüssig. Einige Berater glauben, dass man nicht motivieren kann, sondern nur Demotivation vermeiden. Das heißt, ist ein Mitarbeiter nicht grundsätzlich motiviert, dann können selbst die ausgereiftesten Motivationsmittel nicht greifen. Ist aber eine Grundmotivation vorhanden, dann ist es für die Führungskraft wichtig, Rahmenbedingungen zu schaffen, die eben nicht demotivierend sind.

Motivation ist das Fernhalten von demotivierenden Bedingungen.

So dogmatisch wollen wir den Sachverhalt nicht betrachten. Aber trotzdem ist die Frage berechtigt, ob man vollkommen demotivierte Menschen überhaupt motivieren kann. In diesem Zusammenhang sind die Begriffe intrinsische und extrinsische Motivation zu diskutieren:

- Die **intrinsische Motivation** beschreibt den inneren Antrieb eines Menschen, etwas zu leisten. Die Gründe dafür liegen vermutlich in der Persönlichkeit, die wiederum vor allem in der Kindheit geprägt wird. McClelland fand heraus, dass für ca. 10% der

Menschen der Umstand, etwas geleistet zu haben, an sich sehr motivierend ist. Es existieren allerdings noch andere Formen intrinsischer Motivation, wie z. B. die Freude am Erkenntnisgewinn oder die Befriedigung, Teil einer Gruppe zu sein.

- Im Gegensatz dazu steht die **extrinsische Motivation,** die alle Rahmenbedingungen der Arbeit beinhaltet. Dazu zählen unter anderem die Bezahlung, Prämien, Belohnungen, angenehme Arbeitsbedingungen und Incentives.
  Deci ging so weit zu behaupten, dass seiner Meinung nach die intrinsische Motivation darunter leiden könnte, wenn die Bezahlung zu unmittelbar mit der Leistung zusammenhängt. Dies gilt natürlich nur für stark intrinsisch motivierte Menschen. Die meisten Forscher sind hingegen der Meinung, dass die intrinsische Motivation, also die Freude an der Arbeit, durch extrinsische Faktoren wie Bezahlung, Prämien etc. verstärkt wird.

Dies könnte durch folgende, von uns entwickelte Formel dargestellt werden:

Gesamtmotivation = I × (E + 1)

(I = intrinsische Motivation, E = extrinsische Motivation)

Daraus ergeben sich folgende Möglichkeiten:

- Ist die intrinsische Motivation null, so bleibt die Gesamtmotivation null – unabhängig davon, wie hoch die extrinsischen Faktoren sind.
- Beträgt die extrinsische Motivation null, so beläuft sich die Gesamtmotivation auf den Wert der intrinsischen Motivation.
- Sind die externen Faktoren allerdings demotivierend, so vermindern sie die Gesamtmotivation (E nimmt negative Werte an).

Letztendlich ist die Gesamtmotivation ein Produkt von intrinsischer und extrinsischer Motivation.

Aus dieser Betrachtung ergibt sich eine wichtige Konsequenz für das Unternehmen. Wenn nämlich Menschen angestellt werden, deren intrinsisches Motivationsniveau für die gegebene Aufgabe primär hoch ist, dann können mit relativ einfachen extrinsischen Mitteln große Leistungen erzielt werden.

Diesem Umstand wird bei der Personalaufnahme unserer Erfahrung nach viel zu wenig Rechnung getragen. In erster Linie wird nach wie vor auf Qualifikation geschaut, vor allem auf (Schul- und Universitäts-)Abschlüsse. Gelegentlich spielen Sympathie und Persönlichkeit eine gewisse Rolle. Die intrinsische Motivation, also der Leistungswille, wird aber in den seltensten Fällen berücksichtigt. Es wird als gegeben angenommen, dass der Kandidat arbeiten will. Dem ist aber keineswegs so.

Das Vorbild als Motivator

Haben sie schon einmal erlebt, wie schwer es ist, Kinder gegen das eigene Vorbild zu erziehen? Es ist unmöglich. Ebenso haben alle großen Heerführer der Geschichte ein sehr gutes Vorbild abgegeben. Viele von ihnen ritten mit ihren Mannen an vorderster Front und erlaubten sich im Lager keinerlei Privilegien. Von Alexander dem Großen wird folgende Legende berichtet:

> Als bei einem langen Zug durch die Wüste die Wasserreserven aufgebraucht waren, war sein Heer beinahe am Verdursten. Einer seiner Offiziere konnte bei einem kleinen Rinnsal mühevoll einen Helm mit Wasser füllen. Er reichte diesen Helm seinem großen Feldherrn. Dieser fragte vor versammelter Menge: „Hat jeder meiner Männer so viel Wasser?" Nachdem dies verneint wurde, schüttete er das Wasser mit den Worten auf die Erde: „Dann will ich es auch nicht!"

Ob wahr oder gut erfunden, die Botschaft ist unmissverständlich. Auch charismatische Führungskräfte leben das vor, was sie von ihren Mitarbeitern erwarten.

Sie können nicht gegen das eigene Vorbild motivieren!

Warum tun Menschen, was sie tun?

Die Frage nach dem Warum zieht sehr rasch die Sinnfrage nach sich. Und diese Frage ihrerseits ist die zentrale Frage aller Religionen und

Philosophien. Es wäre vermessen, diese Frage hier klären zu wollen, trotzdem sollte sie nicht ausgespart bleiben. Denn Mitarbeiter fragen sich oft: „Macht das Sinn, was ich tue?“ Wenn dieser subjektiv empfundene Sinn vollständig fehlt, ist jeder weitere Motivationsversuch sinnlos – im wahrsten Sinne des Wortes.

Die Beschäftigung mit depressiven oder gar suizidgefährdeten Menschen zeigt, dass ihnen meistens ein Sinn fehlt, um (weiter) zu leben. Dieser Sinn kann verschiedenste Gestalt annehmen, wichtig ist sein Vorhandensein bzw. ihn wieder zu finden. Die meisten Therapieformen setzen auch genau dort an. Geben Sie Ihren Mitarbeitern Sinn für die Arbeit, alles weitere wird sich von selbst ergeben, sagte einmal ein namhafter Motivationsforscher. Oder um es mit Antoine de Saint-Exupéry auszudrücken:

> „Wenn du ein Schiff bauen willst, so trommle nicht Männer zusammen, um Holz zu beschaffen, Werkzeuge vorzubereiten, Aufgaben zu vergeben und die Arbeit zu erleichtern, sondern lehre die Männer die Sehnsucht nach dem endlosen weiten Meer.“

Genau diese Vision ist es, die heute in den meisten Unternehmen fehlt oder zumindest nicht kommuniziert wird. Die Entwicklungsteams eines großen österreichischen Autozulieferers wurden bei einem Teamtraining gebeten, ihr Unternehmen in Form einer Zeichnung darzustellen. So vielfältig die Metaphern auch waren – Piratenschiffe, Lastwagen, Planwagen, Flugzeuge, Ballone etc. –, so enthielten sie doch alle die Frage nach dem Weg, dem Ziel oder der Vision. Wie kann man aber die richtige Richtung einschlagen, wenn diese nicht bekannt ist?

Natürlich liegt es eigentlich an der Firmenleitung, eine Vision entweder vorzugeben oder mit der Gruppe zu entwickeln. Wichtig ist, dass es eine Vision gibt und dass sie allen bekannt ist. Sofern Sie als Führungskraft in einem Unternehmen keinen Einfluss auf die Firmenvision haben und es eine solche auch nicht gibt, so können Sie zumindest mit Ihrer Abteilung Ziele und vielleicht sogar eine Vision formulieren. Auch das kann schon sehr hilfreich sein.

Warum tun Menschen, was sie tun? Dieser Frage der Überschrift kommt man vielleicht näher, wenn man Bereiche betrachtet, die nicht der Arbeitswelt entstammen. Warum beispielsweise steigen viele Menschen auf Berge, zum Teil auf sehr gefährlichen Kletterrouten und unter enormen Strapazen? Mit Geld werden die wenigsten dafür belohnt. Es muss also eine andere Form der Belohnung geben. Und auf der Suche nach dieser Belohnung kommen wir vielleicht den Motiven viel näher.

Auf die Frage, warum er auf diesen Berg wolle (es handelte sich um den Everest), soll Mallory gesagt haben: „Weil er da ist!" Die Gelegenheit als Motiv. Aus ähnlichen Gründen ist wohl das Skifahren in den Alpen, das Wellenreiten auf Hawaii oder das Tauchen im Pazifik entstanden. Viele Alpinisten berichten von einem unheimlichen Glücksgefühl, wenn sie eine schwierige Route bewältigt haben. Andere sehen im Bergsteigen einen Erkenntnisprozess – das Erkennen, wie großartig die Natur und wie klein wir sind. Manche wollen vielleicht sich selbst oder anderen etwas beweisen. Und nicht zuletzt bringt das Bezwingen eines sehr schwierigen Berges Anerkennung unter Gleichgesinnten.

Eine andere Gruppe von sehr motivierten Menschen, wenn auch zu einem sehr zweifelhaften Zweck, sind Selbstmordattentäter. Obwohl es sie in der Geschichte der Menschheit immer schon gab, sind sie in letzter Zeit zu unglücklicher Berühmtheit gelangt. Was aber motiviert sie? Was die islamisch-fundamentalistischen Märtyrer betrifft, so erwartet sie das Paradies ohne Umschweife, und dort stehen für jeden 72 Jungfrauen bereit. So ist es zumindest den Schriften von Abdullah Azzam zu entnehmen, dem Mentor von Osama bin Laden. Zweifelsohne ein Anreiz, allerdings schwer überprüfbar. Daneben gibt es selbst für Selbstmordattentäter materielle Anreize wie die Versorgung der Familie. Unter denjenigen, die ein Selbstmordkommando planten, es jedoch aus irgendeinem Grund nicht durchführten, wurde eine Umfrage über ihre Motivation durchgeführt. Einige gaben unumwunden zu, der materielle Anreiz hätte eine Rolle gespielt.

Ein befreundeter Schriftsteller gab als Grund für das Schreiben an, dass es für ihn die einzige Möglichkeit sei, nicht wahnsinnig zu werden. Ein zweifelsohne gutes Motiv.

Motivationstheorien im Spiegel der Geschichte (und wie ihre Anwendung fehlschlug)

Obwohl viele Motivationstheorien dem empirischen Test überhaupt nicht oder zumindest nicht vollständig standhalten, glauben wir doch, dass die Kenntnis der verschiedenen Denkansätze in ihrer Gesamtheit interessante Schlüsse und vielleicht letztendlich eine Synthese zulässt. So wie die Physiker seit vielen Dekaden versuchen, eine einheitliche Theorie der verschiedenen Teilgebiete zu entwickeln, könnte auch die Suche nach einer vereinigten Motivationstheorie durchaus als Großtat im modernen Management angesehen werden. Aus diesem Grunde halten wir es für sinnvoll, viele Theorien einander gegenüberzustellen und am Ende zu versuchen, die aus unserer Sicht wichtigen und richtigen Aussagen jeder Theorie miteinander zu verbinden.

Die Ansätze der verschiedenen Theorien könnten unterschiedlicher nicht sein. So betrachten einige den Menschen als rein rationales Wesen, das immer weiß, was es tut (z. B. Goal Setting). Andere sehen in ihm das trieb- und instinktgeleitete Tier, das ausschließlich der Triebbefriedigung entgegenstrebt (Freud und Skinner), wieder andere sehen die Bedürfnisse im Vordergrund, die allerdings sowohl biologische also auch soziale Wurzeln haben können (Maslow, Alderfer). Wieder andere sehen das soziale Gefüge als die Wurzel aller Motivation; eine Theorie geht von im Prinzip unterschiedlichen psychischen Anomalien aus, die mehr oder weniger stark ausgeprägt sind und so unser Verhalten beeinflussen (Pathologiemodell von Kets de Vries).

Gleichheitstheorie von Adams

Adams schlug 1965 eine Motivationstheorie vor, die auf sozialem Vergleich aufbaut. Er glaubt, dass der Einsatzwillen eines Menschen davon abhängt, wie stark sich die anderen Mitglieder der Gruppe anstrengen und wie viel sie im Vergleich zum eigenen Einsatz dafür erhalten. Es handelt sich hiermit um eine Theorie mit soziologischen Wurzeln, die auf vier Grundsätzen basiert:

1. Das Individuum vergleicht sich mit anderen. Dieses Individuum wird **Person** genannt.
2. Die Individuen, mit denen sich die Person vergleicht, werden **Andere** genannt.
3. Der Einsatz, den die Person erbringt, wird **Input** genannt. Input kann in Form von Ausbildung, Intelligenz, Erfahrung, Fähigkeiten, Seniorität, Leistungsbereitschaft, Gesundheit etc. erfolgen. Das sind all jene Dinge, die für den Job von Wichtigkeit sind.
4. Alles, was die Person als Belohnung für den Einsatz erhält, fällt in die vierte Kategorie und wird **Outcome** genannt. Dazu gehören Gehalt, Sonderleistungen, Arbeitsbedingungen, Status etc. Es sind jene Dinge, die von der Arbeit abgeleitet werden.

Auf eine Formel gebracht sähe es folgendermaßen aus:

$$\frac{\textbf{Outcome von Person}}{\textbf{Input von Person}} = \frac{\textbf{Outcome des Anderen}}{\textbf{Input des Anderen}}$$

Daraus folgt, dass man demotiviert ist, wenn man für den gleichen Gewinn mehr leisten muss bzw. bei gleicher Leistung weniger Gewinn erhält als die anderen. Hingegen ist man motiviert, wenn das Verhältnis von Gewinn zu eingesetzter Leistung gleich jenem der Anderen ist. Erhält man mehr Gewinn bei gleicher Leistung wie die Anderen oder gleichen Gewinn bei weniger Leistung, so ist man zwar wahrscheinlich motiviert – dieser Zustand kann aber zu schlechtem Gewissen führen, vor allem aber zur Demotivation der Anderen.

Adams entwickelte folgende vier Szenarien, die in weiterer Folge auch empirisch getestet wurden:

1. *Überbezahlung nach Zeit:* Nach der Theorie würde die Person versuchen, durch härtere Arbeit oder mehr Anstrengung die Ungleichheit zu verringern. Durch erhöhten Input würde sich Quantität oder Qualität der Leistung erhöhen.
2. *Überbezahlung nach Stückzahl:* In diesem Szenario wird die Person für jedes Stück überbezahlt. Adams nimmt an, dass die Person zwar nicht die Quantität erhöhen würde, weil dadurch ja noch mehr überbezahlte Stücke produziert würden und somit die

Ungleichheit sogar ansteigen würde. Stattdessen glaubt Adams, dass die Qualität der Stücke zunehmen würde.

3. *Unterbezahlung nach Zeit:* Aufgrund der Ungerechtigkeit durch Unterbezahlung würde die Person weniger Quantität und Qualität liefern, um so Gleichheit wieder herzustellen.
4. *Unterbezahlung nach Stückzahl:* Unter dieser Bedingung wurde vorhergesagt, dass die Person mehr Quantität bei gleichzeitig weniger Qualität produzieren würde, um die Ungleichheit zu kompensieren.

Diese Annahmen sind natürlich eindimensional und vereinfachend. Menschliche Reaktionen sind sicherlich nicht so einfach vorherzusagen. Kritiker dieser Theorie haben auch bemängelt, dass Input und Output häufig schwer zu messen sind und sehr stark vom subjektiven Empfinden abhängen. Auch ist der Personenkreis, mit dem verglichen wird, schwer zu definieren. Außerdem gibt es wahrscheinlich psychische Mechanismen, mit einer ungerechten Situation umzugehen, indem man sich einredet, dass es doch gute, wenngleich nicht so offensichtliche Gründe für die erlebte Ungleichheit gibt. Es handelt sich hierbei um „Coping"-Mechanismen, damit die Situation erträglich wird, vor allem dann, wenn man sie nicht ändern kann. Trotzdem beinhaltet unserer Meinung nach dieser Denkansatz einige wichtige Anregungen.

Empirische Überprüfungen dieser Theorie haben ergeben, dass die vier Annahmen sich am ehesten unter der Unterbezahlungsprämisse bewahrheiten. Die beobachteten Ergebnisse waren bei *Unterbezahlung nach Zeit* am ehesten mit der Vorhersage im Einklang.

Verstärkungstheorie nach Skinner

Die Verstärkungstheorie ist einer der altesten Erklärungsansätze zur Motivation, kommt aber aus der biologischen Verhaltensforschung. Begründet wurde diese von B. F. Skinner, der seine Schlüsse aus Experimenten mit Ratten zog. Diese wurden in der legendär gewordenen Skinnerbox konditioniert, indem sie Futter oder Wasser erhielten, wenn sie das gewünschte Verhalten zeigten. Mittlerweile wurden Skinners Experimente auch mit anderen Säugern, Vögeln und Fischen erfolgreich durchgeführt.

Allerdings hat diese Theorie erst 1970 in der Organisationspsychologie Eingang gefunden. Drei Schüsselvariable charakterisieren diese Theorie: **Stimulus, Reaktion** (Antwortverhalten) und **Belohnung.** Ein Stimulus ist jede Aktion, die eine Reaktion hervorruft. Im Arbeitsalltag wäre eine Reaktion jede Art von messbarer Arbeitsleistung. Die Belohnung ist etwas von Wert, dessen Vergabe mit der Reaktion im Zusammenhang steht. Sie ist gedacht als Verstärkung der gewünschten Reaktion. Ausgehend von den Tierexperimenten wurden vier Reaktions-Belohnungs-Muster unterschieden, die sich auf die Reaktionsfrequenz auswirken.

1. *Fixiertes Intervall:* Die Person wird nach einem bestimmten Intervall belohnt. Bezahlung nach Stundenlohn würde zu dieser Kategorie gehören.
2. *Fixiertes Verhältnis:* Die Person wird nach einer festgelegten Anzahl von Reaktionen belohnt. Hierzu gehören Provisionen nach Hausverkäufen im Immobiliensektor, bei Versicherungsmaklern nach abgeschlossenen Verträgen oder Bezahlung nach produzierten Stückzahlen.
3. *Variables Intervall:* Die Person wird zwar belohnt, aber in unterschiedlichen Intervallen, die nicht vorhersehbar sind.
4. *Variables Verhältnis:* Die Person wird nach Reaktionen belohnt, aber nach wie vielen ist veränderlich. So würde eine Provision manchmal nach einem Abschluss, manchmal nach zwei und manchmal nach drei Abschlüssen ausbezahlt.

Die Theorie besagt nun, dass durch Veränderung der Belohnungsmuster die Motivation der Mitarbeiter verändert werden kann. Nord hält dem entgegen, dass die meisten Menschen lieber ihr eigenes Leben kontrollieren, als von einem Unternehmen manipuliert zu werden. Es kommen zusätzlich noch ethische Gesichtspunkte zum Tragen, wenn es darum geht, das Verhalten der Mitarbeiter zu kontrollieren. Trotzdem funktionieren viele Prämiensysteme nach diesem Konditionierungsschema. Skinner sieht den Erfolg der Anwendung dieser Theorie, wenn

1. die Belohung gewünscht und als wichtig angesehen wird,
2. die Belohnung regelmäßig und in nicht allzu großen Zeitintervallen gegeben wird und
3. höhere Arbeitsleistung mehr Belohnung nach sich zieht.

Ein Wiener Unternehmer erzählte uns, dass seine Arbeiter nach einer besonderen Arbeitsleistung viel lieber einen Geldbetrag bar auf die Hand erhielten als einen wesentlich größeren Betrag am Ende des Monats auf das Gehaltskonto überwiesen. Im Sinne dieser Theorie würde im Falle der Überweisung das Zeitintervall zwischen Reaktion (Leistung) und Belohnung zu groß sein und somit der Bezug nicht mehr hergestellt werden. Vermutlich hängt dieses Verhalten allerdings auch von Bildungsgrad, Unternehmenskultur, Branche etc. ab und kann nicht verallgemeinert werden.

Empirische Studien mit Baumsetzern verglichen die Effektivität der verschiedenen Verstärkungsschemata. Einige Setzer wurden nach Zeit bezahlt, nämlich nach gearbeiteten Stunden, unabhängig davon, wie viele Bäume sie gesetzt hatten. Die andere Gruppe wurde nach der Zahl der gesetzten Bäume bezahlt. Letztere war signifikant produktiver.

In einer anderen Studie wurde die Durchfallrate bei technischen Tests unter verschiedenen Bedingungen untersucht. Eine Gruppe wurde nach Anwesenheit bezahlt, unabhängig davon, ob sie die Tests bestand. Die zweite Gruppe wurde jeweils nach drei bestandenen Tests bezahlt und die dritte Gruppe nach einer variablen Anzahl von bestandenen Tests. Die beiden Gruppen, die nach bestandenen Tests bezahlt wurden hatten eine gleich große Durchfallsrate von 40%, die nach Zeit bezahlte Gruppe jedoch von 60%.

Die Erforschung der Verstärkungstheorie wurde auch auf Pünktlichkeit angewandt. Jeder Mitarbeiter, der pünktlich zur Arbeit erschien, erhielt eine Karte eines Kartenspieles. Am Ende der Woche erhielt jener Mitarbeiter mit dem besten Pokerblatt 20 US-Dollar. Die Pünktlichkeit wurde signifikant erhöht.

Erwartungstheorie von Vroom

Vroom kritisierte die meisten Motivationstheorien, weil sie von irrationalen Verhaltensweisen der Menschen ausgingen und die Motivation von vergangenen Erlebnissen abhängt. Seine Theorie hingegen geht von rationalem Denken und dem Blick in die Zukunft aus.

Jeder Mensch wird in Bezug auf seine Entwicklung am Arbeitsplatz von einer Reihe wohl überlegter Berechnungen über die Zukunft motiviert. Nur, weil ich etwas will, bedeutet das noch lange nicht, dass ich es auch erreiche – so Vroom. So könnte mein sehnlichster Wunsch eine Beförderung, eine Versetzung, ein neues Aufgabengebiet usw. sein. Die Wahrscheinlichkeit der Verwirklichung aber hat nichts mit der Intensität des Wunsches zu tun. Somit werden die Wünsche im Weiteren von meiner subjektiven Einschätzung der Wahrscheinlichkeit ihrer Realisierung beeinflusst. Dieser Mechanismus ist durchaus sinnvoll, weil damit ständiger Enttäuschung und somit Frustration vorgebeugt wird.

Vroom bezeichnet diese Wünsche und Präferenzen für ein bestimmtes Ereignis als *Valenz*. Die subjektive Einschätzung der Realisierung wird als *Erwartung* bezeichnet. Die Motivation ist nach folgender Formel das Produkt aus *Erwartung* und *Valenz*:

$$\text{Motivation} = \text{Erwartung} \times \text{Valenz}$$

Um dies zu veranschaulichen, stellen wir uns folgendes Szenario vor:

Franz und Anna arbeiten in der Rechnungsabteilung eines großen Unternehmens. In der Abteilung wird eine Stelle als Projektleiter neu geschaffen. Das Arbeitsprofil erfordert jemanden mit Erfahrung in moderner Statistik und Operations-Research. Franz wünscht sich das Einkommen und das Prestige aus dieser Stelle ziemlich stark. Er ist sehr ehrgeizig, seine Frau erwartet ihr zweites Kind, und sie könnten das zusätzliche Geld gut gebrauchen. Er hat jedoch nicht die notwendige Erfahrung. Anna hat die entsprechende Qualifikation für die Position, aber sie dachte schon daran, das Unternehmen zugunsten einer anderen Stelle zu verlassen. Diese neue Position interessiert sie zwar, aber sie wird sich nicht verzweifelt um sie bemühen. Die Motivation der beiden Personen könnte so berechnet werden:

Franz: Valenz (0,9) × Erwartung (0,2) = 0,18
Anna: Valenz (0,4) × Erwartung (0,8) = 0,32

Obwohl Franz wesentlich mehr Interesse an der neuen Stelle hat, würde nach der Erwartungstheorie die Motivation von Anna viel höher sein, da ihre Erwartung, die Stelle auch zu bekommen, viermal so hoch wie jene von Franz ist.

Natürlich ist die Messbarkeit von Valenz und Erwartung nicht einfach, wodurch eine mathematische Erfassung der Motivation nach der Erwartungstheorie in der Praxis keine Bedeutung hat. Sehr interessant ist jedoch, dass die Erwartung eine genau so wichtige Rolle wie der Wunsch spielt.

Aus angewandter Sicht ergibt sich daraus, dass es als brauchbar erscheint, die Erwartungshaltung der Mitarbeiter für ein bestimmtes Ereignis abzufragen und wenn nötig in der Diskussion auch zu korrigieren. Es könnte ja sein, dass der Mitarbeiter von einer falschen Ausgangslange ausgeht, z. B. weil entsprechende Hintergrundinformationen fehlen, die jedoch der Manager hat. Mit diesen Informationen könnte aber die Erwartung wesentlich erhöht werden, was im Sinne der Erwartungstheorie die Motivation stark steigern würde. Denn sehr oft handelt es sich bei geringer Erwartung nur um Missverständnisse. Dies sei an einem Beispiel illustriert, das aus unserer Beratungspraxis stammt:

> Herr K ist Firmenleiter eines großen Produktionsbetriebes und hat schon seit langem Herrn W. für eine Beförderung zum Koordinator der Arbeitsvorbereitung im Auge. Diese neue Aufgabe bedeutet für Herrn W. eine wesentliche Beförderung, und außerdem will er schon lange vom Posten des Obermeisters weg, da er dem Druck der Arbeiter nicht mehr gewachsen ist. Für die neue Position bringt er jedoch die nötige fachliche und menschliche Qualifikation mit. Der Wunsch (Valenz) ist somit hoch. Da er jedoch keine Anzeichen für eine Beförderung sieht und dann sogar ein Inserat in der Zeitung findet, in welchem ein Bewerber für die neue Position gesucht wird, sinkt seine Erwartungshaltung auf null. Er spielt ernsthaft mit dem Gedanken, den Arbeitgeber zu wechseln.

In diesem konkreten Beispiel konnte das Missverständnis aufgeklärt werden, und Herr W. leistete daraufhin lange Zeit sehr gute Arbeit in der neuen Position. Wie oft aber ist das Ergebnis nicht so befriedigend, und man erfährt nicht einmal die Hintergründe, warum ein guter Mitarbeiter das Unternehmen verlässt, der gerade für höhere Aufgaben auserkoren war – nur, er wusste es nicht.

Weiterentwicklung der Erwartungstheorie von Porter und Lawler

Porter und Lawler haben dieses Modell noch weiter verfeinert. Ihr Modell (siehe Abbildung) wirkt zwar etwas kompliziert, ist aber entsprechend sachlich und differenziert. Die drei Kästchen am linken Rand entsprechen dabei dem grundlegenden Modell von Vroom, nur der Begriff „Motivation“ wurde durch „Anstrengung“ ersetzt, außerdem ist Leistungsbereitschaft nicht mit Leistung gleichzusetzen. Eine Person setzt sich z. B. sehr ein, die Anstrengung ist also sehr hoch, aufgrund von mangelnder Qualifikation oder ungeeigneter Persönlichkeit ist die Leistung jedoch nicht der Anstrengung entsprechend. Porter und Lawler sehen die Menschen von inneren und äußeren Belohnungen beeinflusst sowie von der Gerechtigkeit des Systems. Die Erwartungstheorie hilft uns zu verstehen, dass das Wollen zwar eine wichtige Voraussetzung für Motivation ist, jedoch noch nicht ausreicht, um sich entsprechend einzusetzen.

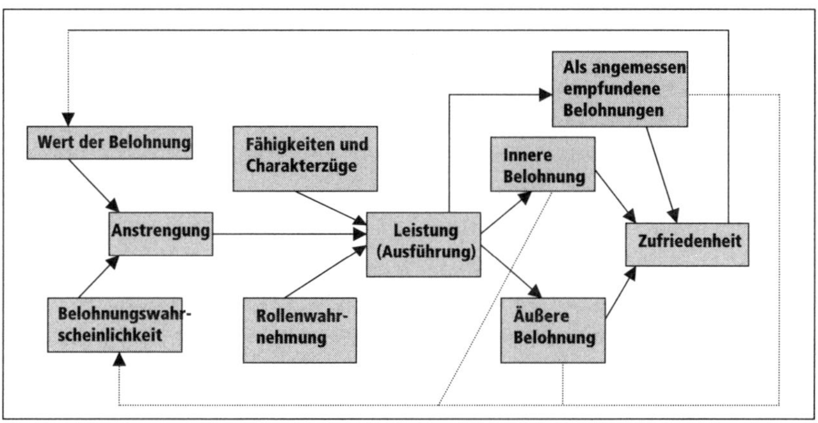

Modell von Porter und Lawler

Folgende Grundannahmen liegen der Theorie zugrunde:

- Leistung setzt zumindest Leistungsbereitschaft voraus.
- Leistungsbereitschaft wird mit Motivation gleichgesetzt und hängt von der Erwartung (Belohnungswahrscheinlichkeit) und Valenz (Wunsch) ab.
- Um die Leistungsbereitschaft zur tatsächlichen Leistung werden zu lassen, sind zusätzlich die erforderlichen Fähigkeiten notwendig, sowohl in fachlicher, physischer als auch psychischer Hinsicht sowie die entsprechende Rollenwahrnehmung.
- Erst die Kombination von Leistungsbereitschaft und Fähigkeit ergibt die tatsächliche Leistung.
- Die Leistung führt im Falle der intrinsischen Motivation zu unmittelbarer Zufriedenheit, im Falle der extrinsischen Motivation erst über den Umweg der externen Belohnung.

Für die Erwartungstheorie sind Menschen sehr bewusste und rationale Wesen. Es wird davon ausgegangen, dass Menschen ihr Verhalten danach richten, wie sie den größtmöglichen Gewinn (Belohnung) erzielen können. Wenn wir unbewusste Motive oder irrationale Beweggründe annehmen, ist die Theorie nicht mehr haltbar. Auch ist es durchaus möglich, dass Menschen eben nicht nach dem größtmöglichen Gewinn streben, sondern dass ihnen eine gewisse Basisversorgung ausreicht. Hier kommt die von Skinner formulierte Voraussetzung für die Gültigkeit der Theorie zum Tragen, dass die Belohnung sehr gewünscht sein muss, um zu greifen.

Muchinsky sieht die Gütigkeit der Verstärkungstheorie abhängig davon, wie sehr Menschen ihr Verhalten von rationalen Prozessen abhängig machen. Dieser Grad ist von Individuum zu Individuum verschieden. Er untersuchte in einem Experiment, wie sehr die Erwartungstheorie den Einsatz von College-Studenten vorhersagen konnte. Für die Vorhersagewahrscheinlichkeit ergab sich eine Validität von 0,52. Sie schwankte jedoch bei unterschiedlichen Studenten von 0,08 (vernachlässigbar gering, keine Vorhersage möglich) bis 0,92 (sehr hoch). Es scheint also so zu sein, dass sich bei jenen Studenten, die von sehr rationalem Verhalten geprägt waren, die Theorie sehr gut anwenden ließ, bei jenen hingegen, die sich irrational verhielten und von unterbewussten Motiven geleitet wurden, überhaupt nicht.

Goal Setting

Goal Setting ist eine Motivationstheorie, die auf der Annahme basiert, dass Menschen rational und bewusst agieren. Sie behandelt den Zusammenhang von bewussten Zielen, Intentionen (Absichten) und Leistung. Ihre Prämisse ist, dass bewusste Ideen das Handeln bestimmen. Das Individuum versucht, die Ziele bewusst zu erreichen.

Locke sieht in den Zielen zwei Bedeutungen: Sie sind die Basis für Motivation und sie lenken Verhalten. Ziele geben einen Anhaltspunkt, zu wie viel Einsatz man bereit ist. Ziele sind beabsichtigtes Verhalten. Im Gegenzug beeinflussen sie die Leistung. Es müssen jedoch zwei Bedingungen erfüllt sein, damit die Ziele Leistung positiv beeinflussen können. Erstens muss sich die Person des Zieles bewusst sein und wissen, was zu dessen Erreichung nötig ist. Zweitens muss die Person das Ziel als etwas ansehen, für das es sich einzusetzen lohnt. Daraus folgt, dass Ziele abgelehnt werden könnten, weil sie entweder zu leicht oder zu schwierig zu erreichen sind oder die Person nicht genau weiß, wie man sie erreichen kann. Das Ziel zu akzeptieren impliziert, dass die Person das für die Zielerreichung benötigte Verhalten an den Tag legt.

Lockes Goal-Setting-Theorie besagt, dass schwierigere Ziele zu höherer Leistung führen, solange sie nicht überfordern, sondern nur fordern. Locke glaubte auch, dass das „Commitment" (innere Verpflichtung, mit dem Herz dabei sein) sich proportional zur Schwierigkeit des Zieles verhält. Somit werden schwierigere Ziele mit mehr *Commitment* verfolgt.

Ziele können auch in ihrer Spezifität variieren. Einige Ziele sind allgemein (z. B. ein guter Mitarbeiter zu sein), andere sind sehr spezifisch (z. B. sieben Computer bis nächsten Mittwoch zu verkaufen). Je spezifischer ein Ziel, desto fokussierter wird es verfolgt und desto gerichteter ist das Verhalten. Es ist außerdem wichtig, dass die Person Feedback über die Arbeitsleistung (Work Performance) erhält.

Somit beeinflussen folgende Faktoren und Bedingungen die Motivation und Arbeitsleistung positiv:

Ziele sind Verhaltensabsichten, die unsere Energie in eine bestimmte Richtung lenken. Je schwieriger und spezifischer ein Ziel, desto größer wird unsere Motivation sein, es zu erreichen. Feedback ist notwendig, um uns eine Rückmeldung zu geben, ob wir noch auf Kurs sind. Die Quelle der Motivation ist der Wunsch und die Intention, ein bestimmtes Ziel zu erreichen. Zusätzlich muss das Ziel von uns akzeptiert sein.

Empirische Ergebnisse

Im Wesentlichen haben die empirischen Studien die Theorie bestätigt. Latham und Yukl bearbeiteten 25 Feldstudien zur Goal-Setting-Theorie, und annähernd alle konnten die Theorie bestätigen.

Es wurden z. B. Kraftfahrer untersucht, die Baumstämme zum Sägewerk transportierten. Leistung wurde unter zwei Bedingungen betrachtet. Je mehr die Lastwagen beladen werden, desto weniger Fuhren sind nötig. Also ist eine Beladung knapp unter dem Gewichtslimit am wirtschaftlichsten. Unter der ersten Bedingung wurde den Fahrern gesagt, dass sie „ihr Bestes" beim Beladen der Lastwagen geben sollten. Später wurde ihnen gesagt, dass sie den Lastwagen so nahe wie möglich am Gewichtslimit beladen sollten. Die Fahrer erhielten Feedback durch eine Waage, wie nahe sie ans Limit kamen. Während unter der ersten Bedingung die Beladungskapazität nur bei knapp 60% blieb, lag sie unter der zweiten Bedingung über die Dauer des Experiments über 90%, allerdings mit einigen Schwankungen. Vier Wochen wurden benötigt, um sich an die 90-%-Marke heranzutasten, dann wurde das hohe Niveau gehalten. Das Experiment wurde über 48 Wochen durchgeführt.

Ein anderes Experiment verglich Holzfällerteams. Drei verschiedene Ziele wurden ausgegeben. Der ersten Gruppe wurde nur aufgegeben, „ihr Bestes" zu geben. Der zweiten Gruppe wurden Vorgaben gemacht, wie viel sie in welcher Zeit fällen sollten und die dritte Gruppe konnte sich selbst die Ziele setzen. Die dritte Gruppe setzte sich die höchsten Ziele und erreichte diese auch am häufigsten. Man könnte daraus den Schluss ziehen, dass selbst gesteckte Ziele am ehesten akzeptiert werden und dass ambitionierte Ziele eher motivieren.

Die Führungskonzeption MbO (Management by Objectives, siehe Seite 39) von Peter Drucker basiert im Wesentlichen auf dieser Theorie und ist genauso erfolgreich wie weit verbreitet. Allerdings funktioniert diese Theorie nach Zielen nur unter bestimmten Bedingungen und ist ihrem Wesen nach eine phänomenologische Theorie. Sie betrachtet nicht den Menschen in seinen Gefühlen und irrationalen Mechanismen, sondert geht von ihm als ausschließlich rationalem Wesen aus. Überwiegen jedoch irrationale Motive, so greift dieser Ansatz nicht.

Maslows Bedürfnishierarchie

Die Hierarchiepyramide von Maslow ist vermutlich die bekannteste der Motivationstheorien.

Abraham Maslow geht bei seinem Erklärungsversuch der Motivation von einer hierarchischen Anordnung von Bedürfnissen aus, welche sich in Form einer Pyramide darstellen lassen (siehe Abbildung). Er meint, dass tiefer stehende Bedürfnisse zuerst befriedigt bzw. erfüllt sein müssen, damit sich der Mensch der nächsten Stufe von Bedürfnissen zuwendet. So müssen nach diesem Ansatz die physiologischen Bedürfnisse (Nahrung, Wasser, Schlaf etc.) zuerst befriedigt sein, damit sich das Individuum um Sicherheit kümmert. Erst wenn die Sicherheit gewährleistet ist, würde der Wunsch nach Zugehörigkeit und Liebe aufkommen.

Schon in seinen Frühwerken räumt Maslow ein, dass man die Hierarchieebenen nicht so strikt getrennt sehen darf und zweifelsohne Überlappungen möglich sind. Der Schwerpunkt der Motivierbarkeit liegt jedoch, so Maslow, entweder im unteren, mittleren oder oberen Bereich der Pyramide. So könnte man einen Mitarbeiter wohl kaum mit Titeln und Orden zu außergewöhnlichen Leistungen animieren, wenn sein Lohn nicht für die Deckung von Nahrung und Wohnung ausreicht. Hingegen wird ein Top-Manager mit Millionengehalt durch ein paar Hunderter im Monat mehr wohl kaum motivierter sein als vorher. Er könnte jedoch durchaus empfänglich sein für Auszeichnungen und Titel.

So fragten viele Kandidaten für hohe Positionen in einem Maschinenbaukonzern beim Interview sehr oft nach der Möglichkeit von Ausbildung und Weiterbildung (Bedürfnis nach Selbstverwirklichung) und maßen dem mehr Bedeutung bei als dem Gehalt, welches als selbstverständlich ausreichend angesehen wurde. Einige waren auch bereit, auf beachtliche Anteile des Gehaltes zu verzichten, wenn sie dafür mehr Zeit für ihre Familie haben würden (Bedürfnis nach Zugehörigkeit und Liebe, vielleicht auch Selbstverwirklichung).

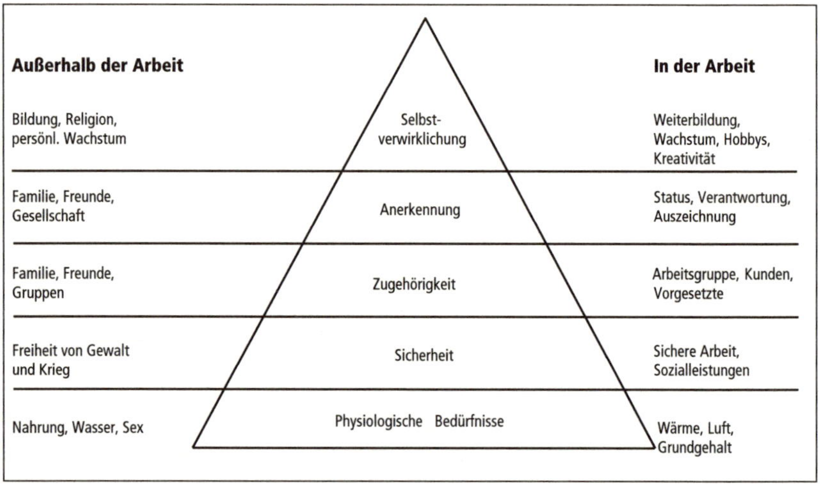

Maslows Bedürfnishierarchie

Nun zu den Bedürfnissen im Einzelnen und was Maslow darunter verstand:

Unterste Stufe: Physiologische Bedürfnisse

Maslow fasst hier alle Bedürfnisse zusammen, die zur Aufrechterhaltung des Organismus nötig sind, wohl wissend, dass deren Zahl sehr groß ist.

Diese Aufrechterhaltung wird in der Biologie Homöostase genannt und beschreibt alle Versuche des Individuums, den Gleichgewichtszustand im Körper zu erhalten. Dazu zählen Körpertemperatur, Blutzuckergehalt, Flüssigkeitsmengen, osmotischer Druck, pH-Wert und vieles mehr. Obwohl Sexualverhalten nicht der Homöostase im engeren Sinne dienlich ist, wird es den physiologischen Bedürfnissen zugerechnet.

Im Hinblick auf den Arbeitsplatz zählen physikalische Größen wie Temperatur, Luftfeuchtigkeit, Gestank, Lärm, Bürogröße etc. dazu.

Verkompliziert wird die Situation dadurch, dass niedere Bedürfnisse gelegentlich als Ersatz für unerfüllte höhere Bedürfnisse dienen müssen. So könnte es sein, dass „eine Person, die glaubt, dass sie hungrig ist, ... tatsächlich mehr nach Bequemlichkeit und Geborgenheit verlangt als nach Vitaminen und Proteinen. Umgekehrt ist es möglich, das Nahrungsbedürfnis teilweise mit anderen Aktivitäten zu befriedigen, mit Zigarettenrauchen oder Wassertrinken."

Maslow sieht in den physiologischen Bedürfnissen die „mächtigsten" unter allen. Das bedeutet insbesondere, dass für ein menschliches Wesen, dem es im Leben extrem an allem mangelt, am wahrscheinlichsten die Befriedigung der physiologischen Bedürfnisse vor allen anderen die Hauptmotivation darstellen wird. Jemand, dem es an Nahrung, Sicherheit, Liebe und Wertschätzung mangelt, wird nach Nahrung mehr als nach etwas anderem hungern. „Für den chronisch und extrem hungrigen Menschen wird Utopia einfach als ein Ort definiert werden, an dem es genügend Nahrung gibt." – Demnach würde er wohl am ehesten mit ausreichender Nahrung motivierbar sein.

Zweite Stufe: Sicherheitsbedürfnisse

Darunter versteht Maslow den Wunsch nach Sicherheit, Stabilität, Geborgenheit, Schutz, Angstfreiheit, Struktur, Ordnung, Gesetz, Grenzen etc. Auch die Arbeitsplatzsicherheit ist dazuzuzählen. Mit Blick auf die Vereinigten Staaten in den sechziger Jahren sah er diese Bedürfnisse allerdings im Wesentlichen erfüllt und in größerem Ausmaß nur mehr bei Neurotikern vorhanden. Deren Sicherheitsbedürfnis beschreibt Maslow wie folgt:

> „Neurotische Erwachsene in unserer Gesellschaft verhalten sich in mancher Hinsicht wie das unsichere Kind in ihrem Verlangen nach Sicherheit, obwohl dies beim Erwachsenen eine spezielle Form annimmt. Sie reagieren häufig auf die unbekannten, psychologischen Gefahren in einer Welt, die als feindlich, überwältigend und bedrohlich wahrgenommen wird. Solche Personen verhalten sich, als würde

> ständig eine große Katastrophe drohen, d. h., sie reagieren gewöhnlich wie auf einen Notstand. Ihre Sicherheitsbedürfnisse finden häufig spezifischen Ausdruck in der Suche nach einem Beschützer oder einer starken Persönlichkeit, auf die man sich verlassen kann, vielleicht einem Führer."

Weiter unten werden wir sehen, dass das pathologische Modell von Kets de Vries vom Menschen als mehr oder weniger stark neurotisch veranlagt ausgeht. Dadurch erlangt das Sicherheitsbedürfnis – trotz aus Maslows Sicht objektiver Befriedigung – neue Bedeutung. Zudem ist die Sicherheit zweifelsohne in vielen Ländern dieser Erde und zumindest heutzutage auch in den Vereinigten Staaten für sehr viele Menschen keineswegs mehr gewährleistet. Somit erlangt die Befriedigung dieses Bedürfnisses im Sinne der Motivation heute sehr große Bedeutung.

Was den Arbeitsplatz betrifft, so zählen Maßnahmen zur Unfallverhütung, Schutzeinrichtungen vor gesundheitsschädlichen Einflüssen wie Dämpfen und Chemikalien sowie die Sicherheit vor Verlust des Arbeitsplatzes dazu.

Dritte Stufe: Bedürfnis nach Zugehörigkeit und Liebe

Hier geht es darum, Teil einer Gruppe zu sein. Dem liegen unsere entwicklungsgeschichtlichen Wurzeln zugrunde. Menschen haben von Anbeginn in Gruppen gelebt, ja leben müssen, da sie in der Regel alleine nie lebensfähig waren – im Gegensatz zu vielen anderen Säugerarten. Schon zu den Zeiten, als unsere Vorfahren sich gerade erst als Homo sapiens, als der denkende Mensch, von den anderen Hominiden abhoben, lebten sie als Jäger und Sammler in Gruppen. Auch leben alle rezenten Menschenaffen nicht als Einzelgänger. Das Verhalten von Hermann Hesses „Steppenwolf", der alleine durch die Dschungel der Städte streift und dabei immer einsam bleibt, ist also nicht naturgegeben.

Auf dem Bedürfnis nach Zugehörigkeit und Liebe begründet sich die dritte Stufe der Bedürfnispyramide. Jede gute Gesellschaft müsse dieses Bedürfnis auf die eine oder andere Weise befriedigen, wenn sie überleben und gesund bleiben wolle.

Liebe ist nach Maslow nicht synonym mit Sex zu verstehen:

> „Gewöhnlich ist sexuelles Verhalten vielfach determiniert, d. h. nicht nur von den sexuellen, sondern auch von anderen Bedürfnissen, darunter an erster Stelle den Liebes- und Zuneigungsbedürfnissen. Auch darf man nicht übersehen, dass Liebesbedürfnisse sowohl Liebe geben als auch Liebe nehmen einschließen."

Vierte Stufe: Bedürfnis nach Achtung und Anerkennung

> „Erstens gibt es das Bedürfnis nach Stärke, Leistung, Bewältigung und Kompetenz, Vertrauen angesichts der übrigen Welt und Unabhängigkeit und Freiheit. Zweitens gibt es, was man den Wunsch nach einem guten Ruf oder nach Prestige nenne könnte (definiert als Respekt oder Hochachtung seitens anderer Leute), nach Status, Berühmtheit und Ruhm, nach Dominanz, Anerkennung, Aufmerksamkeit, Bedeutung, Würde oder Wertschätzung."

Aus darwinistischer Sicht beruhen letztere Bedürfnisse unter anderem darauf, dass derjenige, dem Achtung und Anerkennung in einer Gruppe zuteil wird, entsprechend attraktiv für das andere Geschlecht ist und somit auch mit höherem Reproduktionserfolg aufwarten kann. Es ist sicherlich kein Zufall, dass wohlhabende und mächtige Männer, so körperlich unattraktiv und alt sie auch sein mögen, auf viele Frauen trotzdem unwiderstehlich wirken. Somit ist das Bedürfnis nach Achtung und Anerkennung, wenn die physiologischen Bedürfnisse und jene nach Sicherheit und Gruppenzugehörigkeit einmal gedeckt sind, auch biologisch erklärbar.

Es sei erwähnt, dass die humanistische Psychologie diese rein biologistischen Ansätze ablehnt oder zumindest noch andere Begründungen als rein biologische anführt. Das Bedürfnis nach Stärke, Leistung etc. könnte aus der Notwendigkeit erklärt werden, sich gegen außen verteidigen zu müssen. Leistung und Kompetenz waren wichtig, um das langfristige Überleben zu sichern.

> „Die Befriedigung des Bedürfnisses nach Selbstachtung führt zu Gefühlen des Selbstvertrauens, der Stärke, der Fähigkeit, zum Gefühl, nützlich und notwendig für die Welt zu sein. Doch Frustrierung dieses

> Bedürfnisses bewirkt Gefühle der Minderwertigkeit, der Schwäche und der Hilflosigkeit. Solche Gefühle wiederum lassen entweder grundlegende Entmutigung oder kompensierende oder neurotische Trends entstehen. Einsicht in die Notwendigkeit grundlegenden Selbstvertrauens und Verständnis dafür, wie hilflos Menschen ohne Selbstvertrauen sind, kann leicht aus der Untersuchung schwerer traumatischer Neurosen gewonnen werden."

Auch hier wieder ein Hinweis auf Parallelen zu neurotischem Verhalten, welches de Vries den meisten Menschen mehr oder weniger unterstellt und darauf seine Motivationstheorie aufbaut.

Das Militär benützt das Bedürfnis nach Achtung und Anerkennung geschickt, indem auf Dienstgrade und hierarchische Abstufungen großer Wert gelegt wird. Auszeichnungen, Medaillen und Orden dienen ebenfalls dazu, dieses Bedürfnis anzusprechen.

Fünfte (höchste) Stufe: Bedürfnis nach Selbstverwirklichung

Es handelt sich um das Bedürfnis, nach Höherem zu streben als sich auf seine eigene vergängliche Existenz zu konzentrieren. Viele Religionen und Philosophien bezeichnen dieses Bedürfnis als Transzendenz. Der Wunsch, etwas Sinnvolles im Sinne des Weltenlaufes zu tun ist allen Menschen, die dieses Bedürfnis verspüren, gemein. Stellvertretend für viele andere seien Mutter Theresa, Albert Schweitzer und Mahatma Gandhi genannt.

> „Auch wenn alle diese Bedürfnisse befriedigt sind, wird man häufig (wenn auch nicht immer) erwarten können, dass neue Unzufriedenheit und Unruhe entsteht, wenn der Einzelne nicht das tut, wofür er, als Individuum, geeignet ist. Musiker machen Musik, Künstler malen, Dichter schreiben, wenn sie sich letztlich in Frieden mit sich selbst befinden wollen. Was ein Mensch sein kann, muss er sein. Er muss seiner eigenen Natur treu bleiben. Dieses Bedürfnis bezeichnen wir als Selbstverwirklichung."

Kritik an der Theorie

Auch an dieser Theorie wurde heftige Kritik geübt. So stellten viele Kollegen Maslows in Frage, dass die Bedürfnisse tatsächlich rein hierarchisch angeordnet sind. Es wurde das Beispiel eines indischen Yogis zitiert, der nach Selbsterkenntnis und Transzendenz strebt, ohne dass die anderen Stufen der Pyramide nur annähernd erreicht sind. Darüber hinaus bezweifeln einige, dass eine Stufe völlig erfüllt sein muss, um die Bedürfnisse der nächsten Stufe zu empfinden. Ein Beispiel aus einer österreichischen Fabrik mag dies veranschaulichen:

> Vor einigen Jahren wurde die Kantine aus organisatorischen Gründen umstrukturiert. Im Rahmen dieser Veränderungen wurde ein Spitzenkoch engagiert, der hervorragende Küche anbietet. In einem persönlichen Gespräch teilte er mit, dass er die Mitarbeiter als Gäste eines Haubenrestaurants betrachtet und auch auf ihre Wünsche eingeht. Ebendiese Werksküche wurde bei einer Mitarbeiterbefragung als ein sehr motivierender und positiver Faktor im Unternehmen genannt.

Obwohl die physiologischen Bedürfnisse der Mitarbeiter sicherlich erfüllt sind, kann ein herausragendes Angebot in der unteren Ebene der Pyramide sehr motivierend wirken. Da das Menü hochwertig und gesund zusammengestellt wird, ist zusätzlich ein positiver Effekt auf die Arbeitsleistung zu erwarten.

ERG-Theorie von Alderfer

Die zweite auf Bedürfnissen aufbauende Theorie ist jene von Alderfer, der sicherlich von Maslow beeinflusst wurde. Es gibt sehr viele Parallelen, jedoch auch einige gravierende Unterschiede. Zunächst einmal definierte Alderfer folgende drei hierarchisch angeordnete Bedürfnissphären im Gegensatz zu den fünf von Maslow:

1. **Existenzbedürfnisse**
   Hierbei handelt es sich um materielle Bedürfnisse wie Nahrung, Wasser, Bezahlung, Begünstigungen und Arbeitsbedingungen.
2. **Beziehungsbedürfnisse**
   Das sind Bedürfnisse, die Beziehungen mit „wichtigen“ anderen betreffen, wie z. B. Kollegen, Vorgesetzten und Mitarbeitern, aber auch Familie und Freunde.
3. **Wachstumsbedürfnisse**
   Diese beinhalten den Wunsch nach besonderem persönlichen

Wachstum. Sie werden befriedigt durch Entwicklung von Fähigkeiten und Kenntnissen, die der Person als wichtig bzw. sehr wichtig erscheinen.

Der Name ERG-Theorie stammt von den englischen Anfangsbuchstaben der drei Bedürfnisebenen **E**xistence, **R**elatedness und **G**rowth. Alderfer versuchte mit seiner Theorie, die Schwachpunkte von Maslows Bedürfnishierarchie zu beheben. Die wichtigsten Unterschiede zu Maslows Theorie sind:

- Alderfer beschrieb drei anstatt fünf Bedürfniskategorien, wobei folgende Beziehungen zwischen den Kategorien bestehen:

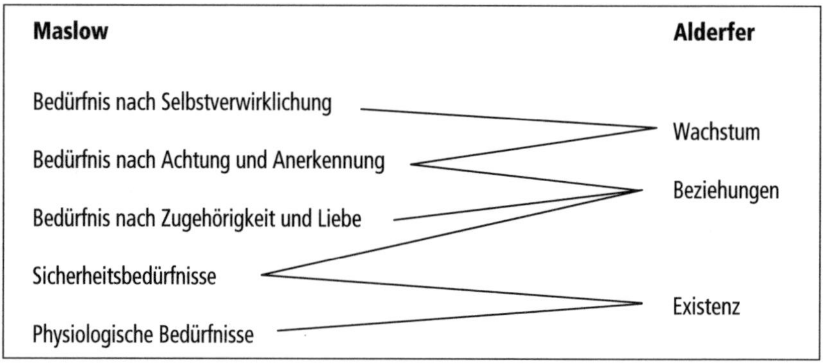

Vergleich der Theorien von Maslow und Alderfer

- Alderfer beschrieb zweitens seine Bedürfnisse entlang eines Kontinuums statt nach hierarchischen Gesichtspunkten.
- Und drittens erlaubt Alderfers Theorie ein „vor“ und „zurück“ entlang des Kontinuums, anstatt wie bei Maslow erst in die nächste Kategorie bzw. Hierarchie einzusteigen, wenn die vorhergehende erfüllt ist. Alderfer bezeichnete die Orientierung in Richtung Wachstum als „Erfüllungsprogression“, das Zurückgehen in Richtung Existenzbedürfnisse hingegen als „Frustrationsregression“. Alderfer glaubte, dass ein Mensch, wenn sein Versuch fehlschlägt, höhere Bedürfnisse zu befriedigen, sich niederen Bedürfnissen zuwendet.

Ein weiterer Unterschied besteht darin, dass Maslow glaubt, ein Mensch würde die Befriedigung unerfüllter Bedürfnisse umso mehr verlangen, je weniger sie erfüllt sind. Alderfer hingegen ist der Ansicht, dass in diesem Fall eine untere Stufe als Kompensation zur unerfüllten oberen Stufe von Bedürfnissen übermäßig erfüllt wird. So würde die Befriedigung der Existenzbedürfnisse besonders angestrebt werden, wenn Beziehungsbedürfnisse nicht erfüllt würden.

Zwei-Faktoren-Theorie von Herzberg

Frederick Herzberg arbeitete mit mehreren hundert Technikern und Buchhaltern Mitte der fünfziger Jahre in Pittsburgh, USA. Um herauszufinden, was sie motivierte, stellte er folgende Frage:

> „Denken Sie an einen Zeitpunkt, an dem Sie sich bei ihrer Arbeit außerordentlich gut oder außerordentlich schlecht fühlten, entweder bei ihrer gegenwärtigen Arbeit oder bei irgendeiner anderen, die Sie einmal ausübten. Dabei kann es sich entweder um eine langfristige oder um eine kurzfristige Situation handeln. Erzählen sie bitte, was geschah!"

Als er die Ergebnisse des Experiments analysierte, stellte er fest, dass sich zwei getrennte Faktoren auf das Arbeitsverhalten auswirkten. Die einen nannte er **Motivatoren** (motivators), die anderen **Hygienefaktoren** (dissatisfiers). Folgende Tabelle veranschaulicht die Zugehörigkeit der verschiedenen Aspekte zu den zwei Faktoren:

Motivatoren	**Hygienefaktoren**
Leistung	Bezahlung
Anerkennung (Beziehung zu Vorgesetzten)	Überwachung (Kontrolle)
Die Arbeit an sich	Sicherheit des Arbeitsplatzes
Verantwortung	Status
Beförderung (Aufstiegschancen)	Unternehmenspolitik, Verwaltung

Die Hygienefaktoren tragen analog zur medizinischen Hygiene als Krankheitsverhütung dazu bei, nicht unmotiviert zu sein. Sind sie nicht erfüllt, so ist der Mitarbeiter demotiviert. Sind sie allerdings erfüllt, so heißt das noch lange nicht, dass der Mitarbeiter motiviert ist und der Patient gesund. Sie werden dann als selbstverständlich hingenommen.

Die Motivatoren hingegen wirken motivierend, wenn sie erfüllt sind. Sind sie nicht gegeben, die Hygienefaktoren aber großteils erfüllt, so kann man „Dienst nach Vorschrift“ erwarten, aber nicht mehr. Daraus schloss Herzberg, dass man durch „Job Enrichment“ (also indem man die Arbeitsplätze und Aufgaben interessanter gestaltet) stark zur Motivierung beitragen könne. Es ergeben sich bei näherer Betrachtung auch einige Parallelen zur Bedürfnispyramide von Maslow. So sind die Hygienefaktoren im unteren Teil der Pyramide anzutreffen, die Motivatoren hingegen an der Spitze.

Kritik an der Theorie

Spillane kritisierte die Theorie, weil diese die starke Ausrichtung von Arbeitern am Geld als neurotisch einstufte. Spillane stellte auch fest, dass für viele Jobs ein „Enrichment“ gar nicht in Frage kommt und dass es für Arbeiter durchaus sinnvoll sein kann, sich am Geld zu orientieren.

Carey stand der Zwei-Faktoren-Theorie ebenso kritisch gegenüber und erwähnte einen interessanten Widerspruch in Herzbergs Verhalten. Herzberg wurde für öffentliche Auftritte, bei denen er die Unwichtigkeit des Geldes betonte, sehr gut bezahlt, aber wenn er darauf angesprochen wurde, bemerkte er: „Zum Teufel, ich glaube schließlich an die Hygienefaktoren.“

Man könnte als Kritik auch anbringen, dass das untersuchte Kollektiv sowohl fachlich als auch geographisch sehr begrenzt war und die Untersuchung schon vor einigen Jahrzehnten durchgeführt wurde. In der Tat gibt es bei jedem Seminar heftige Diskussionen, welche Aspekte nun zu den Motivatoren, und welche zu den Hygienefaktoren gehören. So wurde zu Recht eingewendet, dass eine schlechte Beziehung zu Vorgesetzten sehr demotivierend wirken kann und oft sogar den Grund für einen Jobwechsel darstellt. Umgekehrt haben viele Teilnehmer in den Reformländern eingewendet, dass in ihren Ländern

Geld sehr wohl zu den Motivatoren gehört, vor allem wohl auch deswegen, weil die Durchschnittsgehälter sehr niedrig dotiert sind. Darüber wird weiter unten noch zu diskutieren sein.

Offensichtlich hängt die Zuordnung zu Motivatoren bzw. Hygienefaktoren von vielen Dingen wie Kultur, Branche und Lebensraum ab. Dass aber zwei Faktoren definiert werden können, wurde selten bezweifelt, auch nicht, dass deren Definierung Konsequenzen für Motivationsmaßnahmen hat. Für die Praxis bedeutet dies, dass man für seine Mitarbeiter die Hygienefaktoren erkennen, aber das Hauptaugenmerk auf die Motivatoren richten sollte.

Theorie von McClelland

McClelland entwickelte seine Theorie aufgrund der Ergebnisse, die er beim Applizieren eines psychologischen Tests an einer großen Menge von Arbeitskräften erzielte. Es handelte sich bei dem Test um den von Murrey entwickelten „Thematischen Apperzeptions-Test“, kurz TAT. Dabei werden dem Probanden eine Reihe von Bilder gezeigt, die eine Alltagssituation darstellen, allerdings nicht sehr klar gezeichnet, damit so viel wie möglich hineininterpretiert werden kann. Nachdem jedes Bild für 10 bis 15 Sekunden gezeigt wurde, muss der Proband eine Geschichte dazu schreiben. Aus den Hauptmotiven der Geschichten ergaben sich bei der Untersuchung drei Cluster:

1. Bedürfnis nach Leistung,
2. Bedürfnis nach Macht,
3. Bedürfnis nach Zugehörigkeit oder sozialer Interaktion.

Bedürfnis nach Leistung

Menschen dieser Kategorie sind an raschen Problemlösungen orientiert. Dementsprechend stand bei ihren Geschichten die Problemlösung im Vordergrund. McClelland schätzte, dass ca. 10% der Menschen durch außergewöhnlich hohe Leistungsmotivation geprägt sind und führt dies vor allem auf Erlebnisse und Erziehung in der Kindheit zurück. Auch kulturelle Werte, die ja in der Kindheit tradiert werden, üben einen großen Einfluss aus. So lieferte McClelland Inhaltsanalysen populärer Literatur verschiedener Nationen (Lieder und Geschichten), wobei er nach Ausdrücken von Leistung, Macht und Zugehörigkeit suchte. Er stellte fest, dass indische Bücher oft geistige Themen behandeln und die Unwichtigkeit von Reichtum betonen, während z. B. chinesische Bücher materielle Ziele in den Vordergrund stellen. Daraus zieht er folgenden Schluss: „Es sollte deshalb nicht überraschen, wenn man es für wahrscheinlich hält, dass eine Nation wie China auf lange Sicht eine Nation wie Indien, die fatalistischer zu sein scheint, in der Produktion übertreffen wird."

Auch beschreibt er ein Abwenden von der Leistungsorientierung bei den Briten im letzten Jahrhundert, womit er den Niedergang des ehemaligen Weltreiches begründet. Es handelt sich bei diesem Typ normalerweise um Geschäftsleute, oft im Verkauf oder in kleinen Betrieben. Sie leisten gerne, vor allem dann, wenn das eigene Handeln direkt mit dem Ergebnis korreliert. Deswegen verabscheuen sie auch jedwede Art von Glücksspiel, da hier die Einflussmöglichkeiten nicht gegeben sind. Sie wollen Probleme selbst lösen und sie beachten vor allem Vorschläge, die leistungssteigernd sind. Ihre selbst gesteckten Ziele sind mittelschwer. Interessant ist auch McClellands eigene Einstellung zu diesem Typ:

> „Manche Psychologen denken, dass ich, weil ich so viel Arbeit auf das Bedürfnis nach Leistung verwendet habe, die Art von Menschen mögen muss, die ein starkes Bedürfnis nach Leistung haben. Das stimmt aber nicht, ich finde sie langweilig. Sie sind nicht künstlerisch sensibel. Sie sind Unternehmer, irgendwie getrieben – stets darauf aus, sich zu verbessern und einen kürzeren Weg ins Büro zu finden und eine schnellere Art, ihre Post zu lesen."

Bedürfnis nach Zugehörigkeit

Menschen diesen Typs verspüren einen starken Wunsch, gemocht zu werden. Sie sind oft nicht so gut in der Lage, eine Machtposition effektiv auszufüllen. Zur Problemlösung bevorzugen sie nicht so kompetente Freunde oder Bekannte vor kompetenten Fremden. Sie wollen niemandem wehtun und fühlen sich in einer gemütlichen Gruppe ohne große Konflikte am wohlsten. Dieses Verhalten kann für die Gruppenerhaltung und deren Klima sehr wichtig sein. Sie sind also sehr wertvolle Teammitglieder, fühlen sich in der Führungsposition allerdings oft unwohl.

Sind sie Geschäftsleute, so sind sie manchmal deswegen erfolgreich, weil positive Beziehungen zu Geschäftspartnern durchaus für einen Abschluss wichtig sind. Auch kulturelle Unterschiede sind zu verzeichnen. So erlebte ich bei Verhandlungen im Irak, dass westliche Verhandlungspartner sehr ungeduldig wurden, wenn man nicht gleich zur Sache kam. Die orientalische Annäherung an eine Verhandlung dauert aber einige Zeit, beinhaltet Tee und „Small Talk“, um eine Beziehung aufzubauen. Wenn man das berücksichtigt, kann man allerdings sehr effizient die Probleme besprechen. Geschieht diese Beziehungspflege nicht, so werden die Ergebnisse der Verhandlung viel schlechter ausfallen.

Bedürfnis nach Macht

Obwohl diese Orientierung oberflächlich dem Bedürfnis nach Leistung ähnlich sein mag, da beide Typen etwas bewegen, ist der eigentliche Hintergrund doch ganz anders. Dem Machttypus geht es in erster Linie um die Taktik und die eigene Position und nicht um das Ergebnis an sich. Er ist offener manipulativ und übernimmt gerne die Führerrolle.

McClelland unterschied darüber hinaus zwei Gesichter der Macht: die persönliche und die soziale Macht. Die persönliche Macht wird vielfach als negativ angesehen, insbesondere in den USA, wo man der Machtansammlung einer einzigen Person sehr skeptisch gegenübersteht. Deswegen ist auch niemand, nicht einmal der Präsident, vor Rechtsverfolgung sicher, auch wenn es um Kleinigkeiten geht.

Davis und andere verbanden den Machtbegriff mit Kontrolle und Kompetenz. Sowohl die Kontrolle als auch Kompetenz können als Machtmittel eingesetzt werden. Und tatsächlich halten diese Typen ihr Fachwissen oft geheim, um damit Macht ausüben zu können. Gewährt man ihnen dies, so tragen sie mit ihrer Kompetenz sehr wohl zum Ergebnis bei.

Für die Praxis bedeuten diese Ergebnisse Folgendes: Es ist wichtig, eine hohe Anzahl von Mitarbeitern mit großem Bedürfnis nach Leistung zu haben. Die anderen sind ebenso wichtig, da sie oft sehr kompetent sind oder für ein gutes Gruppenklima sorgen. Um sie zur Leistung zu motivieren, sollte man

- klare, kurzfristige Ziele setzen,
- mit überschaubaren Risiken,
- mit ständiger Rückmeldung, wo sie stehen,
- die Verantwortungsbereitschaft fördern,
- die Ziele kontrollieren,
- leistungsgerecht be- und entlohnen,
- wenig tadeln und
- viel loben.

Mangeltheorie – Homöostase

Diese Theorie ist eine der ältesten Motivationstheorien und sieht den Menschen aus rein biologischem Blickwinkel. Motivation dient dem Ausgleich von erlebtem Mangel, wobei in der ursprünglichen Form ausschließlich physiologische Mängel gemeint waren, wie Mangel an Wasser, Nahrung, Sauerstoff, Temperatur etc. In weiterer Folge wurden auch psychische Mängel hinzugenommen.

Der Begriff Homöostase wurde erstmals 1932 von Walter Cannon verwendet und bezeichnet das Streben des Körpers nach Aufrechterhaltung eines gewissen Milieus. So beträgt die Körperkerntemperatur immer ca. 37 Grad Celsius, ungeachtet dessen, wie kalt oder warm die Umgebung ist. Ähnliches geschieht mit dem pH-Wert des Blutes, der Blutzuckerkonzentration etc. Kann der Körper diese Homöostase nicht mehr aus eigenen Stücken aufrechterhalten, so entsteht ein Mangel, der von außen behoben werden muss. Das Individuum ist also motiviert, alles zu tun, damit der Mangel ausgeglichen wird.

Allerdings bestehen neben den physiologischen Bedürfnissen auch noch bewusste Antriebe, die sowohl von innen heraus entstehen als auch von der Umwelt initiiert werden können. Mangel entsteht also mitunter erst durch externe Reize. Mit diesem Mechanismus arbeitet die gesamte Werbebranche – denn wenn wir ehrlich sind, brauchen wir den größten Teil der beworbenen Produkte eigentlich nicht. Es bestand also kein Mangel an diesen Dingen, bevor der Reiz gesetzt wurde.

Es wurde von vielen Seiten Kritik an dieser Theorie geübt, da viele beobachtete Spielarten menschlichen Verhaltens damit nicht erklärbar sind. Außerdem verwehren sich viele Menschen gegen die rein biologische Betrachtungsweise des menschlichen Verhaltens. Trotzdem ist die Theorie nicht nutzlos, denn betrachtet man den Begriff Mangel etwas weiter, so ergibt sich ein wichtiger Schluss für die Motivation im Unternehmen: Erkenne die Mängel deiner Mitarbeiter und nutze diese als Motivator.

Pathologisches Modell von Kets de Vries

Zwischen vollkommen seelischer Gesundheit und offensichtlich erkennbaren Neurosen oder gar Psychosen liegt ein weites Feld mehr oder weniger pathologischer Persönlichkeitsmerkmale, so die Annahme von Kets de Vries. Somit ergeben sich für ihn fünf verschiedene pathologische Persönlichkeiten, mit denen man ihrer Eigenart entsprechend unterschiedlich umgehen muss, um sie zu motivieren. Es handelt sich dabei um den

- depressiven,
- distanzierten,
- misstrauischen,
- zwanghaften,
- narzisstisch-egozentrischen Typ.

Nun zu den Typen im Einzelnen:

Der depressive Typ
Er hat Schuldgefühle, glaubt, dem Schicksal passiv ausgesetzt zu sein. Schwierig zu begeistern, sieht immer die Probleme zuerst. Fühlt sich fremdbestimmt, was ihm unangenehm erscheint. Bei ihm ist es wichtig, Sinn für die Arbeit zu geben und Erfolgsgefühle zu vermitteln. Als Kassandrarufer können seine Einwände gelegentlich hilfreich sein, sollten aber auf jeden Fall ernst genommen werden.

Der distanzierte Typ
Wirkt kalt, emotionslos und zurückgezogen. Ist schwer zu begeistern

und gleichgültig gegenüber Kritik wie Lob. Wenig Interesse an Vergangenheit oder Zukunft.

Der misstrauische Typ

Er sieht an allem einen „Haken“, ist argwöhnisch gegenüber anderen, ständig in der Defensive. Fühlt sich oft übergangen, hineingelegt oder ausgenützt. Traut niemandem. In seiner Extremform ist er sehr schwer zu motivieren, allerdings können vertrauensbildende Maßnahmen im Team Besserung herbeiführen.

Der zwanghafte Typ

Sein Verhalten ist pedantisch, zwanghaft und durch Vorliebe für das Detail charakterisiert. Ist selten spontan, entspannt sich schlecht. Stressanfällig. Braucht Regeln und Vorschriften, um sich zurechtzufinden. Entscheidet sehr ungern, da ihm immer noch Grundlagen dafür fehlen, so viele auch schon vorhanden sind. Gibt man ihm klare Aufgaben mit einer klaren Struktur im Team, findet er sich noch am ehesten zurecht.

Der narzisstisch-egozentrische Typ:

Will die Aufmerksamkeit auf sich lenken und ist sehr stark Ichbezogen. Verträgt keine Kritik, sondern möchte bewundert werden. Neigt zur Dramatik und nützt andere Menschen für seine Zwecke. Überreagiert oft und wird von der Umwelt als oberflächlich empfunden. Will man ihn als Mitarbeiter motivieren, so bedarf er sehr viel Aufmerksamkeit und Anerkennung. Dann allerdings bringt er oft sehr gute Leistungen.

Natürlich gibt es jeden Typ in verschiedengradigen Abstufungen sowie Mischtypen. Die Welt ist nun mal nicht schwarz oder weiß. Allerdings kann die Einschätzung, welcher Mitarbeiter welchem Typ am nächsten kommt, durchaus hilfreich sein, wenn es darum geht, Motivationsmaßnahmen festzulegen. Der pathologische Ansatz würde auch erklären, warum viele Theorien, die von rein rationalen Motiven ausgehen, auf gewisse Menschen einfach nicht anwendbar sind – weil pathologisches Verhalten eben nie rational ist.

Psychoanalyse und Freud

Obwohl es in dem vorgegebenen Rahmen unmöglich ist, die tiefenpsychologischen Aspekte der Motivation darzulegen erscheint es uns doch als notwendig, dieses Gedankengebäude zumindest zu streifen. Der interessierte Leser sei auf die psychoanalytische Fachliteratur verwiesen.

Die bahnbrechende Leistung des Wiener Arztes Sigmund Freud war es, tabuisierte Themen öffentlich zu diskutieren und ein Modell der menschlichen Psyche zu entwickeln, das die gesamte Psychologie revolutionierte. In diesem Modell ist das so genannte Unbewusste enthalten, worin alle Triebe, Verdrängtes sowie verbotene Phantasien und Wünsche enthalten sind. Dieses Unbewusste beeinflusst nun aber das Tun und Handeln jedes Menschen, oft ohne dass er es merkt. Vereinfacht kann man nach Freud drei Ebenen der Psyche definieren: das Es, das Ich (Ego) und das Über-Ich (Alter Ego).

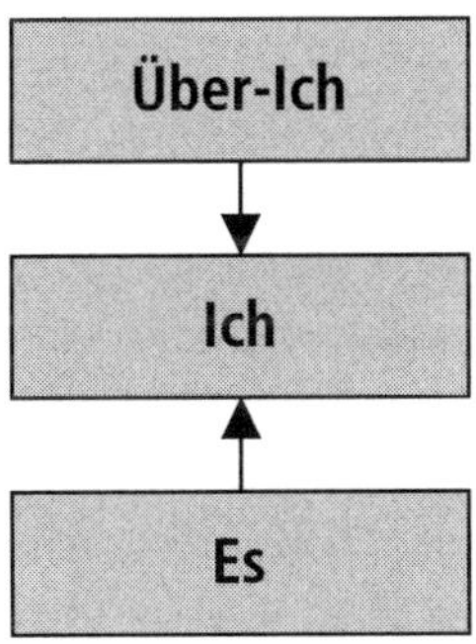

Die drei Ebenen der Psyche nach Sigmund Freud.

Das **Es** ist lediglich an der Selbsterhaltung und Triebbefriedigung interessiert. Sein Gegenspieler ist gewissermaßen das Über-Ich. Freud schreibt über das Es:

> „Die Macht des Es drückt die eigentliche Lebensabsicht des Einzelwesens aus. Sie besteht darin, seine mitgebrachten Bedürfnisse zu befriedigen. Eine Absicht, sich am Leben zu erhalten und sich durch die

> Angst vor Gefahren zu schützen, kann dem Es nicht zugeschrieben werden. Dies ist die Aufgabe des Ichs, das auch die günstigste und gefahrenloseste Art der Befriedigung mit Rücksicht auf die Außenwelt herauszufinden hat. Das Über-Ich mag neue Bedürfnisse geltend machen, seine Hauptleistung bleibt aber die Einschränkung der Befriedigungen."

Das **Über-Ich** ist die moralische Instanz der Psyche und wird geformt durch die Erziehung und die gesellschaftlichen und eigenen ethischen Prinzipien. Es liegt in der Natur der Sache, dass die „Interessen" des Es oft im Widerspruch zu jenen des Über-Ichs stehen. Das **Ich** ist nun der Vermittler, der ständig einen Kompromiss zwischen Es und Über-Ich finden muss.

Es gibt nun Menschen, bei denen das Es sehr stark überwiegt und das Über-Ich sehr wenig zu sagen hat. Sie werden gemeinhin als triebhaft bezeichnet. Andere hingegen besitzen ein sehr starkes Über-Ich, welches das Es unterdrückt. Die Triebe sind dann sehr oft tief im Unbewussten versteckt, aber keineswegs verschwunden. In enthemmten oder extremen Situationen brechen sie dann oft umso intensiver hervor.

In den Anfängen unterstellte Freud alle Triebe dem Eros, dessen Energie er als Libido bezeichnete. Es handelt sich ausschließlich um Lebenstriebe. Er definiert das Ziel der Lebenstriebe folgendermaßen: „(Ihr) ... Ziel ist, immer größere Einheiten herzustellen und so zu erhalten, also Bindung." In seiner späteren Lebensphase gesellte er zu den Lebenstrieben noch den Todestrieb, dessen Ziel es sei, „das Lebende in den anorganischen Zustand zu überführen". Dies geschah in erster Linie unter dem Eindruck des Ersten Weltkrieges, da das sinnlose Töten sich durch die Lebenstriebe nicht erklären ließ.

Wichtig für die Motivation ist Freuds Erkenntnis, dass „die Triebe ihr Ziel verändern können (durch Verschiebung), auch dass sie einander ersetzen können, indem die Energie des einen Triebes auf einen anderen übergeht". Viele Psychoanalytiker glauben, dass dieser Umstand den Grund für die Entstehung von Kunst und Kultur darstellt.

Konsequenzen für die Motivation von Mitarbeiter/-innen:
Für die Mitarbeitermotivation ergeben sich aus unserer Sicht daraus folgende Konsequenzen:

1. Da die Motive vom Unbewussten beeinflusst werden, allerdings individuell unterschiedlich stark, sind rein rationale Motivationsargumente nicht ausreichend.
2. Wenn man seine Mitarbeiter sehr gut kennt, kann man unter Umständen ihre unbewussten Antriebe erkennen und sie damit motivieren.
3. Da Triebe ihr Ziel verändern können, kann man versuchen, die Energie eines ungewünschten Triebes in eine gewünschte Richtung zu lenken.
4. Mitarbeiter mit starkem Über-Ich werden nur dann motivierbar sein, wenn ihre Aufgaben im Einklang mit ihren Wert- und Moralvorstellungen stehen.

Geld motiviert, oder?

„Geld macht vielleicht nicht glücklich, aber es kann einem das Elend bestimmt erträglicher machen." – Dieses Sprichwort hat zweifelsohne seine Berechtigung. Dennoch hat der Motivator Geld sehr oft seinen gewünschten Effekt verfehlt. Warum dies so ist, wollen wir nun diskutieren.

Einerseits gibt es die **normale Gehaltserhöhung.** Ist sie an einen Zeitraum gekoppelt, z. B. Biennalsprünge, so werden sie als selbstverständlich hingenommen und spornen wohl kaum zu mehr Leistung an. Außerdem gewöhnt man sich sehr rasch an die zusätzlichen Hunderter am Monatsende, und sie sind nach ein, zwei Monaten der Freude, in denen sie auch noch bewusst wahrgenommen werden, fixer und verplanter Bestandteil. Erinnern wir uns an die Beispiele der Verstärkungstheorie. Wenn die Belohnung (Gehaltserhöhung) nur an abgesessene Zeit gekoppelt war, so wirkte sie kaum motivierend. Etwas anders stellt sich die Situation dar, wenn Gehaltserhöhungen von der Leistung abhängen. Da eine Gehaltserhöhung allerdings etwas Längerfristiges darstellt, kommt es oft vor, dass die Leistung nach erfolgter Gehaltserhöhung wieder nachlässt.

Hier können **Prämien und Bonussysteme** Abhilfe schaffen. Allerdings sollten sie wirklich mit der erbrachten Leistung korrelieren, da es sonst leicht zur Unzufriedenheit kommen kann. Erinnern wir uns an die Gleichheitstheorie von Adams. Erhält ein Kollege mehr Prämie für weniger Leistung, so sind damit alle anderen demotiviert. Und in der Tat konnten wir solche Fälle oft beobachten. Der krasseste sei hier erwähnt:

> Obwohl die staatsnahe Industrie (wir wollen ja keine Namen nennen) schon viele Jahre Verluste schrieb und die Mitarbeiter drastisch abgebaut wurden, erhielten die Top-Führungskräfte eine fette Prämie. Man hatte in den Verträgen „vergessen", die Auszahlung der Prämie an Bedingungen zu knüpfen. Als diese Situation bei den Mitarbeitern bekannt wurde, war der Effekt sehr demotivierend, wie sich jeder vorstellen kann.

Selbstverständlich gibt es aber auch positive Beispiele. So funktioniert das Verkaufssystem durch Handlungsreisende in den meisten Branchen mittels Prämien oder prozentuellem Anteil an der verkauften Stückzahl. Viele Vertreter sind dadurch sehr wohl motiviert und kommen bei einiger Anstrengung zu einem schönen Einkommen. In vielen Jobs aber ist der Erfolg nicht so leicht messbar, und hier entstehen schon die ersten Probleme beim Bemessen der Prämien. Oft können Mitarbeiter im Gegensatz zu den Vertretern den Erfolg nicht so direkt, manchmal überhaupt nicht beeinflussen. In solchen Fällen muss ernstlich über die motivierende Komponente von Prämien nachgedacht werden.

Zusammenfassend kann festgestellt werden, dass das Gehalt natürlich einen wichtigen Anteil an der Gegenleistung ausmacht, die der Mitarbeiter für seine Arbeitsleistung erhält. Im Falle von drastischer Unterbezahlung wird man auch mit sehr ausgeklügelten Motivationstechniken nicht sehr viel erreichen. So gesehen ist das Gehalt ein echter Hygienefaktor im Sinne Herzbergs. Ist es nicht stimmig, so führt es zur Demotivation, ist es aber ausreichend hoch, so wirkt es noch lange nicht motivierend. Sehr starke Überbezahlung kann allerdings wiederum sehr motivieren, da der Mitarbeiter weiß, dass in jedem für ihn in Frage kommenden anderen Job die Bezahlung drastisch geringer wäre und er deswegen gute Leistung bringen wird. So sind z. B. Auslands-Assignments bei multinationalen Konzernen oder etwa bei den Vereinten Nationen beliebt, weil die Bezahlung sehr hoch ist. In diesen Fällen sind die Kandidaten auch bereit, sehr viel zu leisten, da sie sich mit ein paar Jahren Arbeit einen schönen finanziellen Polster schaffen können.

Motivieren durch das Wort

Sehr oft bleibt Ihnen als Führungskraft kaum ein anderes Mittel als das Wort. Die Budgets sind ausgeschöpft, an Prämien ist nicht zu denken, und nicht einmal ein Teamdinner ist „drinnen". Beförderungen oder andere Anerkennungsmaßnahmen sind in naher Zukunft ebenfalls nicht vorgesehen. Das Wort ist allerdings viel mächtiger als viele Menschen glauben. Wenn Sie in gemeinsamen Besprechungen immer wieder die Richtung vorgeben, und das wenn möglich noch wortgewaltig, so wissen Ihre Mitarbeiter zumindest, wo es hingeht und wo sie gerade stehen.

Ehrlich gemeintes und fundiertes Lob freut beinahe alle Menschen. Obwohl Erwachsene keine kleinen Kinder sind, die bei jedem kleinen Fortschritt gestreichelt werden wollen, ist ehrliches Lob Feedback dafür, dass ihre Leistung bemerkt und auch anerkannt wird. Darüber hinaus wird konstruktive Kritik viel besser angenommen, wenn ansonsten auch oft gelobt wird. Lob mit der Gießkanne von jemandem, der die Leistung gar nicht beurteilen kann, wirkt eher lächerlich, manipulativ und mitunter sogar demotivierend. So erlebten wir einmal folgende Szene bei einem deutschen Kunden:

> Wir fuhren mit einer Mitarbeiterin im Aufzug zur nächsten Etage, als ein Senior-Manager zustieg. Sogleich begann er, unsere Begleitung zu loben, was für tolle Arbeit sie in einem bestimmten Projekt geleistet habe. Nachher erzählte sie uns, dass sie an dem Projekt gar nicht beteiligt gewesen war.

Martin Luther King bewegte die Massen durch das Wort: „Ich habe einen Traum ...". Julius Cäsar motivierte seine verängstigten Truppen durch Reden im Kampf gegen die körperlich überlegenen Germanen. Und Alexander der Große hielt sein enormes Heer nur durch Reden zusammen.

Allerdings müssen den schönen Worten auch Taten folgen. Wenn auch die Worte ein wenig übertrieben haben mögen, so müssen die Taten doch zumindest in die gleiche Richtung gehen. Sonst werden die Zuhörer den Worten nach einiger Zeit keinen Glauben mehr schenken, und Sie haben sich des wichtigsten Motivationsmittels beraubt. In einigen Umfragen haben wir herausgefunden, dass nicht wunderschöne Rhetorik gefragt ist, sondern ehrliche Authentizität.

Selbstmotivation

Führungskräfte müssen ihre Mitarbeiter motivieren. Wer aber motiviert die Führungskräfte?

Je weiter oben man sich in der Unternehmenshierarchie befindet, desto weniger wird man von anderen motiviert. Hier kann nur Selbstmotivation Abhilfe schaffen. Wenn von außen keine Ziele gegeben werden, ist es hilfreich, sich selbst Ziele zu stecken, an denen man sich messen kann. Zudem ist für die Selbstmotivation unbedingt notwendig, dass man seine Arbeit mag. Bereitet sie überhaupt keine Freude, ist Selbstmotivation schwer möglich.

Der Chefredakteur einer großen österreichischen Zeitung sieht es für sich als selbstverständlich an, Samstag und Sonntag zu arbeiten, da er es als Vergnügen betrachtet, was er tut. Hier ist die Selbstmotivation durch den Arbeitsinhalt gegeben. Es ist wichtig zu ergründen, was an der eigenen Arbeit als schön und spannend erlebt wird und welche bewussten, aber auch unbewussten Bedürfnisse damit befriedigt werden.

Selbsterkenntnisprozesse in Einzelarbeit aber auch in Gruppen oder Seminaren können zur Selbstmotivation viel beitragen. Denn wenn das ROI (Return on Investment) – was ich für die Arbeit zurückbekomme – sehr hoch ist, wird man auch viele Dinge tun, die per se nicht nur Spaß machen oder angenehm sind.

Nur wenn Sie selbst motiviert sind, kann der Funke der Begeisterung auch überspringen!

Zusammenfassung des Kapitels „Motivation"

Motivation hat viele Gesichter. Gewiss jedoch ist, dass nur mit großer Motivation große Dinge vollbracht worden sind. Wir haben in diesem Kapitel eine Vielzahl von Motivationstheorien vorgestellt, weil wir der Meinung sind, dass jede einzelne von ihnen interessante Aspekte des Themas beleuchtet. Jede Theorie ist aber nur ein unvollkommenes Abbild der Realität. Und wenn es um menschliches Verhalten geht, dann stimmt dies umso mehr. Durch die große Zahl der Theorien ergibt sich, so hoffen wir, ein ziemlich vollständiges Bild menschlicher Motivation.

Nachfolgend seien die Kernaussagen der einzelnen Theorien vereinfacht zusammengefasst und daraus Grundsätze abgeleitet:

Intrinsische und extrinsische Motivation

Wenn die intrinsische Motivation für eine bestimmte Aufgabe überhaupt nicht existiert, ist es annähernd unmöglich, durch extrinsische Maßnahmen zu motivieren. Ist die intrinsische Motivation allerdings hoch, so können mit kleinen extrinsischen Verstärkern Höchstleistungen erwartet werden. Versuchen Sie also, Mitarbeiter mit hoher intrinsischer Motivation zu bekommen, technisch betrachtet könnte man es als Motivationsvorspannung bezeichnen.

Gleichheitstheorie

Der Gleichheitstheorie von Adams können wir entnehmen, dass Ungerechtigkeit im Bezahlungsgefüge sowie in der Behandlung als sehr demotivierend erlebt wird, was sich wiederum auf Qualität und Quantität der Arbeit auswirkt.

Erwartungstheorie

Vrooms Erwartungstheorie und die Weiterentwicklung von Porter und Lawler bringen neben dem Wunsch, etwas zu erreichen, erstmals die Erfüllungswahrscheinlichkeit ins Spiel. Wenn Mitarbeiter keine Chance sehen, das Gewünschte (z. B. Beförderung, Prämie, Fortbildung, Aufgabe) zu erreichen, dann ist die Gesamtmotivation gering. Hängen Sie die Karotte also in eine erreichbare Höhe.

Goal-Setting-Theorie

Herausfordernde aber realistische Ziele sind das Kernstück der Goal-Setting-Theorie. Die Ziele müssen den Mitarbeitern bekannt sein und von ihnen auch mitgetragen werden.

Bedürfnishierarchie

Von der Bedürfnishierarchie nach Maslow kann man ableiten, dass man Menschen nur auf der Ebene motivieren kann, wo sie gerade Mangel erleben und ein Bedürfnis nach Befriedigung dieses Mangels haben. Setzt man den Hebel „Motivationsmaßnahme" am falschen Bedürfnis an, wird er nicht sehr effektiv sein. Man muss also seine Mitarbeiter dort abholen, wo sie stehen!

ERG-Theorie

Alderfers ERG-Theorie enthält viele Parallelen zu Maslow; allerdings glaubte Alderfer, dass man entlang der Bedürfnishierarchie vor- und zurückwandern könne. Wenn beispielsweise keine Chance auf Befriedigung eines Beziehungsbedürfnisses besteht, so können ersatzweise Existenzbedürfnisse herangezogen werden.

Theorie von McClelland

McClelland glaubte, dass ca. 10% der Menschen besonders leistungsmotiviert sind. Für sie ist interessante Arbeit ein ausreichender Motivator. Sie solle man auf keinen Fall demotivieren, sondern fördern, dann werden sie sehr gute Leistungen erbringen. Ein anderer Teil der Menschen bezieht die Motivation aus einem Bedürfnis nach Zusammengehörigkeit. Sie sind durch gute Beziehungen im Team zu motivieren.

Mangeltheorie – Homöostase

Die Mangeltheorie setzt am größten Mangel an, nach dessen Behebung das Individuum strebt. Wird z. B. das Fehlen eines Fahrzeuges als großer Mangel erlebt, so kann man diesen Mitarbeiter mit einem Dienstwagen motivieren. Diese Theorie greift wohl am ehesten dann, wenn die physiologischen Bedürfnisse nicht ausreichend befriedigt sind.

Pathologisches Modell

Kets de Vries betrachtet den Menschen als mehr oder weniger neurotisch veranlagt. Je nach Art und Ausprägungsgrad der Neurose müsste man auf sie eingehen, um die Mitarbeiter/-innen zu motivieren.

Psychoanalyse

Die Psychoanalyse schließlich führt das Unbewusste in die Motivationstheorien ein. Der Mensch ist nicht nur rational, sondern wird in seinen Handlungen in großem Maße von seinem Unbewussten beeinflusst. Je stärker dieses Unbewusste bei einem Mitarbeiter ausgeprägt ist, desto mehr muss man sich mit seinen versteckten Motiven beschäftigen.

Motivationsgrundsätze:

1. Man kann nicht gegen das eigene Vorbild motivieren.
2. Fairness und Gleichbehandlung ist wichtig.
3. Man muss den anderen dort abholen, wo er ist – jeder ist anders zu motivieren!
4. Konsequenzen des Verhaltens sollten vorher klar sein – sowohl im positiven als auch im negativen Sinn.
5. Ambitionierte aber erreichbare Ziele setzen – mit Zwischen-Feedback (Milestones).
6. Wenn die Vision fehlt, kann man nicht hervorragende Leistung erwarten. Geben Sie der Arbeit Sinn!
7. „Hänge die Karotte in eine erreichbare Höhe."
8. Ehrliches und authentisches Lob ist der billigste Motivator!
9. Kaum ein Motiv ist rein rational begründet.

Kommunikation

Man kann nicht *nicht*
kommunizieren!"
Paul Watzlawick

Beim Reden kommen die
Leut' zam!
Sprichwort

Kommunikationsprozesse beschäftigen uns Menschen seit Jahrtausenden, und immer noch scheitern wir täglich daran. Der Geschäftsführer einer großen Firma schilderte es so: „Alle meine Probleme sind Kommunikationsprobleme." Sei es im Privat- oder im Berufsleben – der Kommunikationsprozess ist eine ständige Herausforderung, durch den alle unsere Beziehungen definiert werden.

Um Kommunikation besser verstehen zu können, müssen wir uns auf die Ebene der Metakommunikation begeben, d. h. aus dem Kommunikationsprozess aussteigen, um diesen von außen beobachten und analysieren zu können. Dies ist nicht immer leicht, und ob es uns gelingt, hängt von vielerlei Faktoren ab. So spielen die zur Verfügung stehende Zeit, der Reifegrad der Beteiligen und die Ebenen des Kommunikationsprozesses eine Rolle. Versuchen wir erst einmal, den Kommunikationsprozess zu definieren.

Der Begriff „Kommunikation" wird überaus unterschiedlich definiert. In verschiedenen Wörterbüchern kann man folgende Definitionen finden:

- „Verbindung; Zusammenhang; Verkehr; Verständigung (zwischen Menschen)"
- „Mitteilung; Verbindung; Umgang"
- „Kontakt, Verbindung, Berührung, Anschluss, Fühlungsnahme, Annäherung, Brückenschlag, Ansprache (österr.), mitmenschliche/zwischenmenschliche Beziehungen, Blickkontakt (...)"

Es muss außerdem zwischen Kommunikation und dem, was als das Kommunizierte verstanden wird – also der eigentlichen Botschaft – unterschieden werden. Hier verwenden wir den Begriff „Kommunikation" in Hinblick auf den Kommunikationsprozess als Sammelbegriff für alle enthaltenen Botschaften. Auch kann Kommunikation als Mitteilungs- bzw. als Interaktionsprozess für alle Ebenen des Inhaltes verstanden werden. Die Zahl dieser Inhalte und Botschaften ist selbstverständlich nicht fix definiert, sondern unbegrenzt

Der Psychologe und Kommunikationsforscher Paul Watzlawick prägte durch sein Buch „Menschliche Kommunikation" die gesamten Kommunikationswissenschaften. Folgende Kernaussage beleuchtet Kommunikation in ihrer Komplexität:

> „Wenn man also akzeptiert, dass alles Verhalten in einer zwischenmenschlichen Situation Mitteilungscharakter hat, d. h. Kommunikation ist, so folgt daraus, dass man, wie immer man es auch versuchen mag, nicht *nicht* kommunizieren kann. Handeln oder Nichthandeln, Worte oder Schweigen haben alle Mitteilungscharakter: Sie beeinflussen andere, und diese anderen können ihrerseits nicht *nicht* auf diese Kommunikationen reagieren und kommunizieren damit selbst."

Viele von uns haben schon die Erfahrung gemacht, in einem Warteraum mit mehreren Personen zu sein, wo sich jeder mit etwas anderem während des Wartens beschäftigt, ohne dass Worte gewechselt würden. Trotzdem bilden wir uns eine Meinung über jede dieser Personen. Unser erster Eindruck wird aufgrund des äußeren Erscheinungsbildes des Anderen gebildet. Wir kommunizieren durch unsere Haltung, Kleidung, Blicke, die Zeitschrift oder das Buch in unseren Händen und viele andere Aspekte. Der erste Eindruck ist unvermeidlich und tatsächlich aus „Vor-Urteilen" gebildet, die verworfen oder auch bestätigt werden können. All dies passiert ohne Worte, also nonverbal.

Watzlawick unterscheidet drei Teilgebiete: Syntaktik, Semantik und Pragmatik. Er beschäftigt sich hauptsächlich mit der Pragmatik, d. h. den verhaltensmäßigen Wirkungen der Kommunikation, wobei Körpersprache und andere nonverbale Aspekte mitenthalten sind. Syntaktik und die Semantik befassen sich mit den Worten und Sätzen und sind lebendige Prozesse. Syntaktik beschreibt den Satzaufbau, also die Konfiguration der Sprache. Semantik hingegen beschäftigt sich mit den Wortbedeutungen und Begriffssphären, die sowohl einer zeitlichen als auch einer kulturellen Veränderung unterliegen.

Kommunikationsprozesse sind laut Watzlawick kreisförmig. Und so wie jeder Kreis haben sie keinen Anfang und kein Ende, sondern sind gleichzeitig die Ursache und das Verursachte. Das Verhalten von A beeinflusst jenes von B, das wiederum das Verhalten von A beeinflusst.

Kommunikation hat verschiedene Ebenen

An jedem Kommunikationsprozess sind zumindest ein Sender und ein Empfänger beteiligt, also wenigstens zwei Personen. Diese Unterteilung ist allerdings nur didaktisch anwendbar, um Kommunikation besser analysieren zu können, da in der Dynamik des Prozesses der Sender ständig auch Empfänger ist und umgekehrt. Außerdem passiert Kommunikation auf mehreren Ebenen, die parallel laufen, wodurch nicht immer klar ist, wer zu welchem Zeitpunkt Sender und wer Empfänger ist.

Watzlawick beschreibt zwei Ebenen der Kommunikation, nämlich den Sachinhalt und die Beziehungsebene. Friedemann Schulz von Thun fächert die Beziehungsebene in drei weitere Ebenen auf: Selbstoffenbarung, eigentliche Beziehung und Appell. Daraus ergeben sich vier Ebenen der Kommunikation, die an folgendem sehr klischeehaftem Beispiel veranschaulicht werden sollen:

„**S**iegfried" (Sender) kommt nach der Arbeit nach Hause und möchte ein Bier während des Fußballspiels genießen. Er macht den Kühlschrank auf und stellt fest, dass keines mehr da ist. Er sagt zu seiner Frau „**E**lli" (Empfänger):
„Elli, es ist kein Bier im Kühlschrank!"

In diesem einfachen Beispiel können wir verschiedene Botschaften feststellen:

Sachinhalt
Verbaler Aspekt der Kommunikation. Zeigt, worüber informiert wird. Es geht um die Sache, um den informativen Inhalt, der in Worten einer bestimmten Sprache ausgedrückt wird. Angenommen, dass sowohl Sender als auch Empfänger derselben Sprache mächtig sind, sollte der Sachinhalt verstanden werden. Durch den Sachinhalt unseres Beispiels erfährt Elli einfach die Tatsache, dass kein Bier im Kühlschrank ist.

Beziehungsebene
Nonverbaler Aspekt der Kommunikation. Nach Watzlawick handelt es sich um alle anderen Informationen, die etwas über die Beziehung zwischen Sender und Empfänger verraten und die durch andere Aspekte außer den Worten vermittelt werden. Einige Beispiele dieser sind: Stimme, Melodie der Sprache, Ton, Körpersprache, persönliche Zeichen (z. B. Kleidung, Höflichkeit, Parfum, Sauberkeit etc.), Mimik und Gestik, Dialekt, Soziolekt. In der schriftlichen Kommunikation sind die nonverbalen Aspekte durch Zeichen wie z. B. die Qualität des Papiers, Handschrift, Farbe, Schriftart etc. bemerkbar.

Nach Schultz von Thun beeinflusst die Art der Beziehung von Sender und Empfänger den Verlauf der Kommunikation zwischen ihnen. Es sind im Grunde zwei wichtige Informationen enthalten: Was der Sender vom Empfänger hält, und wie der Sender seine Beziehung zum Empfänger sieht, also DU- bzw. WIR-Botschaften. Schulz von Thun:

> „Eine Nachricht senden, heißt auch immer, zu dem Angesprochenen eine bestimmte Art von Beziehung auszudrücken. Streng genommen ist dies natürlich ein spezieller Teil der Selbstoffenbarung. Jedoch wollen wir diesen Beziehungsaspekt als davon unterschiedlich behandeln, weil die psychologische Situation des Empfängers verschieden ist: Beim Empfang der Selbstoffenbarung ist er ein nicht selbst betroffener *Diagnostiker* (‚Was sagt mir deine Äußerung über dich aus?'), beim Empfang der Beziehungsseite ist er selbst betroffen (...)."

Selbstoffenbarung

Was der Sender über sich durch verbale und nonverbale Aspekte verrät. Welche Sprache er wählt, wie er etwas sagt, in welchem Ton, seine Gestik und Mimik etc., hat mit ihm zu tun. Laut Schulz von Thun enthält die Selbstoffenbarung die so genannte ICH-Botschaft. Es geht also um Befindlichkeit und Wünsche des Senders. Dadurch wird der aufmerksam zuhörende Empfänger einiges über den Sender erfahren und kann so den weiteren Verlauf des Kommunikationsprozesses beeinflussen.

In unserem Beispiel kann „Siegfried“ Verschiedenes ausgedruckt haben: Er will unbedingt ein Bier und könnte verärgert gewesen sein, dass keines da ist und deswegen im groben Ton gesprochen haben. Vielleicht hatte er einen schlechten Tag und lädt diese Energie in dem Gespräch mit seiner Frau ab. Seine Reaktion könnte aber auch ganz anders ausfallen. Er könnte sich eventuell für ein anderes Getränk entscheiden oder selbst in den Supermarkt um die Ecke gehen, um das gewünschte Bier zu besorgen. All das hängt von seiner Persönlichkeit ab sowie von seiner Tagesverfassung, von der Wichtigkeit, die er der Situation beimisst, von der Art der Beziehung, die er zu seiner Frau hat. „Elli“ kann Verschiedenes antworten und dadurch ebenfalls etwas über sich offenbaren, das wiederum eine Reaktion von „Siegfried“ hervorruft.

„Siegfried“ könnte durch seinen Satz auch Folgendes ausgedruckt haben:

> „Ich weiß, dass Du keine Zeit für das Einkaufen gehabt hast, weil Du so lange arbeiten musstest.“

DU-Botschaft wäre in diesem Fall: „Ich habe Verständnis für deine Situation.“ Wir könnten hier spekulieren, dass er eine gute Beziehung zur „Elli“ hat und sich deswegen verständnisvoll zeigt. Dies wäre die WIR-Botschaft, die etwas über ihre Beziehung aussagt.

> „Du bist dafür zuständig, dass mein Bier im Kühlschrank ist. Du bist eine schlechte Ehefrau.“

Damit zeigt er „Elli“, was er von ihr hält und welche Rolle er ihr zuteilt bzw. was er von ihr erwartet (DU-Botschaft). Vielleicht handelt es sich hier um eine etwas gespannte Beziehung zwischen beiden (WIR-Botschaft).

Mit Annahmen ist immer Vorsicht geboten, da wir sehr viel hineininterpretieren können, was nur mit uns selbst bzw. mit unserer Wahrnehmung zu tun hat. Gegebenenfalls können diese Annahmen zu Missverständnissen und Konflikten führen.

Selbstverständlich können wir dieses Spiel beliebig weiterführen und verschiedene Nuancen der Beziehung von „Siegfried" mit „Elli" erläutern – je nachdem, wie viel Information wir dazu haben.

In der Praxis wäre es wichtig, in unseren Beziehungen darauf zu achten, welche Botschaften durch die verbale und nonverbale Kommunikation für uns selbst relevant sind. Nur so können wir darüber reflektieren und unsere privaten und beruflichen Beziehungen günstiger gestalten. Das erfordert von uns ein hohes Maß an Selbstkenntnis und Selbstdisziplin, weil unsere eigene Persönlichkeit, Lebenserfahrung, Tagesverfassung usw. unsere Wahrnehmung und somit die empfangene Botschaft färbt. Dadurch kann die gesendete Botschaft erheblich von der empfangenen abweichen. Die Grenze zwischen dem, was mir gehört oder nur mit mir zu tun hat, und dem, was vom anderen kommt, ist nicht immer klar zu erkennen – auch wenn dies banal und selbstverständlich erscheinen mag.

Appell

Wozu der Sender den Empfänger veranlassen möchte bzw. was er vom Empfänger wünscht. In unserem Beispiel könnte der Appell von „Siegfried" an „Elli" sein:

> „Bitte kümmere Dich um mich! Sorge dafür, dass ich ein Bier bekomme!"

Der Appell kann auch manipulativ verwendet werden, indem der Sender Einfluss auf den Empfänger nimmt oder zu nehmen versucht, vor allem in einer Win-Lose-Beziehung. Auch hier sind aufmerksames Zuhören und ein hoher Grad an Selbstkenntnis ausschlaggebend, um bewusst entscheiden zu können, ob man dem Appell nachgibt oder nicht. In symbiotischen Beziehungen wird dies selten durchschaut und auch nicht bearbeitet, was zu einer krankhaften Situation führen kann.

Die Kommunikationsebenen sind in folgender Grafik veranschaulicht:

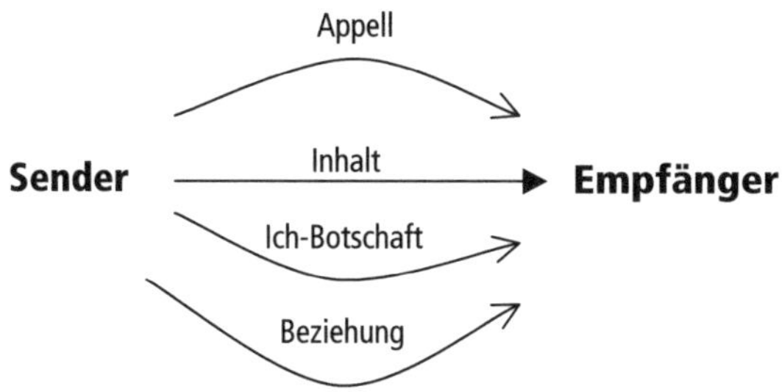

Was glauben Sie, welcher Ebene wir mehr glauben, wenn sich diese widersprechen? Wenn also z. B. der Inhalt todtraurig ist, Mimik und Sprachmelodie aber eher an das Rezitieren eines Witzes erinnern? Oder der Inhalt eine hochemotionale Botschaft wie „Ich liebe dich“ darstellt, die anderen Ebene aber Gefühllosigkeit ausstrahlen und ein Befehlston angewandt wird?

Sie haben richtig geraten! Im Zweifel glauben wir der Inhaltsebene am wenigsten.

Für das Führen bedeutet diese Erkenntnis, dass Sie umso mehr Erfolg haben werden, je authentischer Sie kommunizieren. Es ist nämlich nur ausgezeichneten Schauspielern vorbehalten, alle vier Ebenen im Einklang zu halten, wenn man nicht wirklich meint, was man sagt.

Digitale und analoge Kommunikation

Diese Unterscheidung wurde von Watzlawick getroffen, um weitere Ebenen der Kommunikation zu veranschaulichen:

> „Es gibt grundsätzlich verschiedene Weisen, in denen Objekte dargestellt und damit zum Gegenstand der Kommunikation werden können. Sie lassen sich entweder durch eine Analogie (z. B. eine Zeichnung) ausdrücken oder durch einen Namen.“

Die menschliche Kommunikation durch Wörter könnte als diese „Namen“ bezeichnet werden, oder eben als digitale Kommunikation. Die analoge Kommunikation, die „Zeichnungen“, wäre nichts anderes als alle anderen Signale, die wir im Kommunikationsprozess senden. Jene Zeichen nennen wir Körpersprache, die in unserer Gestik, Mimik, Stimme etc. ausgedrückt wird.

Als wir von einer Teilnehmerin eines unserer Seminare einen Bericht über ein für sie sehr prägendes emotionales Erlebnis hörten, beobachteten alle Anwesenden, wie ihre Mimik sich vom Sachinhalt unterschied. Sie erzählte über den ein Jahr zurückliegenden Tod ihres Schwiegervaters mit einem Lächeln und fröhlicher Stimme. Es gab also einen bemerkenswerten Unterschied zwischen den analogen und den digitalen Aspekten der Kommunikation bzw. zwischen der Beziehungsebene (Körpersprache) und dem Sachinhalt. Wem glauben wir mehr: dem Gesagten oder dem Gezeigten? Die Kongruenz, also Deckung, zwischen dem Sachinhalt und der Beziehungsebene macht die Glaubwürdigkeit des Kommunizierten aus. In Mexiko heißt es: „Mas vale un hecho que cien palabras“ („Eine Tat ist mehr wert als hundert Worte“).

Es ist vermutlich nicht zielführend, die Bedeutung verschiedener Gesten wie in einem Rezeptbuch zu beschreiben, zumal man menschliches Verhalten nicht so einfach verallgemeinern kann. Viel wichtiger ist es zu erkennen, dass die analoge Kommunikation mehrere Bedeutungen haben kann, je nach Kontext. Gekreuzte Arme können ein Signal der Abweisung sein, ebenso wie eine bequeme Position für eine müde Person. Manche Menschen werden laut, wenn sie unsicher oder unruhig sind, andere in derselben Situation werden leise und ziehen sich zurück. Unzählige Beispiele könnten hier genannt werden. Alle sind ausschließlich von unserer Persönlichkeit, Lebensgeschichte, Kultur und auch von unseren Absichten abhängig. Analoge Kommunikation kann – so wie die digitale – auch manipulativ eingesetzt werden.

Um dies zu durchschauen, braucht es viel Erfahrung, Selbstkenntnis sowie die Fähigkeit zum Fragen, Zuhören und Beobachten. Durch Fragen werden andere Aspekte der Botschaft durchleuchtet, die von Bedeutung für unsere Meinung sein können. Zuhören ist wichtig, wenn wir vom anderen wirklich etwas erfahren und nicht in unserem eigenen Selbst stecken bleiben wollen. Es ermöglicht den Zugang zum anderen. Durch das Beobachten können wir die Harmonie oder Disharmonie zwischen analoger und digitaler Information erkennen, bewerten und unsere Reaktion entsprechend anpassen.

Ein weiteres Beispiel wäre das Marketing für Produkte, die jene Wirkung versprechen, die sie nicht bewirken können:

> In einem Kaufhaus gab es eine Seife um 2 Euro zu kaufen. Im zweiten Stock desselben Kaufhauses wurde dieselbe Seife mit einem Schild „Schönheitsseife" angeboten und um 5 Euro verkauft. Der Verkaufserfolg der „Schönheitsseife" um 5 Euro war größer!

Eine andere Firma verkauft ihr Joghurt durch die Werbung „ihr tägliches Wohlbefinden". Dieses Joghurt kann zwar zum Wohlbefinden eines Menschen beitragen, sicherlich aber nicht alleinige Ursache davon sein.

Das nächste Beispiel stammt von einer großen Schweizer Lebensmittelfabrik, deren Namen wir aus verständlichen Gründen nicht nennen können:

> Um die Wirtschaftlichkeit war es nicht zum Besten bestellt, und viele Mitarbeiter/-innen wurden gekündigt. Den verbleibenden Mitarbeiter/-innen wurde ständig gesagt, dass sie sparen müssten. Allerdings hatte der Geschäftsführer gerade einen neuen, sehr teuren Direktionswagen für sich bestellt. Dies, obwohl der alte noch in gutem Zustand war.

Die digitale Information „Es ist notwendig zu sparen, um das Unternehmen zu retten" wurde durch die analog vermittelte Botschaft „Neues Auto" persifliert bzw. in eine andere Botschaft verwandelt: „Ihr müsst sparen, damit ich mit dem teuren Wagen fahren kann ...". Die Auswirkung dieser widersprüchlichen Kommunikation wird im Kapitel „Motivation" behandelt.

Zuhören

> Ich höre gerne zu. Ich habe viel gelernt durch aufmerksames Zuhören. Die meisten Menschen hören nie zu.
> *Ernest Hemingway*

Je höher Menschen auf der Hierarchieleiter emporsteigen, desto mehr geht die Fähigkeit verloren, zuzuhören. Dies ist in mehrerlei Hinsicht tragisch, da sie sich selbst um viel Information und Feedback bringen und es den anderen schwer machen, mit ihnen wirklich zu kommunizieren. Viele Untersuchungen haben gezeigt, dass sich eine Aufteilung der Redezeit in 30% Informationsweitergabe, 20% Fragen und 50% Zuhören als optimal erwiesen hat. Denken wir als Negativbeispiel an einen Personalleiter, der beim Bewerbungsinterview den Großteil der Redezeit in Anspruch nimmt und auf diese Weise nichts vom jeweiligen Bewerber erfährt.

Mit dem Fragebogen auf den folgenden beiden Seiten können Sie überprüfen, wie Ihre Fähigkeit zum Zuhören ausgeprägt ist. Die Liste der Fragen ließe sich beliebig erweitern. Auch das Überlegen anderer Fragen zu diesem Thema und diese zu beantworten wäre hilfreich, Ihre Fähigkeit zuzuhören zu verbessern.

Barrieren einer effektiven Kommunikation

Damit beim Empfänger auch wirklich das ankommt, was der Empfänger gemeint hat, sind viele Voraussetzungen nötig, oder – um es anders zu formulieren – es gibt sehr viele Hindernisse. Diese möchten wir nachfolgend aufführen:

Sprache

- Vokabular: Ist der Wortschatz der Beteiligten zu unterschiedlich?

Fragebogen: Kann ich zuhören?

a) Füllen Sie selbst folgenden Fragebogen aus.

b) Bitten Sie eine (oder mehrere) Vertrauensperson(en), diesen Fragebogen über Sie auszufüllen, und vergleichen Sie die Ergebnisse. (Hierbei ist das Wort „ich" jeweils mit Ihrem Namen zu ersetzen)

1. Vertrage ich Feedback?	0 1 2 3 4 5 6 7 sehr oft nie
2. Unterbreche ich den Gedankenfluss des anderen?	0 1 2 3 4 5 6 7 sehr oft nie
3. Kann ich zuhören, wenn mir andere Fakten schildern?	0 1 2 3 4 5 6 7 sehr oft nie
4. Kann ich zuhören, wenn mir andere Gefühle schildern?	0 1 2 3 4 5 6 7 sehr oft nie
5. Wechsle ich das Thema, ohne es auf mich wirken zu lassen, wenn es mir zu heikel erscheint?	0 1 2 3 4 5 6 7 sehr oft nie
6. Vermeide ich um jeden Preis einen Konflikt?	0 1 2 3 4 5 6 7 sehr oft nie
7. Stelle ich offene Fragen?	0 1 2 3 4 5 6 7 sehr oft nie
8. Erlauben meine Fragen dem anderen Raum, über seine Position nachzudenken?	0 1 2 3 4 5 6 7 sehr oft nie
9. Lasse ich den anderen meine Gefühle bzw. meine Position erfahren?	0 1 2 3 4 5 6 7 sehr oft nie

10. Wirke ich moralisierend?	0 1 2 3 4 5 6 7 sehr oft nie
11. Beobachte ich die Körpersprache des anderen?	0 1 2 3 4 5 6 7 sehr oft nie
12. Harmoniert meine eigene Körpersprache mit dem, was ich sage?	0 1 2 3 4 5 6 7 sehr oft nie
13. Verrät meine Körpersprache, dass ich mit Körper und Seele beim Gespräch bin?	0 1 2 3 4 5 6 7 sehr oft nie
14. Wirke ich vertrauenswürdig?	0 1 2 3 4 5 6 7 sehr oft nie
15. Erinnere ich mich an frühere Gespräche mit derselben Person?	0 1 2 3 4 5 6 7 sehr oft nie
16. Schaue ich dem anderen während des Gesprächs in die Augen?	0 1 2 3 4 5 6 7 sehr oft nie
17. Kann ich mit dem Schweigen des anderen umgehen?	0 1 2 3 4 5 6 7 sehr oft nie
18. Wenn der andere schweigt, habe ich ein Bedürfnis, etwas zu sagen, um die Leere zu füllen.	0 1 2 3 4 5 6 7 sehr oft nie
19. Während der andere etwas sagt, denke ich nach, was ich demnächst sagen werde.	0 1 2 3 4 5 6 7 sehr oft nie
20. Habe ich das Bedürfnis, mich zu verteidigen?	0 1 2 3 4 5 6 7 sehr oft nie

- Formulierung (Klarheit der Ausdrücke, Grammatik, Länge der Sätze etc.)
- Persönliche Unterschiede zwischen Sender und Empfänger (Bildung, Muttersprache oder nicht, kulturell bedingte Unterschiede etc.)
- Widersprüche zwischen Sach- und Beziehungsebene
- Ungenauigkeit der vermittelten Informationen
- Indirekte Behandlung des Themas
- Abstraktes Thema

Psychologische Verfassung des Senders bzw. des Empfängers

- Ist sie/er depressiv?
- Hat sie/er Angst?
- Hat eine vorherige Erfahrung prägend gewirkt?
- Interkulturelle Unterschiede
- Geschlechtsspezifische Unterschiede – Männer kommunizieren anders als Frauen

Physiologische Barrieren beim Sender und/oder Empfänger

- Hunger
- Durst
- Müdigkeit
- Leistungstief im Biorhythmus
- Schwerhörigkeit oder andere Behinderung, die das Sprechen/Hören der Gesprächspartner beeinträchtigen kann
- Erotische Anziehung oder Abstoßung
- Gesprächspartner leidet unter Schmerzen

Physische Barrieren

- Störender Lärm (Rasenmäher, Gesprächskulisse, Verkehr etc.)
- Unterbrechende Telefonate
- Hitze oder Kälte des Raums
- Räumliche Entfernung der Gesprächspartner
- Fernseher oder Radio im Hintergrund können auch den Gesprächsfluss stören
- Tische zwischen den Gesprächspartnern

Wirken Sie gegen die Barrieren der effektiven Kommunikation

- Mit emotionaler Intelligenz sich in die Lage des anderen versetzen. Wissen, wie man wem in welchem Moment was kommuniziert.
- Maßnahmen treffen, damit die Umgebung nicht zum Störfaktor wird. Barrieren der Kommunikation erkennen und etwas dagegen unternehmen – z. B. den Mitarbeiter nicht genau zu Mittag zu einem wichtigen Gespräch einladen, wenn er sich schon auf das Mittagessen freut. Die Lösung wäre beispielsweise, etwas zu essen zu organisieren bzw. das Gespräch in einem Restaurant zu führen.
- Wiederholen: Bei wichtigen Inhalten einfach das vom Gesprächspartner Gesagte in eigenen Worten reformulieren. Damit hat man für sich selbst die Kontrolle, alles richtig verstanden zu haben, denn der Gesprächspartner kann korrigieren, da er ja hört, wie die Botschaft angekommen ist.

Das folgende Beispiel zeigt, was herauskommen kann, wenn bei jedem Kommunikationsschritt die Botschaft ein wenig verändert wird:

Die vollkommene Information

Das technische Vorstandsmitglied eines Industriebetriebes zum Produktionsleiter:

„Morgen um 9 Uhr findet eine Sonnenfinsternis statt. Also etwas, was man nicht alle Tage sehen kann. Veranlassen Sie, dass sich die Belegschaft in Ausgehkleidung draußen dieses Ereignis ansieht. Die Erläuterungen zu dem seltenen Ereignis werde ich selbst bei der Beobachtung geben. Wenn es regnet, werden wir es nicht gut sehen können. Die Belegschaft begibt sich dann in den Speisesaal."

Der Produktionsleiter zum Betriebsleiter:

„Auf Anweisung des technischen Vorstandes findet morgen um 9 Uhr eine Sonnenfinsternis statt. Wenn es regnet, werden wir sie auf dem Werkshof in Ausgehkleidung nicht gut sehen können. In diesem Fall führen wir das Verschwinden der Sonne im Speiseraum durch. Also etwas, was man nicht alle Tage sehen kann."

Der Betriebsleiter zum Betriebsabteilungsleiter:

„Auf Anweisung des Vorstandes wird morgen um 9 Uhr in Ausgehkleidung das Verschwinden der Sonne im Speiseraum durchgeführt. Der Vorstand gibt Anweisung, ob es regnen soll; also etwas, was man nicht alle Tage sehen kann."

Der Betriebsabteilungsleiter zum Gruppenleiter:

„Wenn es morgen im Speiseraum regnet, also etwas, was man nicht alle Tage sieht, verschwindet um 9 Uhr unser Vorstand in Ausgehkleidung."

Der Gruppenleiter zu den Kollegen:

„Morgen um 9 Uhr soll unser Vorstand verschwinden. Schade, dass man das nicht alle Tage zu sehen bekommt."

Feedback

„Ich wusste nicht, was ich sagte, ehe ich deine Antwort gehört hatte."
Norbert Wiener

Wie können wir sicher sein, dass jene Botschaft, die wir senden möchten, auch angekommen ist? Fragen und Feedback sind wichtige Instrumente nicht nur für Führungspersonen, sondern auch im Privatleben. Sie helfen uns zu erfahren, woran wir sind, ermöglichen das Korrigieren von Missverständnissen und klären Beziehungen. Erfolgreiche Führungskräfte machen das Feedback-Einholen zur Gewohnheit.

Durch Feedback wird uns ein Spiegel vorgehalten, und wir können unser eigenes Verhalten durch die Reaktionen der anderen beobachten. Hinweise dazu geben uns die Bemerkungen der Gesprächspartner, ebenso ihre Körpersprache. Diese kann sich von der verbalen Botschaft unterscheiden. Es bedarf aufmerksamen Beobachtens und eines hohen Grades an Selbsterkenntnis, um diese Unterschiede zu erkennen.

Das Selbstbild wird mit dem Fremdbild verglichen, eine große Überlappung bzw. Übereinstimmung ist vorteilhaft. Wenn wir nämlich von uns selbst ein gänzlich anderes Bild haben als wir von den anderen gesehen werden, sind wir ständig im Blindflug unterwegs. Wir werden Handlungen setzen, die vom Umfeld nicht verstanden werden. Grimms Märchen vom Kaiser und seinen neuen Kleidern ist ein vorzügliches Beispiel:

> Da der Kaiser nie ehrliches Feedback erhält, merkt er gar nicht, dass er nackt ist. Erst ein kleiner Junge ist nötig, der ausruft: „Der Kaiser ist ja nackt!"

Ja, von Kindern und Narren kann man die Wahrheit erfahren. Und eigene Kinder sind die brutalsten, aber auch besten Feedback-Geber. Dazu die folgende Darstellung:

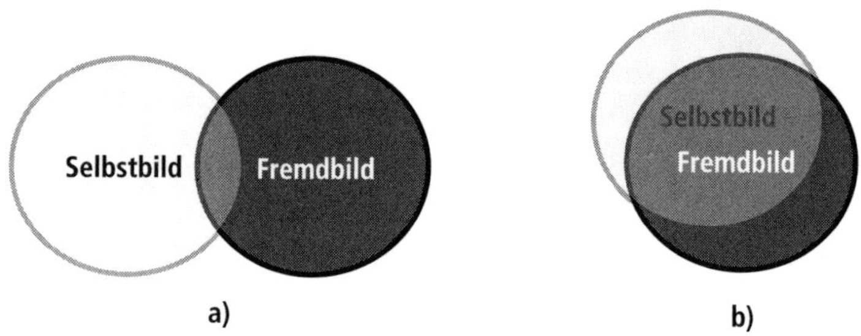

Deckung von Fremdbild und Selbstbild: a) geringe Deckung, schlechte Kommunikation; b) große Deckung, weniger Missverständnisse, gute Kommunikation.

Je größer die Überlappung zwischen Selbst- und Fremdbild, desto wahrscheinlicher, dass das Kommunizierte bzw. Wahrgenommene der Realität entspricht. Mein Verhalten gibt etwas über meine Persönlichkeit preis (siehe Abschnitt „Johari-Fenster" ab Seite 115). Daraus macht sich der andere ein Bild über uns. Indem er uns dies mitteilt, können wir unser Verhalten bestätigen bzw. korrigieren. „Erkenne Dich selbst" ist der Rat des Orakels von Delphi (mehr darüber im Kapitel „Sozio-emotionale Intelligenz" ab Seite 215).

Erfolgreiche Führungskräfte greifen zu Feedback-Techniken, um das Selbstbild öfter mit dem Fremdbild zu vergleichen bzw. prüfen. Damit stellen sie auch fest, ob der kommunizierte Inhalt so wie beabsichtigt angekommen ist. Ein Beispiel ist Sam Walton, Gründer und Geschäftsführer der amerikanische Handelskette Wal-Mart, heute mit über eine Million Mitarbeiter:

> Walton fing mit einem kleinen Warenhaus an, das bald mehrere Filialen hatte. Er machte es sich zur Gewohnheit, seine Filialen regelmäßig zu besuchen, um von so vielen Mitarbeitern wie möglich Feedback zu erhalten. Dazu muss man wissen, dass die Filialen 24 Stunden pro Tag geöffnet sind. Also erschien er zu jeder erdenklichen Tages- und Nachtzeit in einem seiner Geschäfte und fragte die anwesenden Mitarbeiter: „Was kann ich tun, damit du erfolgreicher arbeiten kannst?" Er notierte sich alle Vorschläge und meldete den einzelnen Mitarbeitern zurück, ob und wann ihre Idee umgesetzt wird.

Was ist Feedback?

Feedback ist eine Mitteilung an eine Person, die sie darüber informiert, wie ihre Verhaltensweisen von anderen wahrgenommen, verstanden und erlebt werden. Das mögliche Maß und die Wirksamkeit des Feedbacks werden weitgehend bestimmt von dem Maße des Vertrauens in der Gruppe und zwischen den jeweils betroffenen Personen.

Die positiven Wirkungen des Feedbacks:

a) Es *verstärkt* positive Verhaltensweisen.
Beispiel: „Durch deine klare Analyse hast du uns geholfen, das Problem deutlicher zu sehen."

b) Es *korrigiert* Verhaltensweisen, die dem Betreffenden und der Gruppe nicht weiterhelfen.
Beispiel: „Es hätte mir geholfen, wenn du mit deiner Meinung nicht zurückgehalten, sondern sie offen gesagt hättest."

c) Es *klärt* die Beziehungen zwischen Personen und hilft, den anderen besser zu verstehen.
Beispiel: „Harald, ich dachte, wir könnten nicht zusammenarbeiten, aber nun sehe ich, dass wir uns sehr gut verstehen."

Wenn alle Gruppenmitglieder (inklusive Führungskräfte) zunehmend bereit sind, sich gegenseitig solche Hilfen zu geben, so wachsen die Möglichkeiten des Voneinander-Lernens in erheblichem Maße. Nur auf diesem Wege ist es nämlich wahrscheinlich, die Fremdwahrnehmung mit der Selbstwahrnehmung systematisch zu vergleichen. Sozioemotionale Intelligenz (siehe ab Seite 215) ist nötig, um zu wissen, wem man was, wie und wann sagt, damit dieses Feedback auch effektiv sein kann.

So soll gutes Feedback sein

Beschreibend, nicht bewertend

Indem man einfach seine eigene Reaktion beschreibt, lässt man dem anderen die Freiheit, diese Information anzunehmen oder nicht. Durch das Beschreiben gebe ich dem anderen die Möglichkeit, ohne Gesichtsverlust zu verstehen, wie sein Verhalten auf mich gewirkt hat. Wenn ich mich der moralischen Bewertung enthalte, ist der andere nicht genötigt, sich zu rechtfertigen. Dem anderem bleibt auch die Möglichkeit offen, darauf zu reagieren. Beispiel:

> „In unserer letzten Sitzung hast du 30 von den 40 Minuten für dich beansprucht." Oder: „Als du über unserem Entscheidungsfindungsprozess der ganzen Gruppe berichtet hast, hast du dieses und jenes über meine persönliche Erfahrung erzählt, ohne es mit mir vorher abgesprochen zu haben ..."

Detailliert, nicht allgemein

Dadurch kann der Feedback-Empfänger den Kontext des Feedbacks verstehen und deswegen auch besser verarbeiten. Beispiel:

> Wenn ich jemandem sage: „Du bist dominierend!", so hilft ihm das wahrscheinlich weniger, als wenn ich sage: „Während dieses Entscheidungsprozesses hast du nicht auf andere gehört, und ich hatte das Gefühl, dass mir keine andere Wahl blieb, als dir zuzustimmen oder von dir angegriffen zu werden."

Angemessen
Es soll nicht nur die Bedürfnisse des Feedback-Gebers berücksichtigen, sondern die Hauptaufmerksamkeit sollte den Bedürfnissen und Wünschen dessen gelten, der Feedback empfängt. Sonst kann das Feedback destruktiv wirken. Beispiel:

> In einem Hotelbetrieb verteilte der Direktor übermäßig viel Feedback, ohne jene Mitarbeiter zu kennen, die das Lob bekommen haben. Dies ist öfter als unehrlich verstanden worden.

Anwendbar
Es soll sich auf Verhaltensweisen beziehen, die der Empfänger zu ändern fähig ist. Sonst fühlt er sich nur umso mehr frustriert. Beispiel:

> „Bist du aber groß, du wirst sicher schwer einen Mann finden!" Dieses Feedback ist kein Witz, sondern wirklich gegenüber einer Verwandten gegeben worden, wenngleich völlig überflüssig.

Erbeten, nicht aufgezwungen
Das Feedback ist dann am wirksamsten, wenn der Empfänger selbst die Frage gestellt hat, auf welche die Beobachter ihm antworten. Dies gilt vor allem für unangenehmes Feedback. Unnötige Konflikte können dadurch vermieden werden. Es kann auch passieren, dass der Empfänger noch nicht „reif" für das Feedback ist. Außerdem kann nicht erbetenes Feedback durchaus negative Konsequenzen für den Feedback-Geber haben. Als Vorgesetzter werden Sie dennoch gelegentlich unerbetenes Feedback geben.

Zur rechten Zeit
Feedback ist am wirksamsten, wenn es unmittelbar auf das gezeigte Verhalten erfolgt. Es muss jedoch Rücksicht auf die Bereitschaft dieser Person genommen werden, solche Informationen anzunehmen, auf mögliche Unterstützung von anderen usw. Natürlich ist auch die Hitze des Gefechts nicht der richtige Moment für Feedback.

Verständlich
Wer Feedback gibt, soll nachprüfen, ob der Empfänger die Information verstanden hat, wie sie gemeint war.

Stichhaltig
Wenn das Feedback in einer Gruppe gegeben wird, haben sowohl die Geber als auch die Empfänger des Feedbacks die Möglichkeit, die mitgeteilte Beobachtung nachzuprüfen, indem auch die anderen Mitglieder der Gruppe nach Eindrücken gefragt werden. Dadurch werden Einseitigkeiten korrigiert. Eine Einzelmeinung ist wichtig, aber erst wenn sie von vielen geteilt wird, hat sie besonderen Aufforderungscharakter für den Feedback-Empfänger. Beispiel:

> Wenn also eine einzige Person mich als arrogant empfindet, alle anderen jedoch nicht, so hat das vielleicht mehr mit dieser Person, als mit mir zu tun. Wenn mir allerdings viele Menschen meiner Umgebung das Feedback geben, arrogant zu wirken, sollte ich ernsthaft darüber nachdenken, ob ich das will. Wenn dem nämlich nicht so ist, müsste ich mein Verhalten ändern.

Hilfestellung für wirksames Feedback

1. Beziehen Sie sich auf beobachtbare Tatsachen. Konzentrieren Sie sich jeweils auf *eine* konkrete Sache bei jedem Feedback. Dadurch bleibt dem Feedback-Empfänger die Möglichkeit, darüber zu reflektieren und daraus eventuell auch Konsequenzen zu ziehen.
2. Unterwerfen Sie Ihre Beobachtungen der Nachprüfung durch andere.
3. Geben Sie die Information auf eine Weise, die wirklich hilft.
4. Geben Sie sie sobald wie möglich.
5. Bieten Sie Ihre Informationen an, zwingen Sie sie nicht auf. Und geben Sie zu, dass Sie sich möglicherweise auch irren.

Anmerkung für denjenigen, der Feedback erhält

1. Zuhören und auf sich wirken lassen.
2. Nicht argumentieren.

3. Nicht verteidigen.
4. Klären bzw. überprüfen.
5. Verarbeiten.

Feedback kann im Grunde immer und überall gegeben werden. Gerade aber wenn eine Feedback-Kultur erst eingeführt werden soll, empfiehlt es sich, Feedback zu institutionalisieren, also z. B. jeden Morgen, bei jeder Abteilungsbesprechung etc. eine Feedback-Runde einzuführen.

Man kann das Feedback-Geben in der Anfangsphase vereinfachen, indem man sich an einen Fragebogen hält und die Beurteilung besonders dort diskutiert, wo es vom Selbstbild große Abweichungen gibt. Das heißt, dass als erster Schritt jeder den Fragebogen über sich selbst ausfüllt (Selbstbild) und dann den gleichen Bogen von den anderen über sich ausfüllen lässt (Fremdbild). Auf diese Weise erhält man von jedem in der Gruppe strukturiertes Feedback und gibt im Gegenzug auch jedem ein solches. Sehr wichtig ist die Diskussion mit dem Feedback-Geber, wann und warum er/sie uns so erlebt habt. Der Fragebogen dient somit vor allem als „Eisbrecher“, um den Feedback-Prozess in Gang zu bringen.

Es existieren unzählige Varianten solcher Fragebögen. Einen Fragebogen, mit dem wir sehr gute Erfahrungen gemacht haben, finden Sie nachfolgend. Sie können ihn kopieren und gleich morgen anwenden.

Fragebogen: Selbstbewertung des Verhaltens in der Arbeitsgruppe

1. Wie drücke ich meine Gedanken aus?	0 1 2 3 4 5 6 7 sehr unklar … außerordentlich klar
2. Wie höre ich anderen zu?	0 1 2 3 4 5 6 7 mit wenig Verständnis und Aufgeschlossenheit … Sehr verständnisvoll und aufgeschlossen
3. Wie trage ich meine Ideen vor?	0 1 2 3 4 5 6 7 mit geringer Überzeugungskraft … absolut überzeugend
4. Wie bleibe ich beim Besprechungsthema?	0 1 2 3 4 5 6 7 wenig konsequent … mit großer Konsequenz
5. Wie ist meine Grundeinstellung gegenüber anderen?	0 1 2 3 4 5 6 7 misstrauisch … vertrauensvoll
6. Wie offenbare ich meine „Gefühle" in einer Sache?	0 1 2 3 4 5 6 7 zurückhaltend … ganz offen
7. Wie beuge ich mich dem Willen anderer?	0 1 2 3 4 5 6 7 äußerst widerwillig … bereitwillig
8. Wie ist mein Drang, „Häuptling" in der Gruppe zu sein?	0 1 2 3 4 5 6 7 kaum nennenswert … sehr stark
9. Wie verhalte ich mich anderen gegenüber?	0 1 2 3 4 5 6 7 kühl … herzlich
10. Wie beeindrucken mich Bemerkungen anderer über meine Meinung und Verhaltensweise?	0 1 2 3 4 5 6 7 gar nicht … beeinflussend
11. Wie fühle ich mich in die Situation anderer ein?	0 1 2 3 4 5 6 7 keinerlei Sensitivität … weitgehendes Verständnis
12. Wie reagiere ich auf Widerspruch und Widerstand in der Gruppe?	0 1 2 3 4 5 6 7 resignierend … ämpferisch
13. Wie ist mein Beitrag zum produktiven Denken in der Gruppe?	0 1 2 3 4 5 6 7 unbedeutend … besonders positiv
14. Wie toleriere ich entgegengesetzte Meinungen?	0 1 2 3 4 5 6 7 intolerant … ausgesprochen tolerant

Anmerkung: Wenn Sie sich selbst eingestuft haben, können Sie sich durch Ihre Mitarbeiter beurteilen lassen. Ein Beurteilungsvergleich gibt Ihnen sicherlich beachtenswerte Hinweise.

360-Grad-Feedback

Im Idealfall sollten wir Feedback von allen Seiten erhalten und auch geben. Damit sind Vorgesetzte, Kollegen, Mitarbeit sowie Kunden und Lieferanten gemeint. Von Kunden werden wir es sowohl in Einzelgesprächen als auch durch Kundenbefragungen erhalten können, ebenso von Lieferanten. Den Lieferanten werden wir darüber hinaus auch Feedback geben, was bei Kunden nicht immer der Fall ist. Feedback vom Vorgesetzten zum Mitarbeiter wird häufig im Rahmen des Mitarbeitergespräches durchgeführt.

Im umgekehrten Fall ist es oft heikel. Aus diesem Grund gehen viele Unternehmen dazu über, das Feedback der Gruppe an ihre Führungskraft mit Moderation eines unbeteiligten Moderators in Form von Führungsgesprächen durchzuführen. Dabei wird zumeist mit Fragebögen gearbeitet und über die Stärken sowie Potentiale der Führungskraft diskutiert. Es sind bei diesem Gespräch die Führungskraft und die gesamte Gruppe anwesend. Feedback-Kultur im Team wird oft bei einem Teamtraining initiiert und sollte dann von der Gruppe selbständig weitergeführt werden.

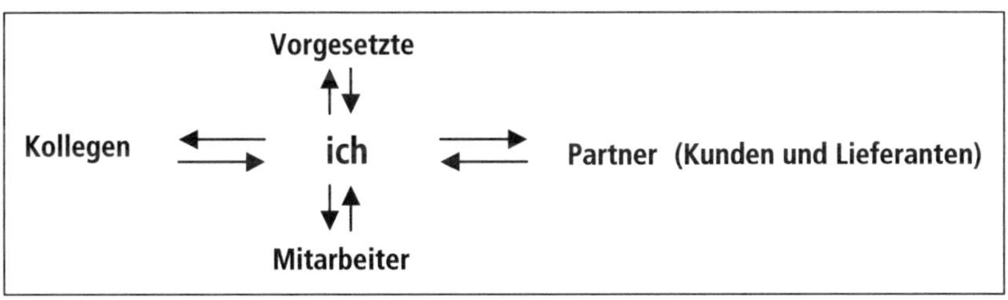

Idealbild des 360-Grad-Feedbacks.

Johari-Fenster

Joe Luft und Harry Ingham haben ein Persönlichkeitsmodell entwickelt, das sich als sehr hilfreich für das Verständnis von Kommunikationsprozessen erwiesen hat. Das Modell wird nach den Anfangsbuchstaben ihrer Vornamen „Johari-Fenster" genannt und betrachtet die Interaktion aus einem individuellen Blickwinkel. Es handelt sich um vier Quadranten, die jeweils zugunsten der anderen vergrößert bzw. auch verkleinert werden können.

I. **Bereich der freien Aktivität:** Informationen, die allen Beteiligten bekannt sind. Etwas, was ich über mich preisgebe, indem ich den anderen jene Informationen mitteile bzw. die durch mein äußeres Erscheinen offensichtlich ist. Beispiele: Name, Job, Hobbys, Staatsangehörigkeit, Geschlecht, Körpergröße, Farbe der Augen etc. Dieser Quadrant ist im Moment des Kennenlernens noch sehr klein. Durch Vertrauen teilen wir möglicherweise mehr über uns mit, sodass dieser Quadrant langsam verkleinert werden kann. Dafür benötigen wir Zeit und Gesprächsbereitschaft. Erfolgreiche Teamarbeit wird durch einen großen ersten Quadranten gefördert.

II. **Bereich des Vermeidens oder Verbergens (Privatbereich):** Informationen, die ich als privat betrachte und nicht mitteilen möchte. Je nachdem, wie viel Vertrauen ich zu meinem Gesprächspartner habe, kann ich diesen Quadranten zugunsten des ersten

	Dem Selbst bekannt	Dem Selbst nicht bekannt
Anderen bekannt	**I.** Bereich der freien Aktivität	**III.** Bereich des blinden Flecks
Anderen nicht bekannt	**II.** Bereich des Vermeidens oder Verbergens (Privatbereich)	**IV.** Bereich der unbekannten Aktivität (Unbewusstes)

Johari-Fenster.

verkleinern. Es bleibt jedoch immer ein Bereich übrig, den wir mit niemandem teilen: der so genannte Intimbereich.

III. **Bereich des blinden Flecks:** Etwas, was die anderen über mich wissen, mir selbst jedoch nicht bekannt ist. Es handelt sich darum, wie ich auf andere wirke, was sie über mich denken etc. Dieser Quadrant kann durch Feedback zugunsten des ersten Quadranten verkleinert werden. Als Führungskraft ist es empfehlenswert, Feedback durch regelmäßige Mitarbeitergespräche einzuholen. Sinnvollerweise sollen diese Gespräche unter vier Augen passieren, damit keiner der Beteiligten sein Gesicht verliert. Außerdem sind die Inhalte oft vertraulich.

IV. **Bereich der unbekannten Aktivität (Unbewusstes):** Dieser Bereich enthält Informationen über mich, die sowohl mir selbst als auch den anderen unbekannt sind. Trotzdem werden unsere Handlungen dadurch beeinflusst. So genannte „triebhafte Impulse“ und im ersten Moment unerklärliche Handlungen haben ihren Motor in diesem Bereich. Es handelt sich um das von Sigmund Freud erstmals beschriebene Unbewusste. Darauf geben unsere Träume Hinweise, ebenso die „Freudschen Versprecher“, spontane Zeichnungen etc. Durch Psychoanalyse und Psychotherapie sowie durch intensives Nachdenken, Analysieren unseres Verhaltens und unserer Gedanken können wir Einblicke in diesen Bereich gewinnen. Welchen Nutzen haben wir von einem solch anstrengenden Prozess? Er dient dem besseren Verständnis der eigenen Motive und der Selbsterkenntnis. Dies führt zu einer reifen und gefestigten Persönlichkeit, die uns wiederum zu einem wertvollen Teammitglied macht.

Je mehr wir voneinander wissen, desto störungsfreier funktioniert die Kommunikation!

Zusammenfassung des Kapitels „Kommunikation"

Kommunikation kann gestört sein

Kommunikation ist der Austausch von Information. Dieser Austausch kann störungsfrei erfolgen, die gesendete Information kommt also vollständig und unverzerrt beim Empfänger an. Oder aber verschiedenste Störungen führen zu einer Veränderung des Inhaltes. Die empfangene Information ist mit der gesendeten nicht mehr identisch, sondern lediglich mehr oder weniger ähnlich. Es ist nicht immer leicht erkennbar, ob Störungen vorgelegen sind, die die Information verzerrt haben oder nicht. Der Empfänger glaubt zumeist, das Richtige verstanden zu haben; aber oft wird erst durch seine Handlung klar, dass es sich um ein Missverständnis handelte.

Feedback ist notwendig

Für effektive Kommunikation ist es viel wichtiger, wie die Information ankommt, als wie sie gemeint war. Um zu erfahren, wie sie aufgenommen wurde, ist Feedback, also eine Rückmeldung, notwendig. Je mehr Feedback gegeben wird, desto weniger Missverständnisse und Fehlinformationen werden auftreten.

Je besser sich die kommunizierenden Menschen kennen und je mehr sie übereinander wissen, desto eher wird die kommunizierte Information in allen ihren Nuancen und Feinheiten erfasst werden. Um viel von sich preiszugeben, sind Vertrauen und Gruppenbildung nötig. Ausgezeichnete Kommunikation benötigt also Zeit und ein vertrauensvolles Team.

Man kann nicht *nicht* kommunizieren!

Wann und wo immer zwei oder mehr Menschen zusammen kommen, passiert Kommunikation. Diese kann verbal, also mit Worten, oder nonverbal über Körpersprache, Mimik, Handlungen etc. erfolgen.

Kommunikation hat eine Inhaltsebene (Information) und eine Beziehungsebene (nonverbale Zeichen etc.). Widersprechen sich diese beiden Ebenen, so glauben die Menschen eher das, was über die Beziehungsebene vermittelt wird.

Empfehlungen

- Holen Sie Feedback ein, wann immer es möglich ist. Feedback ist ein Geschenk, auch wenn es manchmal weh tut.
- Geben sie oft Feedback. Verpackt in positives und angenehmes Feedback sind unangenehme Dinge viel leichter anzunehmen. Loben Sie einmal pro Tag!
- Man kann nicht zu viel kommunizieren. Fragen Sie nach, wie Ihre Inhalte verstanden wurden. Formulieren Sie nochmals mit anderen Worten.
- Nur durch Zuhören kann man Information bekommen!
- Wirken Sie den Barrieren der Kommunikation entgegen! Die Wahl des richtigen Zeitpunktes für ein Gespräch und das Ausschalten von Störfaktoren (Lärm, Ablenkung, Hitze) sind dabei zu beachten.

Teams

Zusammenkommen ist ein Anfang,
Zusammenbleiben ist ein Fortschritt,
Zusammenarbeiten ist Erfolg.
Henry Ford I.

Wie ich ein Teamtraining erlebte (aus der Sicht eines Teilnehmers)

Wir fuhren mit dem Bus in diesen Wintersportort in Tirol, von wo aus wir auf eine Hütte gebracht werden sollten. Mir war etwas mulmig bei dem Gedanken an die nächsten Tage, da meine Kondition eher mangelhaft war und ich fürchtete, dass einiges an Outdoor-Aktivitäten vorgesehen war. Außerdem würde ich in der Berghütte den gewohnten Luxus vermissen. Wir wurden also im Talort vom Trainer und dem Hüttenwirt abgeholt und nahmen auf der Ladefläche eines amerikanischen Pick-up-Trucks Platz. Es war stockdunkel, bitter kalt und die Landschaft von einigen Zentimetern Schnee bedeckt, obwohl wir erst Anfang Oktober hatten. Bei der Hütte angekommen, erwartete uns ein genüssliches Abendessen, die mulmige Stimmung wandelte sich in interessierte Erwartung.

Nach dem Abendessen wurde ein Lagerfeuer entfacht, und in diesem unsere vorher zu Papier gebrachten Sorgen verbrannt. Und zu diesem Zeitpunkt passierte schon etwas Unglaubliches. Einer meiner Kollegen nahm sein Toupet vom Kopf und verkündete der versammelten Runde, dass es für ihn nun an der Zeit sei, seine Verkleidung abzulegen. Feierlich übergab er das sündteure Toupet den Flammen. Im Grunde hatten wir schon vorher geahnt, dass dieses üppige Haar nicht sein eigenes war, aber mit dieser Tat hatte niemand gerechnet. Schon am ersten Abend wurden in lockerer Atmosphäre viele Dinge angesprochen, die schon lange schwelten, für die wir uns aber nie Zeit genommen hatten.

Die einzige Dame in der Gruppe machte vielen von uns Sorgen, da eine Zusammenarbeit mit ihr sehr schwierig war. Ihr Blick war immer ernst und das Gesagte immer vorwurfsvoll und aggressiv. Da sie jedoch eine Schlüsselposition bekleidete, kam man um sie nicht herum. Schon in der ersten Vorstellungsrunde verglich sie sich mit einem Elefanten, denn diesem gleich brauchte sie eine dicke Haut, um in der Männerwelt zu überleben. Als sie bei einer Teamübung von uns allen getragen wurde und die Gruppe dirigieren konnte, sah ich sie zu ersten Mal lächeln. Bei der nächsten Übung war sie vollkommen locker und dadurch auch meine Kollegen und ich im Umgang mit ihr. Seitdem hat sich das Verhältnis nachhaltig gebessert.

Bei Abseilübungen über fünfzig Meter hohe Felswände haben wir das Fürchten gelernt. Es war eine intensive Erfahrung zu erleben, wozu Menschen fähig sind, wenn sie von der Gruppe unterstützt werden, selbst wenn sie enorme Höhenangst haben. Da wir von unseren Kollegen am Seil gehalten wurden, erlebten wir auch sehr intensiv, was es heißt, blind zu vertrauen.

In diesen drei Tagen wurden Kollegen zu Menschen, und viele dieser Menschen zu Freunden. Auf jeden Fall verstehe ich jetzt meine Mitstreiter wesentlich besser, kann deuten, warum sie so handeln wie sie handeln. Diese Tage in der Wildnis haben unser Team grundlegend verändert.

Warum geben Unternehmen viel Geld für solche Trainings aus? Die Antwort ist wohl, dass sie sich positive Auswirkungen für die Gruppe und damit natürlich auch für deren Arbeitsleistung erwarten. Obwohl dieser Effekt schwer mit Zahlen messbar ist, gibt es einige Studien der ASTD (American Society of Training and Development) und anderer Organisationen, die einen direkten Zusammenhang zwischen aktivem Teambuilding und dem wirtschaftlichen Erfolg eines Unternehmens herstellen.

Als Führungskraft leiten Sie vielleicht schon ein Team; nicht jede Abteilung hat jedoch eigentlichen Teamcharakter. Sind die einzelnen Mitarbeiter in ihrem Aufgabenbereich selbständig und gibt es keine oder wenig Überschneidungen, so spricht man nicht von einem Team. Natürlich ist der Übergang fließend. Sollte Ihre Abteilung nicht den Eigenheiten eines Teams entsprechen, so sind trotzdem einige Aspekte auch für lose zusammenarbeitende Teile einer Gruppe gültig, allem voran der Teambuilding-Prozess. Auch kann es gut möglich sein, dass

Sie eine Arbeitsgruppe, ein Projektteam oder einen Quality-Circle ins Leben rufen müssen, um ein spezifisches Problem zu lösen. In diesem Fall gelten die Ausführungen in diesem Kapitel in besonderem Maße.

Teamwork ist die Zauberformel, oder?

Bei einem Teamtraining wurden wir mit dem Witz konfrontiert, dass TEAM als Akronym für „**T**oll, **E**in **A**nderer **M**achts“ steht und Teamarbeit sich deswegen großer Beliebtheit erfreut.

Auch wenn es sich „nur“ um einen Witz handelt, so ist doch zumeist ein Körnchen Wahrheit dabei, vielleicht sogar ein ganzer Sandstrand! Unter solchen Voraussetzungen ist jede Art von Teamarbeit zum Scheitern verurteilt, denn die Arbeit muss natürlich von den einzelnen Individuen der Gruppe erledigt werden. Das Team besteht dazu, Ideen zur Lösung zu sammeln, Aufgaben zu koordinieren und dort gemeinsam anzupacken, wo zwei Hände nicht ausreichen, im tatsächlichen wie im übertragenen Sinne. Werden hingegen einzelne Teammitglieder ausgenützt, damit sich andere gemütlich zurücklehnen können, wird das Ergebnis auf Dauer sehr mangelhaft ausfallen.

Ein selbsternannter Managementguru sagte einmal: „Teams sind tot! Alle großen Leistungen der Menschheitsgeschichte sind Einzelleistungen!“ Wenn er es wirklich so gemeint hat, ist ihm nicht mehr zu helfen. Vielleicht aber war es nur als Provokation gedacht – als solche hat seine Aussage nämlich eine wichtige Funktion. Sie regt dazu an, darüber nachzudenken, ob wir es uns nicht oftmals zu leicht machen, indem wir bei jedem unangenehmen Problem eine Arbeitsgruppe damit befassen oder ein Team ins Leben rufen. Ohne allerdings die Voraussetzungen für diese Gruppe zu schaffen, das Problem auch zu lösen!

Teams an sich sind somit noch keineswegs die Zauberformel. Es gibt eine unendlich große Zahl an Fallstricken und Fehlern, die dazu führen, dass die Arbeitsgruppe mit großer Wahrscheinlichkeit scheitern wird. Setzt man Teamarbeit jedoch richtig ein, so gibt es keine effizientere Methode. Das heißt natürlich nicht, dass die einzelnen Mitglieder des Teams nicht selbst großartige Leistungen innerhalb des Teams vollbringen sollen und können. Um es überspitzt zu formulieren: Eine Gruppe von Schwachköpfen wird keine großartigen Lösungen hervorbringen, nur weil sie im Team arbeiten.

Was ist ein Team?

> Mit nur einer Hand lässt sich
> kein Knoten knüpfen.
> *Mongolisches Sprichwort*

Teamarbeit ist so alt wie die Menschheit. Unsere Vorfahren in der Steinzeit wären niemals in der Lage gewesen, ohne Gruppe zu überleben. Die Jagd war ein Teamereignis, an dem sich alle Männer der Sippe beteiligten. Einzelnen wäre es unmöglich gewesen, eine ausreichende Menge an Tieren zu erbeuten, um sich und ihre Familie zu ernähren. Große oder schnelle Tiere waren für einzelne Jäger überhaupt nicht fassbar. In der Gruppe allerdings jagten die Menschen der Steinzeit die größten Landlebewesen der damaligen Zeit, die Mammuts. Aber auch Bisons, Hirsche, Bären und sogar Großkatzen waren in der Jagdsaison nicht vor den Menschen sicher. Dies ließ sich nur durch sehr effiziente Teamarbeit erreichen, denn sowohl die Kraft als auch die Geschwindigkeit der Jäger war den meisten gejagten Tieren unterlegen. In der Gruppe jedoch konnten sie die Aufgaben verteilen, die Schnellsten unter ihnen trieben die Tiere den Stärksten zu, die dann zu mehreren auf ein Tier losgingen, bis es erlegt war.

Teamarbeit ist also keine Modeerscheinung, sondern eine Überlebensnotwendigkeit seit Anbeginn der Menschheit. Die heutige Situation ist mit jener zwar nicht mehr vergleichbar, es gibt aber in der Gegenwart vermutlich mehr Herausforderungen denn je, die nur von einer Gruppe gelöst werden können. Der Hauptgrund dafür liegt wohl im hohen Grad der Spezialisierung, der unsere Zivilisation kennzeichnet. Wann immer also eine Aufgabe entweder quantitativ oder qualitativ nicht von einer einzigen Person bewältigt werden kann und Koordination zwischen den mit der Erledigung der Aufgabe betrauten Individuen notwendig ist, spricht man von Teamarbeit.

Die Natur der Aufgabe sowie die Art der Gruppe kann sehr vielfältig sein. Dazu zählen eine Rudermannschaft, die Crew eines Segelbootes oder ein Basketballteam ebenso wie eine Panzercrew, der Trupp einer Spezialeinheit, eine Maurerpartie oder die Programmierer eines Computerprogramms. Ebenso kann eine Expedition als Teamwork angesehen werden. In all diesen Beispielen kann das gewünschte Ergebnis nur von der Gruppe, nicht aber von einer einzelnen Person erreicht werden.

Grundlegende Formen der Teamarbeit

Man kann zwei grundlegend unterschiedliche Formen der Teamarbeit unterscheiden, wobei in der Realität meistens eine Mischform zu beobachten ist:

1. Im Team wird nur koordiniert, diskutiert und festgelegt, die tatsächliche Arbeit geschieht aber in Form von Einzelarbeit. Die vorher erwähnte Gruppe von Programmierern zählt dazu, denn die Erarbeitung des Codes für ein Unterprogramm kann zumeist nur eine Person erledigen.
2. Die tatsächliche Arbeit wird in der Gruppe erledigt. Möbelpacker, Zimmerleute, Flugzeugcrews etc. fallen in diese Kategorie.

Diese Unterscheidung ist deswegen wichtig, weil an die Leitung dieser beiden Kategorien sehr unterschiedliche Anforderungen gestellt werden:

- Im ersten Fall ist es von großer Wichtigkeit, in den Koordinationstreffen effizient und sehr klar die Aspekte der Teilaufgaben zu kommunizieren, damit jedes Teammitglied auch tatsächlich die richtige Arbeit erledigt. Zweifel sollten bei diesen Zusammenkünften ausgeräumt werden. Mögliche Probleme oder Konflikte sind in diesen Treffen zu diskutieren, die Gefahr von Missverständnissen ist größer als bei der anderen Form der Teamarbeit.
- Im zweiten Fall ist ständige Kommunikation untereinander notwendig, daher entwickelt sich rasch eine eigene Teamsprache.

Wenn der Pilot dem Copiloten eine Anweisung gibt, ist es zweifelsohne von immenser Bedeutung, dass jener genau weiß, was gemeint ist, denn viel Zeit für klärende Diskussionen steht selten zur Verfügung. Es ist also ein gemeinsames Verständnis für die relevanten Wortbedeutungen notwendig. Dieses entsteht im Allgemeinen im Rahmen der Teamentwicklung.

Was sind nun die Kennzeichen von Teams?

Folgende fünf Voraussetzungen müssen gegeben sein, um im eigentlichen Sinne von einem Team zu sprechen:

1. **Ein gemeinsames Ziel**
2. **Mindestens zwei frei interagierende Individuen**
3. **Gemeinsame Identität**
4. **Regeln und Normen**
5. **Klima des gegenseitigen Vertrauens und der Anerkennung**

Tatsächlich sind diese Voraussetzungen aber nicht immer gegeben – und daraus resultiert sehr oft das Versagen des Teams. Dazu aber später.

1. Das gemeinsame Ziel

Das gemeinsame Ziel wird auch von Seminarteilnehmern immer an erster Stelle genannt, wenn es um die Definition eines Teams geht. Dieser Punkt scheint unumstritten zu sein. Allerdings bedeutet ein für die Gruppe formuliertes Ziel noch lange nicht, dass dieses auch von allen Mitgliedern in seiner gesamten Tragweite verstanden und auch mitgetragen wird. Das Gefühl der inneren Verpflichtung gegenüber diesem Ziel (engl. *commitment*) ist noch lange nicht gegeben, nur weil niemand widerspricht. Dieses „Commitment“ ist aber unabdingbar, wenn es darum geht, hervorragende Leistungen zu erhalten.

Dazu kommen oft noch verdeckte eigene Ziele von einzelnen Gruppenmitgliedern, die im Konflikt mit dem Gesamtziel stehen. So könnte es z. B. das Gesamtziel einer Expedition sein, als Gruppe einen Gipfel zu erreichen. Viele der Expeditionsteilnehmer haben aber eigentlich nur das Interesse, selbst auf dem Gipfel zu stehen. Ob die anderen Teilnehmer es auch erreichen, ist ihnen eigentlich egal. Beispiel:

> Zwei Teilnehmer einer österreichischen Shisha-Pangma-Expedition (über 8000 Meter hoch) schlossen sich im Hochlager einem anderen Team an, dessen Aussichten auf Erfolg sie als höher einstuften. In der Tat haben nur diese zwei Personen den Gipfel erreicht, der Rest ihres ursprünglichen Teams nicht. Das Teamziel ist somit nicht erreicht worden.

2. Mindestens zwei frei interagierende Individuen
Dieser Punkt versteht sich im Grunde von selbst. Allerdings muss gesagt werden, dass für erfolgreiche Teamarbeit diese Interaktion reibungsfrei und effizient erfolgen sollte – und genau hierbei gibt es oft Probleme.

3. Gemeinsame Identität
Ein Wir-Gefühl der Gruppe ist unabdingbar für ein Team. Das Team muss unter einer Flagge fahren, und mit dieser Flagge müssen sich die einzelnen Gruppenmitglieder bis zu einem gewissen Grad identifizieren. Tun sie dies nicht, so handelt es sich um einen bunt zusammengewürfelten Haufen, der beim kleinsten Hindernis zerfällt.

Bei dieser „Flagge“ kann es sich um Abteilungsidentität, um Firmenzugehörigkeitsgefühl oder die Anhängerschaft zu einem Fußballklub handeln. Die Möglichkeiten sind sehr vielfältig. Wenn dieses Zusammengehörigkeitsgefühl gegeben ist, entwickelt sich zumeist auch eine gemeinsame, dem Team eigene Sprache und Wortwahl. Dieser Umstand erhöht einerseits wieder das Gruppengefühl, andererseits ermöglicht er auch effiziente Kommunikation.

4. Normen und Regeln
Wie nachfolgend gezeigt wird, existiert im Teambuilding-Prozess eine Normierungsphase, in der Spielregeln und Umgangsformen festgelegt

werden. Dies kann explizit (also ausgesprochen und niedergeschrieben) erfolgen oder aber implizit, was so viel bedeutet wie „alle spüren es“. Ohne diese Spielregeln kann ein Team nicht produktiv arbeiten, weil kein Teammitglied weiß, was von ihm verlangt wird.

5. Klima des gegenseitigen Vertrauens und der Anerkennung
Diese Voraussetzung ist dann wichtig, wenn ein Team sehr erfolgreich sein soll. Überprüfen Sie sich selbst: Würden Sie all Ihr Wissen und Ihre Fähigkeiten in das Team einfließen lassen, wenn Sie den anderen nicht vertrauen oder diese nicht anerkennen bzw. von den anderen nicht anerkannt werden?

Teams müssen zusammenwachsen

Es ist noch kein funktionierendes Team vom Himmel gefallen. Um eine Anzahl von Individuen zu einem zusammengeschweißten Team zu machen bedarf es harter Arbeit und Zeit. In der Anfangsphase gibt es in der Regel Misstrauen und Vorbehalte, es kommt zu einem gegenseitigen „Beschnuppern“. Dieses Kennenlernen ist von sehr großer Bedeutung, da man die anderen mit ihren Handlungen nur verstehen kann, wenn man sie kennt. Je besser man sie kennt, desto besser wird auch die Kommunikation funktionieren und Konflikte können einer positiven Lösung zugeführt werden.

Dieser Gruppenbildungsprozess passiert in jeder Gruppe, und zwar unabhängig davon, ob er forciert oder provoziert wird. Ohne Unterstützung allerdings benötigt dieser Prozess wesentlich mehr Zeit und das Risiko eines Zerfalles der Gruppe ist ebenfalls größer. Aus diesem Grunde empfiehlt es sich, die Gruppenbildung zu begleiten. In erster Linie ist dafür natürlich der Teamleader zuständig, sofern es einen gibt. Darüber hinaus haben viele Firmen gute Erfahrungen mit Teambuilding-Workshops und -Seminaren gemacht, weil darin viele Dinge angesprochen werden, die zwar latent vorhanden sind und die Zusammenarbeit stören, aber nicht an die Oberfläche kommen oder gar ausdiskutiert werden.

In der Ausnahmesituation Seminar mit professioneller Unterstützung fällt es leichter, darüber zu reden, zumal auch ausreichend Zeit zur Verfügung steht. Es soll an dieser Stelle allerdings nicht verschwiegen werden, dass es leider auch einige sehr unprofessionelle Anbieter auf dem Markt der Teamtrainings gibt. Es wird immer wieder davon berichtet, dass sich Gruppen bei einem solchen Seminar derartig zerstritten haben, dass eine weitere Zusammenarbeit nicht mehr möglich war.

Außerdem ist es wichtig, dass die Trainer zum Unternehmen passen. Auch wenn sie noch so gut sind – wenn ihre Einstellung und Philosophie jener des Unternehmens bzw. der Gruppe völlig widerspricht, wird das gewünschte Ergebnis nicht erzielt werden.

Tipp: Wenn Sie in Erwägung ziehen, mit Ihrer Gruppe ein Teamtraining durchzuführen, schauen Sie sich das Trainingsunternehmen und dessen Trainer sehr genau an. Am besten ist es, selbst ein Seminar bei dem Trainer zu besuchen, bevor Sie ihn auf Ihre Gruppe loslassen.

Gut gemachte Teamtrainings sind aber eine sehr wertvolle Unterstützung für die Gruppe und sollten schon in einer sehr frühen Phase der Gruppenentwicklung durchgeführt werden. Man erspart sich damit eine Menge Ärger. Nach einiger Zeit ist eine Auffrischung durchaus sinnvoll.

Die Phasen der Teamentwicklung

Die vom Psychologen Bruce W. Tuckman geprägten Phasen und Beschreibungen für die einzelnen Entwicklungsphasen eines Teams haben in der Teamtheorie einen festen Platz gefunden.

Forming (Formierung)

Die Anfangsphase, in der das Team gegründet wird. Es herrscht große Unsicherheit unter den einzelnen Teammitgliedern. Stellen Sie sich vor, sie haben einen Segeltörn gebucht, bei dem Sie die anderen Teilnehmer

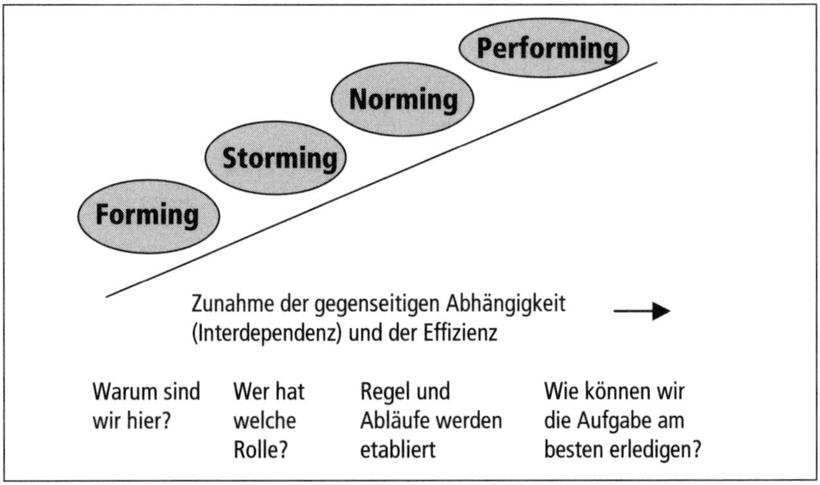

Die Phasen der Teamentwicklung.

nicht kennen. Beim ersten Treffen am Hafen wird sich jeder fragen, wie er sich in die Gruppe einfügen kann, was seine Rolle sein wird oder sein könnte. Ein gegenseitiges Abtasten findet statt. Alle wissen, dass es kein Entrinnen mehr gibt, wenn alle einmal an Bord sind und nur mehr das endlose weite Meer sie umgibt. Das gegenseitige Vertrauen ist noch gering, jeder und jede versucht aber, freundlich und unangreifbar zu sein.

In dieser Phase ist es sehr wichtig, dass der Skipper die große Unsicherheit entschärft. Tut er dies nicht, so ergreift entweder eines der Gruppenmitglieder diese Rolle, was nicht unproblematisch ist, oder die Funktion wird überhaupt nicht erfüllt, wodurch die nächste Phase viel dramatischer verlaufen wird, bis hin zu einem Zerfall des Teams.

Storming (Sturm!)

Nun kommt es im wahrsten Sinne des Wortes zum Sturm. Es ist die Zeit des Testens. Der Führer bzw. Skipper wird auf Fachkompetenz und Führungskompetenz unter die Lupe genommen, kleinste Fehler werden sichtbar gemacht. Die Teammitglieder versuchen, sich in die Gruppenstruktur und Hierarchie einzufügen. Subtile Formen der Rebellion und des Widerstandes sind zu bemerken, Untergruppen bilden sich gelegentlich.

Wird diese Phase nicht bearbeitet, kann sie über sehr lange Zeit auf kleiner Flamme dahinköcheln, und der große Konflikt bricht erst dann aus, wenn man ihn am wenigsten brauchen kann: in einer Krisensituation. Im Falle des Segeltörns wäre dies ein wirklicher Sturm, der dem Team alles abverlangt, vor allem koordinierte Zusammenarbeit. Im Unternehmensalltag könnte es u. a. ein sehr aufwendiges Projekt unter großem Zeitdruck sein.

Norming (Regeln und Normen)
Ist die vorige Phase überstanden und das Team noch nicht zerfallen, so ist dies zumeist auf einzelne Individuen zurückzuführen, die den Gruppenzusammenhalt gestärkt haben und zeigen konnten, dass man gemeinsam doch etwas zustande bringen kann. Die Konflikte sind zwar nicht notwendigerweise ausgeräumt, jedoch ausgesprochen und bearbeitet. Die Teammitglieder sind sich der unterschiedlichen Persönlichkeiten der anderen bewusst und jeder hat seine Rolle im Team gefunden.

Normen werden explizit und oft auch implizit etabliert. Sie sollen das Zusammenleben erleichtern und tun es in der Regel auch. Ein „Wir"-Gefühl entsteht. Eine sachliche, zielorientierte Diskussion kann erst jetzt beginnen.

Performing (Hochleistung!)
Das Team hat seine Reife erreicht. Wie bei der Entwicklung eines Jugendlichen ist die Pubertät überstanden. Die Gruppe ist nun erwachsen und kann sich der Erreichung der Ziele widmen, auch wenn der Sturm noch so heftig um die Ohren weht.

Ändert sich die Teamzusammensetzung, so kann es allerdings durchaus passieren, dass alle Phasen nochmals durchlaufen werden, zumeist aber nicht so lebhaft, da sich die Mitglieder zum Teil schon kennen.

Adjourning
Diese Phase betrifft nur Teams, die nicht permanent zusammenarbeiten, also Projektteams, Expeditionsmannschaften – oder eben unseren Segeltörn. Das Werk ist vollbracht, das Ziel erreicht. Die Teammit-

glieder haben sich aneinander gewöhnt, teilweise sogar lieb gewonnen. Wenn jetzt die Gruppe auseinander geht, so empfinden viele ein Gefühl der Leere, dass es nie mehr so gut wird wie mit diesem Team. Manche fallen sogar in eine echte Depression.

Rituale, von denen es unzählige gibt, können diesen Loslösungsprozess etwas erleichtern. Gemeint sind damit ein „falsches" Begräbnis, Medaillenverleihung, Abschlussfeiern, ein gemeinsamer Abschlussausflug und vieles mehr.

Es muss uns dennoch bewusst sein, dass nicht alle Teams jede Phase in der gleichen Intensität erleben. So können manche Teams in der Storming-Phase schmerzlich lange verharren, vielleicht sogar daran zerbrechen, andere hingegen durchlaufen sie beinahe unmerklich. Die Phasen sind auch nicht ausschließlich sequenziell, also in der vorgegebenen Reihenfolge, zu verstehen. Die Gruppe durchläuft also nicht notwendigerweise die Phasen eins bis fünf, ohne je wieder in eine vorherige Phase einzusteigen. Oberflächlich zusammenarbeitende Teams kommen vielleicht gar nie über die Forming-Phase hinaus, oft mit der Konsequenz, nicht sehr effektiv zu sein.

Der Ausprägungsgrad der Zusammenarbeit und somit der fünf Phasen hängt von vielen Variablen ab, wie z. B. dem Ziel, dem Zeitdruck, der Art der Arbeit, den Gefahren, der Gruppenzusammensetzung, der Gruppengröße und der Komplexität der Aufgabe. Dementsprechend verlaufen natürlich die fünf Phasen jedes Mal anders.

Teamgröße

Ein Richtsatz:

1. **So klein wie möglich und so groß wie nötig.**
2. **Nicht größer als zwölf Personen.**

Natürlich müssen alle nötigen Qualifikationen vertreten sein; ebenso ist die Zahl der Köpfe wichtig, welche für die Erledigung der Aufgabe ihrem Umfang nach nötig ist. Zusätzlich müssen alle relevanten Teamfunktionen besetzt sein. Außerdem hängt die maximale Teamgröße von der Geschwindigkeit ab, in der Entscheidungen getroffen werden müssen. So umfasst ein Kampftrupp im Dschungelkrieg nie mehr als sieben Personen. Nur dann ist die Gruppe ausreichend mobil, die Kommunikation kann sehr rasch vonstatten gehen und trotzdem sind die nötigen Funktionen besetzt. Es gibt den Kommandanten, einen Stellvertreter, Scharfschützen, Maschinengewehrschützen, Funker, Sanitäter etc. In der Hitze des Gefechtes wäre ein größeres Team schwer zusammenzuhalten und die Kommandostruktur würde leicht zusammenbrechen. Diese Erkenntnisse sind oft durch schmerzliche Erfahrung gewonnen worden.

Schon die römische Armee hatte ein ähnliches System. Zehn Mann waren die Teamgröße, denen ein Prinzipal vorstand. Zehn solcher Zehner-Gruppen wurden von einem Centurio angeführt (lat. Centum = hundert). Vermutlich aufgrund der unterschiedlichen Waffen von damals und heute und der daraus resultierenden höheren Kampfgeschwindigkeit ergibt sich der Größenunterschied in den Teams im alten Rom und der heutigen Armeen.

Für Projektteams hingegen, bei denen es vor allem darauf ankommt, Entscheidungen richtig zu treffen, Geschwindigkeit jedoch keine große Rolle spielt, kann das Team um einiges größer sein. Bei mehr als 15 Mitgliedern wird das Team allerdings sehr träge, unflexibel und schwierig zu leiten. Gruppendynamisch gesehen hat man das Größenlimit der Kleingruppe(t-Group) erreicht und bewegt sich in Richtung Großgruppe, für die andere Gesetzmäßigkeiten gelten.

Die Kleingruppe zeichnet sich nämlich dadurch aus, dass sich die Gruppenmitglieder alle gut kennen und ständig alle anderen „im Auge“ haben können, also alle Individuen der Gruppe überblicken. Dies ist über zwölf Mitglieder sehr schwer möglich, 15 ist die absolute obere Grenze. Sollten für die Aufgabe mehr Menschen nötig sein, empfiehlt es sich, das Team zu teilen und eine Person zur Koordination der beiden Teams zu nominieren.

Teamzusammensetzung

Keiner weiß so viel wie wir
alle zusammen!
N. N.

Die Teamzusammensetzung ist für den Erfolg des Teams von grundlegender Bedeutung. Am besten ist es, wenn sich das Team selbst zusammenfinden kann. Auch hier gibt es wieder ein sehr gutes Beispiel aus dem militärischen Bereich. Am Beginn des Vietnamkrieges wurden verhältnismäßig viele Flugzeuge der Amerikaner abgeschossen. Die Besatzungen in den Bombern waren von den Vorgesetzten zusammengesetzt worden. Nachdem sich die Besatzungen selbst finden durften, waren die Überlebens- und Erfolgsrate signifikant höher.

Unter dieser Voraussetzung werden sich natürlich jene Menschen zusammenfinden, die sehr gut miteinander können und zwischen denen großes Basisvertrauen herrscht. Leider tritt dieser Fall in der Praxis so gut wie nie ein. Allerdings kann in vielen Fällen der Gruppenführer oder Teamleader zumindest einige Gruppenmitglieder aussuchen. Auch wenn das Team vergrößert wird oder einzelne Gruppenmitglieder abspringen, kann zumeist Einfluss auf die Auswahl der Neuzugänge genommen werden. In diesen Fällen ist es wichtig, folgende Aspekte zu berücksichtigen:

- den persönlich-menschlichen und den
- fachlichen Aspekt.

Zum ersten Aspekt Folgendes: Wenn es irgendwie möglich ist, sollte man es tunlichst vermeiden, Menschen in einem Team zusammenzubringen, die sich partout nicht „riechen“ können. Wenn es nicht anders geht, sollte man sich klar darüber sein, dass große Probleme entstehen und die Effizienz des gesamten Teams beeinträchtigt werden könnte. Diese Störung kann so stark ausfallen, dass die fachliche Kompetenz der Betroffenen überhaupt nicht zur Geltung kommt. In jedem Fall ist großes Fingerspitzengefühl des Teamleaders nötig.

Zusätzlich ist auf den **Persönlichkeitsmix** zu achten. Nach dem Modell von Elias Porter ist es wichtig, alle vier von ihm beschriebenen

Typen in einen Team vertreten zu haben. Diesen Typen sind zur leichteren Assoziation die Farben Rot, Grün, Blau und Regenbogen zugeordnet:

Der Rote
sieht das Ziel vor Augen und lenkt die Gruppe immer wieder in die richtige Richtung, wenn sie abzuschweifen droht. Er koordiniert gerne die Aktivitäten, damit Struktur in die Handlungen kommt, Doppelgleisigkeiten vermieden werden und trotzdem alles erledigt wird. Diese Persönlichkeitsausprägung wird oft Managertyp oder Häuptling genannt.

Der Blaue
spielt eine wichtige Rolle, wenn es einzelnen Teammitgliedern oder der ganzen Gruppe schlecht geht. Dieser Typus ist durchaus mit der Funktion des Medizinmannes bzw. der Schamanin bei Naturvölkern zu vergleichen. Er kümmert sich um das leibliche und emotionale Wohl der Menschen. Das ist besonders in Krisensituationen bedeutsam, weil der Blaue den drohenden Zerfall der Gruppe verhindert und destruktiven Konflikten vorbeugt. Diese Funktion wird oft mit der einer Krankenschwester verglichen – nicht zuletzt deswegen, weil sie zumeist von einer Frau bekleidet wird.

Wir haben in vielen Teamtrainings festgestellt, dass in reinen Männergruppen diese Funktion nicht oder nur rudimentär vorhanden war, weswegen der Gruppenzusammenhalt und die Konfliktkultur nicht zum Besten standen. Das heißt natürlich nicht, dass nur Frauen diese Aufgabe erfüllen können, aber scheinbar tun sich Männer, und hier ganz besonders Techniker, besonders schwer.

Der Grüne
ist der „Wissenschafter“ und erfüllt oft die „Kassandra“-Funktion, warnt also vor allen möglichen Problemen und Hindernissen, die im Rahmen der Zielerreichung auftreten können bzw. könnten. Er hat in der Anfangsphase des Öfteren Schwierigkeiten, sich in die Gruppe einzugliedern und geht bei falscher Behandlung verloren. In diesem Fall ist der Blaue gefordert, den Grünen wieder ins Boot zu holen.

Fühlt sich der Grüne erst einmal integriert, ist er eine sehr wertvolle Informationsquelle, wichtig für die Dokumentation und für Arbeiten, bei denen Exaktheit erforderlich ist. Er bewahrt das Team durch seine Vorsicht unter Umständen wirklich vor großen Fehlern.

Der Regenbogen
ist, wie der Name schon sagt, eine Mischung aus allen drei Einzelfarbtypen. Er zeichnet sich dadurch aus, dass er sehr flexibel ist. Somit kann er jeweils die Funktion erfüllen, die gerade gebraucht wird. Dieser Typus stellt sozusagen den Joker eines Teams dar und kann durchaus mehrfach vertreten sein.

Was bedeutet diese Theorie nun aber für die Zusammensetzung eines Teams? Betrachten wir einige Szenarien, anhand derer sich die Folgen gut veranschaulichen lassen:

- Hat man **mehrere Rote** in einem Team, wird es vermutlich zu einem Machtkampf um die Führung kommen. Bis dieser Kampf entschieden ist, wird das Team nicht sehr effizient sein. „Eine Herde kann nur einen Leithammel haben", so die Analogie aus dem Tierreich.
- **Fehlt der Rote** gänzlich, werden die meisten Teams unkoordiniert und führungslos durch den Arbeitsalltag driften, es sei denn, das Team ist so reif, dass es im Sinne eines SOS („sich selbst organisierendes Systems") ohne formale Führung höchst effizient arbeitet.
- **Ohne blaue Typen** fehlt die Klammerfunktion, die das Team vor allem in stürmischen Zeiten beisammen hält. Die Gefahr ist groß, dass Einzelne über Bord gehen oder gar das gesamte Team zerfällt.
- Die **Grünen** sind für die tatsächliche Arbeit, aber auch für das Vorhersehen von Hindernissen wichtig. Zumeist sind sie fachlich sehr kompetent und bei richtiger Behandlung gerne bereit, sich für das Ziel intensiv einzusetzen.
- Die **Regenbogen** packen dort an, wo Not am Mann bzw. an der Frau ist, und sind vor allem für Teams wichtig, die wechselnde und komplexe Aufgaben zu bewältigen haben.

Natürlich lassen sich Menschen in ihrer ganzen Komplexität nicht in vier Kategorien einteilen, und jeder entspricht einem bestimmten Typus nur bis zu einem gewissen Grad. Trotzdem haben wir mit diesem Instrument in Gruppen viel bewirkt: Denn schon das Bewusstsein, welcher Kollege welchem Typus entspricht und welche Typen eventuell fehlen, führt zu einer positiven Veränderung im Team.

Der **fachliche Aspekt** ist ebenfalls von großer Bedeutung. Selbstverständlich ist es nötig, sämtliche relevanten fachlichen Qualifikationen für die Erledigung der Aufgabe im Team vertreten zu haben. Das ist eine Binsenweisheit, die aus unserer Erfahrung zumeist auch tatsächlich berücksichtigt wird. Fehlen ganz bestimmte Kenntnisse, kann man entweder das Team um eine Person mit eben diesem Wissen erweitern, das Wissen zukaufen oder ein Teammitglied dieses Wissen oder diese Fähigkeit erlangen lassen. Wofür man sich entscheidend, wird von Faktoren wie Budget, Art des Wissens bzw. der Fähigkeit, Zeit etc. abhängen.

Ein Team sollte die verschiedensten Persönlichkeitstypen enthalten, um effektiv zu sein.

Teamgeist

Team-Arbeit setzt Team-Geist voraus – was sich nicht anordnen, wohl aber wirksam vorleben lässt.
Albert Ackermann

Hat man einmal die benötigte Teamgröße erkannt und die richtigen Teammitglieder gefunden, den Gruppenbildungsprozess in Gang gesetzt und die Arbeitsweise festgelegt, so ist das Team im Grunde arbeitsfähig. Soll es allerdings Höchstleistungen vollbringen, so ist ein starker Teamgeist unerlässlich. Es handelt sich dabei um ein sehr hohes Maß an Identifikation mit der Gruppe und deren Zielen. Gegenseitiges

Vertrauen und Verständnis sowie ein ausgeprägtes Wir-Gefühl kennzeichnen diesen Geist.

Wie von Albert Ackermann festgestellt, kann sich ein solcher Teamgeist nur entwickeln, wenn er von den Führungskräften der Gruppe vorgelebt wird. Auch das Arbeitsklima im Unternehmen spielt selbstverständlich eine bedeutende Rolle. Ist das Klima von Misstrauen und Konkurrenzkampf geprägt, wird es sehr schwer, wenn nicht überhaupt unmöglich sein, einen ausgeprägten Teamgeist in einer Arbeitsgruppe zu entwickeln. Menschen sind nicht dumm. Wenn sie mehrmals die Erfahrung in diesem Unternehmen gemacht haben, dass es sich für sie nachteilig auswirkt, Fähigkeiten und Wissen mit anderen zu teilen, dann werden sie es in Zukunft tunlichst unterlassen.

In seltenen Fällen allerdings schafft es eine Gruppe, zu einer „blühenden Insel" in der kargen emotionalen Wüste des Unternehmens zu werden und so vielleicht sogar andere Gruppen mitzureißen. Wenn dies gelingt, dann ist der Gruppenzusammenhalt in dieser „blühenden Insel" zumeist noch größer, weil den Gruppenmitglieder bewusst ist, dass sie etwas Großartiges geschafft haben, das sie in einer anderen Abteilung oder Gruppe des Unternehmens nicht erreicht hätten.

Arten von Teams

Es handelt sich bei dieser Aufstellung nicht um eine vollständige Liste, auch kann ein Team mehreren Kategorien gleichzeitig entsprechen. Vielmehr soll veranschaulicht werden, was die speziellen Eigenheiten sind und wann sie zum Einsatz kommen.

Multikulturelle Teams

Wie der Name schon sagt, handelt es sich um ein Team, bei dem die Mitglieder aus unterschiedlichen Kulturkreisen kommen. Mit der unterschiedlichen Kultur gehen zumeinst unterschiedliche Umgangsformen, Kommunikationsstile, Wertsysteme und manchmal auch Religionen einher. Das klassische Beispiel sind die Vier im Jeep, die im Wien der Nachkriegsjahre Patrouille fuhren. Aber auch die meisten UNO-

Missionen bestehen aus multikulturellen Teams, und in internationalen Konzernen werden solche Teams immer häufiger.

In diesen Fällen ist es besonders wichtig, auf die kulturellen Eigenheiten einzugehen und sie zu thematisieren. So ist es in den meisten asiatischen Kulturen üblich, eher verschlossen zu sein und Kritik – wenn überhaupt – sehr verschlüsselt zu üben. Hierarchien sind stark ausgeprägt. Umgekehrt wird im angelsächsischen Raum Kritik sehr direkt geäußert, überhaupt ist der gesamte Gesprächsstil viel direkter und offener. Man erfährt von seinem Gegenüber sehr rasch viel aus dem Privatleben, oft sogar sehr intime Details. Dementsprechend länger dauert der Teambuilding-Prozess.

Der große Vorteil multikultureller Teams besteht darin, dass die unterschiedlichen Kulturen auch sehr verschiedene Denk- und Lösungsansätze mit sich bringen.

Remote-Teams

Mit diesem Begriff bezeichnet man Teams, deren einzelne Mitglieder über viele Orte – im extremsten Fall über die ganze Welt – verstreut sind. Spezielle Projektteams in Weltkonzernen können ebenso in diese Kategorie fallen wie Verkaufsteams, die sich den Markt regional aufgeteilt haben. Ein Hauptproblem ist die Kommunikation, die fast immer zu kurz kommt. Außerdem ist der Teambildungsprozess schwierig.

Untersuchungen haben gezeigt, dass auch solche Teams sehr erfolgreich sein können, wenn in einem intensiven Startworkshop, meist mit externer Unterstützung, das gegenseitige Kennenlernen beschleunigt wird. Zumindest einmal im Jahr sollten alle Teammitglieder persönlich zusammenkommen, um fachlich, vor allem aber menschlich zusammenzurücken.

Temporäre Teams

Viele Teams werden heutzutage für eine begrenzte Zeitdauer ins Leben gerufen, z. B. um ein bestimmtes Projekt auszuarbeiten, Verbesserungsvorschläge zu machen oder eine Verkaufsstrategie zu entwickeln.

In diesem Fall ist es wichtig, den Teambuilding-Prozess nicht zu vergessen, auch wenn das Team nur für eine gewisse Dauer existieren wird.

Besonders bedeutsam ist es, den Abschluss mit einem entsprechenden Ritual zu feiern. Dieses Ritual ist psychologisch wichtig, um nicht in romantischen Reminiszenzen der Gruppe nachzuweinen und dadurch in der weiteren Arbeit beeinträchtigt zu sein. Alle Kulturen verfügen über Rituale für den Übergang von einem Zustand in einen anderen. So wird beispielsweise das Ende der Pubertät begangen, um den Übergang vom Kind zur Frau bzw. zum Mann sowohl für die betroffene Person als auch für die Gruppe zu erleichtern.

Der Fantasie sind für ein solches Ritual keine Grenzen gesetzt, sie sollten aber mit der Firmenkultur konform gehen. Es könnte eine große Grillparty sein, aber auch ein Rafting-Ausflug, eine Bergtour mit symbolischer Kranzniederlegung, ein Abendessen oder eine kleine Reise.

Arbeitsteams

Darunter versteht man Teams, die permanent zusammenarbeiten und kein „Ablaufdatum“ haben; die Aufgabe ist fortlaufend. Produktionsteams zählen dazu. Nach einer gewissen Anfangsphase sind diese Teams meist eingefahren, der Teambuilding-Prozess kann etwas langsamer angegangen werden. Bei diesen Teams ist die Auswahl der Teammitglieder besonders wichtig, da Menschen, die nicht dazupassen, das Klima langsam, aber stetig vergiften können. Dies geschieht oft unmerklich, bis die Auswirkungen so groß sind, dass es zu spät ist. Ein Gespür des Teamleaders für das Klima und für schwelende Konflikte ist notwendig.

Quality Circles

Quality Circles (QS) sind Arbeitsgruppen, die in der Regel als temporäres Team periodisch zusammenkommen, um Verbesserungsvorschläge zu einem bestimmten Themenkreis im Unternehmen zu machen. Die Teammitglieder gehen ihrer Referententätigkeit am ursprünglichen Arbeitsplatz weiter nach, allerdings können sie bei sehr intensiver Arbeit im Team eventuell etwas entlastet werden.

QS sind nur sinnvoll, wenn sie vom Top-Management gewünscht sind und ihre Vorschläge Aussicht auf Umsetzung haben. Dienen sie nur dazu, kritische Stimmen ruhig zu stellen, indem man sie beschäftigt, wird man in weiterer Folge Mitarbeiter/-innen nicht mehr dazu motivieren können, sich in einer solchen Arbeitsgruppe zu engagieren.

Projektteams

Projektteams können permanent oder temporär ins Leben gerufen werden. Sind sie temporär, so gelten für sie die obigen Ausführungen zu temporären Teams. Sie haben als Aufgabe ein bestimmtes Projekt, das es umzusetzen gilt. Im Falle der temporären Projektteams werden sie nach Abschluss des Projektes wieder aufgelöst, bei permanenten Projektteams bleibt das Team erhalten, ihm wird lediglich ein neues Projekt zugeteilt. Das ist vor allem bei Entwicklungsteams, z. B. in der Autoindustrie, der Fall, da es ständig neue Dinge zu entwickeln gibt.

Informelle Teams

Bei allen vorher behandelten Teams handelt es sich der Natur nach um formelle Teams, weil sie ausdrücklich für einen bestimmten Zweck ins Leben gerufen werden. Informelle Teams hingegen werden nicht von außen und auch nicht durch einen Formalakt gebildet, sondern ergeben sich aus den Mitgliedern heraus. Der Freundeskreis, eine Clique, die Saunarunde etc. zählen dazu. Allerdings gibt es sie auch in Firmen; es handelt sich dann um Gruppen, die – von außen oft nicht sichtbar – sich gegenseitig unterstützen. Die Mitglieder können durchaus in verschiedenen Abteilungen sitzen.

Wenn das Teambuilding bei einem formellen Team erfolgreich war, dann wird die Gruppe auch zu einem informellen Team, selbst dann, wenn sie schon aufgelöst wurde. Die Gruppenmitglieder werden sich weiterhin gegenseitig unterstützen, auch wenn es kein gemeinsames Ziel mehr gibt und jeder an seinen Arbeitsplatz zurückgekehrt ist.

Diese gegenseitige Hilfe wird oft als der „kleine Dienstweg" bezeichnet. Dieser Zustand ist zweifelsohne für das Arbeitsklima förderlich, wenn nicht andere dadurch ausgegrenzt werden.

Teams brauchen einen Chef, oder?

Die Beantwortung dieser Frage hängt von vielen Faktoren ab. Auf jeden Fall muss es jemanden geben, der die Koordinationsfunktion für das Team erfüllt. Diese Person muss nicht notwendigerweise hierarchisch vorgesetzt sein, sondern kann aus den Reihen der Gruppe kommen. In der unternehmerischen Praxis wird es jedoch zumeist jemanden geben, der die Verantwortung für das Team trägt und auch eine gewisse Vorgesetztenfunktion ausübt. Ein sehr gut eingespieltes und reifes Team benötigt allerdings im Sinne eines „sich selbst organisierenden Systems“ (SOS) keinen Chef mehr, um produktiv arbeiten zu können. Die sonst von einem Chef ausgeübten Funktionen werden auf die Teammitglieder verteilt.

Was alles schief laufen kann

Wenn Teamarbeit in einem Unternehmen nicht funktioniert oder ein bestimmtes Team große Probleme hat, seine Aufgabe zu erfüllen, gibt es im Grunde zwei Ursachenpole. Ein Pol liegt beim Topmanagement und der andere beim Team selbst. Zwischen diesen beiden Polen bestehen natürlich auch alle denkbaren Überschneidungsmöglichkeiten:

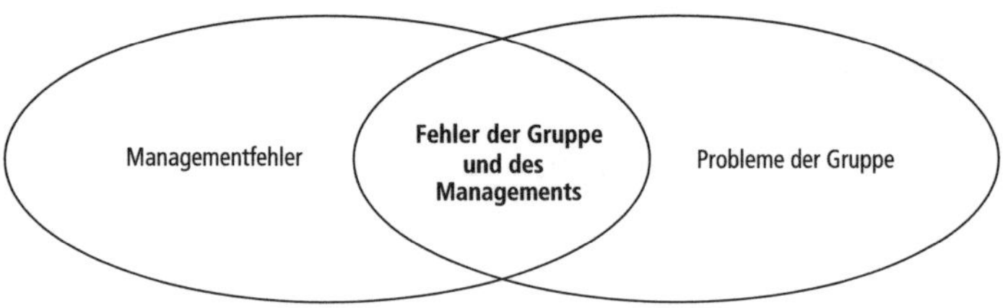

Typische Managementfehler:

- Falsche oder unerfüllbare Zielvorgaben für das Team.
- Sich widersprechende Zielvorgaben.
- Aggressives Betriebsklima:
  In einem Unternehmen, dessen Klima von Misstrauen und Wett-

bewerb sowie einer Kultur der Kontrolle geprägt ist, kann nicht erwartet werden, dass sich die Teammitglieder mit Vertrauen und Kooperationsbereitschaft begegnen werden.

- Kein Erfahrungsaustausch zwischen den Arbeitsteams:
  Teams in einem Unternehmen schweben im Allgemeinen nicht im luftleeren Raum, sondern sind von der Zusammenarbeit und dem Erfahrungsaustausch mit anderen Arbeitsgruppen abhängig. Wenn diese Zusammenarbeit vom Management nicht gefördert, sonder gar boykottiert wird, kann kein gutes Ergebnis erwartet werden.
- Kein adäquates Training der Teamfähigkeiten:
  Wird der Teambuilding-Prozess und die Entwicklung der sozialen Fähigkeiten der einzelnen Teammitglieder nicht entsprechend unterstützt, kommt es sehr oft zu Konflikten und Reibungsverlusten im Team. Diese zu reparieren ist wesentlich schwieriger, zeitaufwendiger und teurer, als proaktiv zu wirken. Aus unserer Erfahrung werden Teamtrainings jedoch erst dann durchgeführt, wenn es eigentlich schon zu spät ist.
- Schwache Besetzung der Teams:
  Eine falsche Auswahl der Teammitglieder führt natürlich dazu, dass das Team die gestellte Aufgabe nicht erfüllen kann. Diese Strategie wird gelegentlich verwendet, um zu beweisen, dass Teamarbeit an sich nicht funktioniert.

Probleme, die von den Teammitgliedern oft erlebt werden:

- Teams versuchen in zu kurzer Zeit zu viel zu erreichen. Bei Nichterreichung ist Frustration die Folge.
- Konflikte über persönliche Unterschiede im Arbeitsstil oder der Persönlichkeit, die unüberbrückbar sind.
- Auf Gruppendynamik und Teamprozesse wird zu wenig Augenmerk gelegt.
- Kein Durchhaltevermögen:
  Die Gruppe gibt beim Auftreten eines nicht vorhergesehenen Problems auf.
- Eingefahrene Strukturen und Verfahren:
  Daraus ergibt sich ein nicht zu unterschätzender Widerstand,

gewisse Dinge anders zu sehen und eventuell neu zu machen, um so vielleicht die Lösung zu erzielen.

- Schwache Sozialkompetenz der Teammitglieder:
  Aggressives Verhalten statt effizienter Kommunikation; destruktives Konfliktverhalten; Win-Lose-Beziehungen statt Win-Win.
- Antipathie in zwischenmenschlichen Beziehungen wird nicht bearbeitet – oder einzelne Teammitglieder sind schon seit geraumer Zeit „Todfeinde".
- Vertrauensmangel.

Was können Sie als Teamverantwortlicher tun?

Ein Schlüssel für erfolgreiche Teamarbeit ist Feedback. Die Technik ist im Kapitel „Kommunikation" ab Seite 107 genau beschrieben, deswegen sei an dieser Stelle nur der für Teams relevante Teil erwähnt. Eine Feedback-Kultur, die ständige Rückmeldungen von jedem Teammitglied an die anderen beinhaltet, wie deren Aktionen und deren Verhalten erlebt wird, beugt Missverständnissen und Konflikten vor, bevor sie überhaupt entstehen. Es ist dabei zu beachten, dass vor allem positives Feedback gegeben wird, denn erstens ist eine angenehme Rückmeldung sehr motivierend und zweitens kann bei viel positivem Feedback eine unangenehme Rückmeldung viel besser angenommen werden.

Der folgende Team-Einschätzungsbogen kann hilfreich sein, sehr rasch den momentanen Gruppenzustand festzuhalten und Schwächen sowie Stärken des Teams zu lokalisieren. Alle Teammitglieder sollten ihn periodisch ausfüllen und dann in der Gruppe die Ergebnisse diskutieren.

Fragebogen: Team-Einschätzung

	Stimme nicht zu				Stimme voll zu
1. Teammitglieder arbeiten gut zusammen.	1	2	3	4	5
2. Information ist eine unserer Stärken.	1	2	3	4	5
3. Ziele werden gemeinsam festgelegt.	1	2	3	4	5
4. Innovation wird ermutigt und belohnt.	1	2	3	4	5
5. Konflikte werden formuliert und bearbeitet.	1	2	3	4	5
6. Wir geben einander jede Unterstützung.	1	2	3	4	5
7. Die Teammitglieder schätzen und respektieren einander.	1	2	3	4	5
8. Jeder arbeitet an den Gruppenzielen.	1	2	3	4	5
9. Das Arbeitsklima ist motivierend.	1	2	3	4	5
10. Teammitglieder sehen sich als eine zusammengeschweißte Gruppe.	1	2	3	4	5
11. Die Teammitglieder sind stolz, zur Gruppe zu gehören.	1	2	3	4	5
12. Jede/r wird ermutigt, angstfrei seine/ihre Gedanken zu äußern.	1	2	3	4	5
13. Die Teammitglieder fürchten nicht, übervorteilt zu werden.	1	2	3	4	5
14. Das Team analysiert und bewertet seine Funktionsfähigkeiten regelmäßig und offen.	1	2	3	4	5
15. Ich identifiziere mich mit dem Team.	1	2	3	4	5
16. Unser „Teamchef" ist der Schlüssel für unsere Effizienz und Produktivität.	1	2	3	4	5
17. Unser „Teamchef" ist offen für Vorschläge, die seine/ihre Leistung verbessern könnten.	1	2	3	4	5

Zusammenfassung des Kapitels „Teams"

Viele der uns gestellten Aufgaben können wir nicht alleine, sondern nur in der Gruppe lösen. Manche Aufgaben benötigen aufgrund ihrer Komplexität mehr Wissen, als in einer Person vereint ist. Andere sind ihrem Umfang nach nicht von einem Menschen zu bewältigen oder benötigen viel Kreativität. Man kann nun die Aufgabe in Teilaufgaben unterteilen und von verschieden Personen erledigen lassen, ohne dass diese Personen sich kennen oder interagieren müssen. In diesem Fall spricht man natürlich noch nicht von Teamarbeit. Viele Projekte benötigen allerdings sehr intensiven Austausch zwischen den damit befassten Mitarbeitern, hier ist Teamarbeit nötig.

Wichtige Aspekte bei der Gründung eines Teams:

- Auswahl der richtigen Teammitglieder nach fachlichen Merkmalen, im Besonderen aber auch nach Persönlichkeit.
- Berücksichtigung der idealen Teamgröße. Teams über zwölf Mitglieder sind träge, und die Kommunikation wird sehr schwierig. Sind mehr als zwölf Menschen für die Erledigung der Aufgabe nötig, dann sollte man eine Teilung des Teams in Betracht ziehen. Grundsätzlich gilt: Je rascher ein Team reagieren muss, desto kleiner sollte es sein.
- Machen Sie durch aktives Teambuilding aus einem Haufen Individuen eine arbeitsfähige Gruppe. Für störungsfreie Kommunikation und tragfähige Konfliktbewältigung ist ein reifes Team im Sinne der Gruppenbildung nötig. Gemeinsame Teamtrainings, Ausflüge und Freizeitaktivitäten stärken den Teamgeist.
- Lassen Sie Konflikte nicht zugedeckt, bis sie explodieren, sondern versuchen Sie, Konflikte schon im Beginn zu bearbeiten.
- Man kann im Team nicht zu viel kommunizieren. Kommen Sie oft zusammen.

Konflikt

> Wenn man auf dem Tiger reitet, kann man nicht absteigen.
> *Chinesisches Sprichwort*

Das chinesische Zeichen für Konflikt besteht aus zwei Teilen: Der eine Teil bedeutet „Gefahr“ und der andere „Chance“. Konflikte beinhalten also beides – Gefahren und Chancen. In den westlichen Kulturen wird Konflikt sehr oft als Synonym für Streit und Zerstörung verwendet, als etwas schlechtes, das unbedingt vermieden werden muss. Konflikte lassen sich aber nur selten vermeiden, sondern nur hinausschieben, wodurch sie zu einem späteren Zeitpunkt viel stärker hervorbrechen.

危機

Konflikt/Krise

危

Gefahr

機

Chance

Konflikte sind ...

„Wo es Menschen gibt, da menschelt's!"
Karl Kraus

Konflikte gibt es seit Anbeginn des Universums. Der Kampf zwischen Meer und Land, der Kampf von Urwaldbäumen um das Licht, der Kampf zwischen Jäger und Beute. Konflikte sind unvermeidbar, wenn man mit Menschen lebt und arbeitet. Konflikte sind Unterschiede, die einen Unterschied machen.

Egal ob als Führungskraft, Berater, Kollege, Freund oder Familienmitglied – wir brauchen ein Handlungskonzept, um mit Konfliktsituationen zurechtzukommen und sie einer befriedigenden Lösung zuzuführen. Dadurch können wir mit Konfliktsituationen besser umgehen und Klarheit für uns gewinnen. Die Energie, die mit jedem Konflikt entsteht, kann durch eine passende Lösungsstrategie zielführend kanalisiert werden. Konfliktstrategien sind nichts anderes als Überlebensstrategien. Lernen ist dadurch für beide involvierte Parteien möglich. So wird jede einzelne beteiligte Partei die andere besser kennen lernen und verstehen, wodurch Win-Win-Lösungen möglich werden.

Wir sagen bewusst „Partei", weil es sich um eine einzelne Person handeln kann, aber auch um eine Gruppe, Familie, Team, Firma etc. Wir werden jede dieser Parteien wie ein System betrachten.

Konflikte sind schlecht, oder?

Es ist a priori nicht immer klar, was positiv und was negativ zu sehen ist. Diese Feststellung gilt natürlich auch für Konflikte. Folgende Zen-Geschichte soll dies veranschaulichen:

> Ein Bauer besaß einen wunderschönen Hengst, um den ihn alle beneideten. Eines Tages verschwand das Pferd. Als er von den Dorfbewohner ob seines Verlustes bedauert wurde, gab er zur Antwort: „Vielleicht ist es Pech, vielleicht auch nicht." Einige Tage später kehrte der Hengst mit einer Horde feiner Wildpferde zurück. Alle bewun-

derten sein Glück. Er hingegen antwortete wieder: „Vielleicht ist es Glück, vielleicht auch nicht." Nach einigen Wochen stürzte sein Sohn von einem dieser Wildpferde und verletzte sich schwer. Wieder wurde er wegen des Unglücks bedauert. Er aber antwortete wieder: „Vielleicht ist es Pech, vielleicht auch nicht" Dann zog ein Krieg ins Land und alle Söhne wurden zum Militärdienst eingezogen. Keiner kehrte zurück. Nur der Sohn des Bauern musste wegen seinen schweren Verletzungen nicht in den Krieg.

Konflikte sind notwendig, wenn wir lernen und reifen wollen. Sie sind das Salz einer Beziehung. Allerdings: Wenn ein Konflikt nicht bearbeitet wird, erfasst er den ganzen Menschen, selbst wenn er sich dessen nicht bewusst ist, und beeinflusst seine Taten, Gedanken, Gefühle. Der nicht behandelte Konflikt bleibt als negative Energie immer im Hintergrund – bis zu dem Moment, in dem er in Form von Streit, psychosomatischer Krankheit oder Ähnlichem explodiert. Jene Explosion ist meistens durch einen Auslöser verursacht, der nicht unbedingt mit der unmittelbar erlebten Situation in Verbindung steht. Oft explodieren wir bei der falschen Person, am falschen Ort wegen der falschen Ursache. Ein Reifungsprozess kann nur erfolgen, wenn wir unsere Konflikte nicht scheuen, sondern unsere Energie bewusst in Richtung Lösung steuern.

Verdrängte und nicht bearbeitete Konflikte kommen immer irgendwann an die Oberfläche. Sie werden durch die Körpersprache, durch Träume, Freudsche Versprecher oder gar psychosomatische Symptome verraten.

Werden Konflikte nicht beizeiten bearbeitet, kann passieren, was wir in einem deutschen Unternehmen erlebt haben:

Es handelte sich um einen Betrieb von ca. 500 Mitarbeitern, in dem ein Diplomingenieur die Forschungs- und Planungsabteilung leitete und zu den Werkstättenleitern, die umzusetzen hatten, was der Diplomingenieur entwarf, in einem sehr großen Konkurrenz- und Spannungsverhältnis stand. Er fühlte sich überlegen, nicht nur wegen der akademischen Ausbildung. Eines Tages fertigte der Diplomingenieur eine fehlerhafte Zeichnung an. Der Werkstättenleiter erkannte den Fehler, weil aber die Beziehung schlecht war, baute man das

Werkstück, eine Turbine. Das Ergebnis war ein Schaden von einer Million Mark.

Unter Wettbewerbsbedingungen passieren Dinge, die unter Kooperationsbedingungen niemals geschehen würden. Hätten die beiden verstanden, dass das Ziel – nämlich der betriebliche Erfolg – die Anstrengung von beiden erfordert, dann hätte durch einen Telefonanruf und ein kurzes Gespräch der Fehler aufgedeckt und somit die Konsequenzen vermieden werden können.

	Leichter Konflikt	**Schwerer Konflikt**
Gute Beziehung (Win-Win-Lösung)	• Partner akzeptieren Unterschiede • Konfliktlösung ist leicht • Unterschiede werden ausgedrückt und verstanden	• Partner sind mehr um Wahrheit bemüht als um die eigene Position • Unterschiede werden ausgedrückt und verstanden • Ziel der Konfliktlösung ist, dass beide gewinnen
Schlechte Beziehung (Win-Lose-Lösung)	• Jeder Unterschiede stellt ein Problem dar • Aus kleinen Problemen werden große Probleme • Die Situation kann leicht eskalieren	• Unterschiede stellen unüberwindbare Probleme dar • Polarisierung • Wenig Bereitschaft, auf Win-Win hinzuarbeiten • Partner brechen Beziehung ab, das Ende ist schmerzvoll und „schmutzig"

Abhängigkeit der Konfliktlösung von der Güte der Beziehung

Arten von Konflikten

Es ist für die Bearbeitung und Lösung von Konflikten nicht einerlei, um welche Art von Konflikt es sich handelt. Denn in der Art des Konfliktes steckt zumeist schon ein Lösungsansatz. Kompliziert wird die Situation dann, wenn z. B. ein Zielkonflikt vorgegeben wird, es sich in Wirklichkeit aber um einen Beziehungskonflikt handelt. Wenn letzterer nicht gelöst wird, kommt es vermutlich immer wieder zu Stellvertreterkonflikten. Für die an der Lösung beteiligten Personen ist es also wichtig, den eigentlichen Konflikt zu erkennen und entsprechend daran zu arbeiten.

Gründe für Konflikte gibt es unzählige. Wenn wir die Konflikttypologie verstehen, dann können wir eine Lösungsstrategie entwickeln. Es folgen einige wichtige Beispiele von Konflikttypen. Diese Liste könnte beliebig erweitert werden.

Zielkonflikte

Die Beteiligten sind sich nicht einig, was das gemeinsame Ziel sein soll. Zielkonflikte entstehen, wenn über das zukünftige Vorgehen in einem bestimmten Zusammenhang Uneinigkeit herrscht.

So handelt es sich um einen Zielkonflikt, wenn ein Teil einer Gruppe Bergsteiger den Berg A, der andere Teil jedoch Berg B besteigen will. Oder ein Partner möchte nach Griechenland in Urlaub fahren, der andere nach Tunesien. Ebenso handelt es sich um einen Zielkonflikt, wenn ein Geschäftsführer expandieren will, der andere aber reduzieren. Die unterschiedlichen Ziele beziehen sich also auf die Unternehmensstrategie.

Beziehungskonflikte

Nicht immer offensichtlich, da es normalerweise immer einen Vorwand gibt. Das heißt, der reale Konflikt ist latent, und etwas anderes wird für den aktuellen Konflikt verantwortlich gemacht. Es braucht sehr viel Fingerspitzengefühl, um eine Eskalation zu vermeiden. Gute Kommunikationsfähigkeiten und emotionale Intelligenz sind unbedingte Voraussetzungen, um zu einer Win-Win-Lösung zu kommen.

Wenn unterschiedliche Auffassungen über die Beziehung zwischen zwei Individuen oder Gruppen bestehen, wird dies als Beziehungskonflikt bezeichnet. Es kann sich um einen kollegial auf den Chef zugehenden jungen Mitarbeiter handeln, durch den der Vorgesetzte sich in seiner Autorität nicht akzeptiert fühlt. Einen solchen Fall haben wir erlebt. In Partnerbeziehungen kommt es häufig zu Beziehungskonflikten, weil die Art und Intensität des Verhältnisses oft verschieden gesehen wird. Jane Goodall beschreibt Beziehungskonflikte auch bei Schimpansen, da sie in einem sehr engen sozialen Verband mit sehr ausgeprägten Beziehungen leben.

Verteilungskonflikte

Ein Beispiel wäre der Geldtopf in den Firmen. Die jährliche Verteilung zwischen den Abteilungen kann Konflikte verursachen, da jede Abteilung das meiste für sich sichern möchte. Ein weiteres Beispiel wäre der Bazar: Der Verkäufer will immer mehr für seine Produkte, als der Kunde zahlen möchte. Ressourcen- und Verteilungskonflikte sind die im Tierreich am häufigsten anzutreffenden Konflikte.

Allen Beispielen gemein ist, dass das Angebot kleiner ist als die Nachfrage. Parallelen zur Situation des Kaufkraftüberhanges in einigen Ländern des ehemaligen Ostblocks drängen sich auf, wo Menschen sich stundenlang anstellen mussten, um vielleicht noch einen Laib Brot oder das ersehnte Paar Winterschuhe zu ergattern. Meistens war nicht Geld das knappe Gut, sondern die Konsumartikel selbst. Viele Konflikte zwischen der ersten und der dritten Welt, zwischen Reich und Arm geht auf Ressourcenkonflikte zurück. Auch Kriege werden oft wegen knappen Ressourcen ausgetragen. So stellen die mangelnden Trinkwasserreserven im Nahen Osten eine ernste zukünftige Kriegsgefahr dar.

Beurteilungskonflikte

Beurteilungskonflikte entstehen, wenn zwei Parteien eine bestimmte Situation unterschiedlich bewerten. Meinungsunterschiede über ein bestimmtes Thema gehören in diese Kategorie. Ebenso können Diskussionen über das Risiko einer bestimmten Vorgangsweise hierzu gezählt werden. Als klassisches Beispiel gelten Punkt- und Schiedsrichter bei sportlichen Wettbewerben, die sich über eine bestimmte Leistung uneinig sind.

Normenkonflikte

Die schwerwiegendste Form stellen die Normenkonflikte dar. Sie sind durch die Verschiedenheit des Glaubens bedingt. Das Wertesystem, auf welchem die Normen beruhen, bildet sich in frühester Kindheit heraus. Daher ist es sehr stark in der Persönlichkeit verankert, und man wird es auch im Falle eines Konfliktes kaum über Bord werfen. Man denke hierbei nur an die Abtreibungsdiskussion, Religionskonflikte oder die unterschiedliche Auffassung unter Eltern über Kindererziehung.

Interkulturelle Konflikte

Durch die Verschiedenheit der Kulturen können Konfliktsituationen auftauchen, u. a. weil sich die Beteiligten missverstehen. Die Körpersprache kann irreführend sein oder falsch interpretiert werden.

> Ein Autokonzern richtete ein Großraumbüro für Entwickler aus Deutschland, Japan und USA ein. Es galt, neue Autotypen zu entwickeln, die in den drei Kontinenten Anklang finden sollten. Die Amerikaner mochten das Großraumbüro, kamen gegen neun Uhr zur Arbeit und blieben bis spät. Ihre Arbeitsintensität war allerdings geringer als die der Deutschen. Sie machten mehrere Pausen, in denen sie Kaffee tranken und mit Kollegen plauderten. Die Deutschen verklebten die Trennwände aus Glas mit Plakaten, um zumindest ein wenig Privatsphäre zu haben. Sie erschienen früh im Büro, arbeiteten intensiv und verließen die Arbeitstätte am frühesten von den dreien. Die Japaner arbeiteten eher nachts und schliefen in Besprechungen. Als die amerikanischen bzw. deutschen Kollegen mit ihnen sprachen, nickten sie mehrmals während des Gesprächs, was für jene Kollegen eindeutig eine Zusage bedeutete. Dieses Nicken jedoch bedeutete nichts anderes als „ich habe dich gehört". Nach einigen Monaten wurde das Projekt wegen der Konflikte abgebrochen.

Dies ist ein gutes Beispiel, warum es sehr wichtig ist, sich mit den kulturellen Aspekten der Kommunikation auseinander zu setzen. Firmen mit internationalen Mitarbeitern investieren oft in Teamseminare, um das Kennenlernen der Teammitglieder und das interkulturelle Verständnis zu fördern.

Konflikte in der Natur

Konflikte treten selbstverständlich auch in der Natur auf. Um die Sichtweise der Biologie zu diesem Thema zu verstehen, müssen wir ein wenig ausholen und uns auf die molekulare Ebene begeben.

Paradoxerweise wird sowohl aggressives, vernichtendes als auch altruistisches Verhalten mit dem Trieb der Gene, sich selbst zu erhalten, erklärt. Auf den Punkt gebracht wurde die Theorie der „selfish genes“

von Richard Dawkins in seinem gleichnamigen Buch. Er behauptet, dass die Gene selbst die Einheit der darwinistischen Selektion sind und nicht, wie Darwin glaubte, das Individuum als Träger dieser Gene. Konsequenterweise bezeichnet Dawkins daher das Individuum als „Vehikel der Gene“. Seiner Theorie zufolge hat jedes Gen für sich das Bestreben, so lange wie möglich fortzuleben und so viele seiner Kopien in Umlauf zu bringen, wie irgend möglich. Da der Organismus als Träger dieser Gene am besten geeignet ist, jene zu verbreiten, haben sich Mechanismen etabliert, aufgrund derer jeder Organismus sich fortzupflanzen versucht, so oft es geht. Das wäre auch eine Erklärung dafür, warum der Geschlechtstrieb der stärkste ist.

Es reicht aber noch nicht aus, so viele Nachkommen wie möglich zu zeugen, sondern diese sollten nach Möglichkeit auch noch selbst das geschlechtsreife Alter erreichen, um ihrerseits wieder Nachkommen in die Welt zu setzen. Damit erklärt sich die zum Teil sehr intensive Brutpflege. Auch sind Unterschiede zwischen männlichen und weiblichen Artgenossen auszumachen. Weibchen können nämlich nur eine begrenzte Zahl von Jungen zur Welt bringen, Männchen hingegen theoretisch eine sehr große Zahl Nachkommen zeugen. Das ist der erste große Konflikt im Tierreich.

Hier gibt es nun eine ganze Reihe von Lösungsstrategien: Bei einigen Tierarten wird das Männchen dazu angehalten, bei der Brutpflege mitzuwirken. Das hat natürlich die Konsequenz, dass es nicht mehr so viele Nachkommen zeugen kann wie von der Natur vorgesehen. Aus diesem Grund müssen die Überlebenschancen für die Jungen durch das Mitwirken des Männchens wesentlich erhöht werden, damit sich diese Investition für den Vater auszahlt. Das heißt aber auch, dass sich der Vater seiner Vaterschaft absolut sicher sein muss, da er sonst in die Gene eines anderen Artgenossen investieren würde, anstatt in seine eigenen. Deswegen kommt es bei vielen Tierarten vor, dass der Stiefvater die Jungen seines Weibchens, welche nicht von ihm gezeugt wurden, tötet und manchmal sogar auffrisst. Selbst in menschlichen Gesellschaften ist die häufigste Form des Kindermordes diejenige, bei der der Stiefvater die Kinder seiner Partnerin tötet.

Wir haben uns bis jetzt ausschließlich mit aggressivem Verhalten zur Verbreitung der eigenen Gene befasst. Im wirtschaftlichen Zusammenhang könnte man Parallelen zu aggressiver Expansions- und Verdrängungspolitik ziehen, wobei das verkaufte Produkt äquivalent zum Gen wäre. Im Sinne Dawkins würde das heißen, dass jedes Produkt mit den anderen Produkten desselben Unternehmens in Konkurrenz stünde – was im innerbetrieblichen Wettbewerb zwischen Geschäftssparten häufig tatsächlich zu beobachten ist.

Ist Altruismus dumm?

Ausgesprochen interessant sind die Erklärungsmodelle von altruistischem, also helfendem Verhalten. Übrigens beschränkt sich Altruismus keineswegs nur auf den Menschen. Er ist im Tierreich sogar sehr verbreitet! Die nötige theoretische Erklärung dafür lieferte die Soziobiologie, welche sich mit tierischem und menschlichem Verhalten von einem evolutionären Standpunkt aus befasst. Sie wurde von Edward Wilson begründet, der seine wichtigsten Studien an Ameisen machte. Die Soziobiologen unterscheiden zwischen zwei Ausgangssituationen:

1. altruistischem Verhalten gegenüber verwandten Individuen (Verwandtenselektion, „kin selection“);
2. altruistischem Verhalten gegenüber *nicht* verwandten Individuen (reziproker Altruismus).

Im ersten Fall ist der Sachverhalt aus der Sicht der Gene relativ klar. Angenommen, ich selbst habe keine Kinder, meine Schwester jedoch hat Zwillinge, kann diese aber nicht sehr gut versorgen: Es kann nun im Sinne meines Reproduktionserfolges (oder genauer gesagt des Verbreitungserfolges meiner Gene) sinnvoller sein, bei der Aufzucht meiner Nichten sehr ausgiebig zu unterstützen, anstatt selbst Kinder zu zeugen. Es ist wichtig, dass beide gesund in ein reproduktionsfähiges Alter kommen und dann aufgrund der durch die Unterstützung verbesserten Ausgangslage mehr eigene Kinder in die Welt setzen können, wodurch auch meine Gene wieder verbreitet werden. Zwar haben meine Nichten bzw. Neffen im Schnitt nur 25% meiner eigenen Gene, eigene Kinder hingegen 50%. Es kann diese Rechnung jedoch trotzdem aufgehen, nämlich dann, wenn deren Zahl bzw. die Zahl ihrer eigenen

Nachkommen mehr als doppelt so groß ist wie die zu erwartende meiner eigenen Nachkommen oder deren Kinder. Tatsächlicher Reproduktionserfolg lässt sich immer nur retrospektiv, über viele Generationen ermitteln.

Eine ähnliche Situation finden wir, wenn sich Eltern für ihre leiblichen Kinder opfern. Aus genetischer Sicht ein absolut logisches Verhalten. Daniel Goleman beschreibt eine solche Geschichte in seinem Buch „Emotionale Intelligenz“:

> „Die letzten Augenblicke im Leben von Gary und Mary Jane Chauncey, einem Ehepaar, das mit ganzer Hingabe an ihrer elfjährigen Tochter Andrea hing, die durch eine Gehirnlähmung an den Rollstuhl gefesselt war. Die Chaunceys saßen in einem Zug, der von einer Brücke stürzte, deren Pfeiler im Mississippidelta von einem Lastkahn gerammt worden waren. Die Eheleute dachten zuerst an ihre Tochter, und als das Wasser durch die Fenster in den Wagen strömte, taten sie alles, um ihre Tochter zu retten; irgendwie schafften sie es, Andrea durch ein Fenster zu schieben, wo sie von den Rettungsmannschaften in Empfang genommen wurde. Dann ging der Wagen unter, und sie ertranken."

Sogar in Volkssagen kann man dieses Muster wieder finden, wie folgende Parabel aus Lettland veranschaulicht:

> Eine Vogelmutter hatte drei Junge auf einer Insel, welche noch nicht fliegen konnten. Eines Tages kam es zu einer Springflut, und die Vogelmutter hatte nur Zeit, eines der Jungen zu retten. So nahm sie das erste auf und flog mit ihm in Richtung Festland. Sie fragte das Junge: „Wenn du vor der Wahl stündest, mich zu retten oder deine eigenen Jungen, wen würdest du zuerst retten?" „Dich, liebe Mutter, so wie du mich jetzt rettest." Sie ließ das Junge fallen und kehrte zu den zwei verbliebenen Jungen zurück. Wieder nahm sie das Junge auf, flog mit ihm in Richtung Festland und wieder fragte sie es: „Wenn du vor der Wahl stündest, mich zu retten oder deine eigenen Jungen, wen würdest du zuerst retten?" Und wieder lautete die Antwort: „ Dich, liebe Mutter, so wie du mich jetzt rettest." Wieder ließ sie das Junge fallen und kehrte zum verbleibenden Jungen auf der Insel zurück. Sie stellte auch diesem Jungen die gleiche Frage, und als

es antwortete, dass es die Jungen zuerst retten würde und dann erst die Mutter, nahm die Vogelmutter ihr Junges auf und brachte es auf das Festland.

Warum wir helfen

Altruistisches Verhalten gegenüber *nicht* verwandten Individuen ist gegenüber den vorhergehenden Fällen nicht mehr so offensichtlich logisch. Vergeudet man doch Ressourcen und riskiert vielleicht seine eigene Gesundheit oder sogar sein Leben, um jemandem zu helfen, der nicht einmal die eigenen Gene weiterverbreitet. Nun hilft sich die Soziobiologie hier mit dem Terminus „ reziproker Altruismus“, was so viel bedeutet wie: „ Ich helfe dir und hoffe, dass auch du mir helfen wirst, wenn ich es brauche.“

Jan de Waal beschreibt den reziproken Altruismus etwas systematischer:

1. Die einander erwiesenen Gefälligkeiten sind vorläufig nur für den Empfänger von Vorteil, während sie dem Helfenden zunächst etwas abverlangen.
2. Zwischen Geben und Nehmen verstreicht eine gewisse Zeit.
3. Geben erfolgt in Abhängigkeit von Nehmen.

Somit wird helfendes Verhalten, bei dem der Nutzen für den Helfer sofort zurückkommt, nicht als reziproker Altruismus bezeichnet. So profitieren jagende Wölfe oder Löwen, die die Beute gemeinsam erlegen, unmittelbar davon. Auch Flamingos, die sich im Flachwasser gegenseitig die Fische zutreiben, haben unmittelbaren Nutzen von ihrem helfenden Verhalten.

Dem kann das Beispiel von Vampiren entgegengehalten werden, bei dem es sich um echten reziproken Altruismus handelt. Vampire sind eine Art von Fledermäusen, die in der Nacht mit ihren rasiermesserscharfen Zähnen Säugetieren wie Rindern, Pferden etc. Blut absaugen. Wenn sie ihren Magen gefüllt haben, kehren sie zu dem hohlen Baum zurück, in dem sie den Tag verbringen. Dort teilen sie ihre Beute auch mit nicht verwandten Artgenossen, indem sie ihnen das Blut einflößen. Wenn sie also ihre Blutmahlzeit nach einem Beuteflug teilen, können sie keineswegs sicher sein, dass die andere Fledermaus am nächsten Tag das gleiche tut.

Von anderen Mustern der Kooperation unterscheidet sich der reziproke Altruismus also insofern, als er mit einem gewissen Risiko verbunden und von gegenseitigem Vertrauen abhängig ist. Er setzt auch voraus, dass Individuen, die ihren Beitrag nicht leisten, ausgestoßen oder bestraft werden, damit nicht das ganze System in sich zusammenbricht.

Dass diese Rechnung nicht immer aufgeht, wissen wir alle aus Erfahrung. Es dürfte sich aber trotzdem oft genug ausgezahlt haben, da sonst die Evolution ein entsprechendes Programm nicht den meisten höheren Tieren weitergegeben hätte. Im Grunde ist solches Verhalten der Beginn von Kooperation.

Überleben des Fittesten

Das Konzept des reziproken Altruismus ist relativ jung und wurde von Charles Darwin in seinem bahnbrechenden Werk „On the origin of species“ nicht erwähnt. Malthus wandte die darwinistischen Prinzipien auf die Gesellschaft an, allerdings aus dem Zusammenhang gerissen. So behauptete er, dass jegliche den Armen gewährte Unterstützung ihnen erlaube, zu überleben und sich fortzupflanzen, und daher dem natürlichen Prozess entgegenwirke, der diese Unglückseligen dazu bestimme, wegzusterben. Herbert Spencer trieb es auf die Spitze, indem er behauptete, dass die Verfolgung des Eigeninteresses als eigentlicher Lebensnerv aller Gesellschaften für das Fortkommen auf Kosten der Schwachen nötig sei. „Survival of the fittest“ in Reinkultur!

Einer von Darwins Zeitgenossen war Peter Kropotkin, ein russischer Prinz, Naturforscher und Intellektueller. Er veröffentlichte 1902 sein Buch „Gegenseitige Hilfe in der Tier- und Pflanzenwelt“, in dem er das von ihm vertretene Evolutionsprinzip veranschaulichte. Dieses Werk stand in vielen Punkten im Gegensatz zur damaligen Lehrmeinung, dass das Recht des Stärkeren die treibende Kraft in der Natur sei. So müssen Tiere in gegenseitiger Hilfe, laut Kropotkin, einander in ihrem Existenzkampf beistehen, der nicht so sehr ein Kampf aller gegen alle ist, wie der Darwinismus es oft sieht, sondern der Kampf eines Verbandes von Organismen gegen die feindliche Umwelt. Kooperation ist allgemein verbreitet, wenn beispielsweise Biber einen Damm bauen oder Pferde einen Schutzring gegen angreifende Wölfe bilden. Mit seiner Betonung der Neigung zur Gemeinschaftsbildung bei Tieren stand Kropotkin nicht alleine: Einer ganzen Generation russischer Wissenschaftler behagte es nicht, wie sehr in der Evolutionstheorie dem Konkurrenzgedanken Vorrang gegeben wurde.

In einer aufschlussreichen Abhandlung über die russische Naturwissenschaft mit dem Titel „Darwin without Malthus“, behauptet Daniel Todes, möglicherweise hätten geographische Gründe eine Rolle bei der Herausbildung dieser unterschiedlichen Betrachtungsweisen gespielt. Während Darwin sich auf einer Reise in üppige tropische Regionen zu seinen Ideen anregen ließ, machte Kropotkin sich im Alter von 19 Jahren auf, um Sibirien zu erforschen. Ihre unterschiedlichen Vorstellungen spiegeln den Gegensatz zwischen einer Welt wider, in der das Leben leicht ist – was zu einer hohen Bevölkerungsdichte und intensivem Wettbewerb führt –, und einer Welt mit harten Lebensbedingungen und voller unvorhersehbarer Gefahren. Wenn sie über Evolution sprachen hatten Kropotkin und seine Landsleute stets ihren spärlich besiedelten Kontinent mit den plötzlichen Wetterumschwüngen und extremen jahreszeitlichen Klimaunterschieden im Sinn. Dies wäre eine Erklärung dafür, dass es mehr Konflikte gibt, wenn es den Menschen gut geht – so paradox das klingt. Außerdem empfanden russische Gelehrte jener Zeit die Gladiatorenkampf-Theorie Malthus' als Erfindung der britischen Oberschicht, um den Status quo zu verteidigen. Man sieht also, dass Wissenschaft und ihre Theorien nie unabhängig von gesellschaftlichen und politischen Rahmenbedingungen entstehen.

Es scheint also, dass es in der Natur viel mehr Kooperation gibt als bis vor kurzem angenommen. Warum dominieren in den Unternehmen dann vor allem Wettbewerb und Konkurrenz?

Wenn wir Unternehmungen betrachten, so gibt es für sie sehr oft kein einigendes Gesamtziel, sondern viele kleine Ziele, die überdies häufig versteckt oder widersprüchlich sind. Auch hat jeder Mitarbeiter seine persönlichen Ziele, die oft mit den Unternehmenszielen unvereinbar sind. Deswegen ist vielleicht in der heute üblichen Unternehmensstruktur Kooperation keine Erfolg versprechende Strategie für das Individuum. Sie wäre es vielleicht aus Sicht des Unternehmens, aber eben nicht aus jener der Mitarbeiter. Mitarbeiter werden also nur dann zur Kooperation bereit sein, wenn sie auch etwas davon haben. Da Kooperation das Risiko in sich birgt, missbraucht zu werden, ist Vertrauen eine Voraussetzung. Vertrauen scheint also ein Schlüssel für lange währenden Unternehmenserfolg zu sein. Kurzfristig kann man allerdings mit Ausbeutung und Betrug wahrscheinlich sogar noch erfolgreicher sein.

Das Gefangenen-Dilemma

Ein hervorragendes Beispiel für den Wert von kooperativem Verhalten ist das so genannte Gefangenen-Dilemma (prisoner's dilemma), welches in den Sozialwissenschaften und der Spieltheorie Eingang gefunden hat. Es handelt sich hierbei um folgende Annahme:

> A(ndreas) und B(ert) haben gemeinsam eine Bank ausgeraubt und sind einige Zeit danach verhaftet worden. Die Beweise gegen die beiden sind äußerst dünn, es gibt aber einige Indizien. Nun werden die beiden mutmaßlichen Komplizen in Einzelhaft gesteckt, können also nicht mehr miteinander kommunizieren.
>
> Der Staatsanwalt lässt Andreas und Bert einzeln vorführen und macht beiden das gleiche Angebot. Zuerst ist Andreas an der Reihe. Wenn er gegen seinen Komplizen Bert aussagt, dann geht er selbst straffrei aus und Bert muss für zehn Jahre hinter Gitter. Dieser Deal gilt aber nur, wenn Bert selbst nicht gegen Andreas aussagt, wobei Andreas ja nicht absolut sicher sein kann, dass Bert wirklich dicht hält. Wenn beide gegeneinander aussagen, dann müssen sie für fünf Jahre hinter Gitter, alle beide. Weigern sich beide auszusagen, dann gehen beide aufgrund der Indizienlagen für ein Jahr ins Gefängnis. Sagt Bert jedoch aus und Andreas nicht, so muss Andreas seinerseits für zehn Jahre ins Gefängnis, Bert jedoch geht frei. Egal, wie sich Andreas ent-

scheidet, der Ausgang hängt von der Aussage Berts ab und umgekehrt Berts Schicksal von Andreas' Aussage.

Natürlich werden sich die beiden Komplizen vor der Verhaftung abgesprochen haben. Aber die Unsicherheit bleibt, ob der andere nicht dem Druck des Staatsanwaltes nachgibt. Die folgende Tabelle soll die Situation nochmals veranschaulichen:

	B sagt aus	**B sagt nicht aus**
A sagt aus	Fünf Jahre Gefängnis für beide	B geht für zehn Jahre ins Gefängnis, A geht frei
A sagt nicht aus	A geht für zehn Jahre ins Gefängnis, B geht frei	Beide gehen für ein Jahr ins Gefängnis

Es zeigt sich deutlich, dass der ideale Ausgang (keine Gefängnisstrafe) für den einen die schlechteste Lösung für den anderen darstellt. Können sie sich nun tatsächlich vertrauen? Das ist in dieser Situation die Schlüsselfrage. Wenn sie voneinander mit absoluter Sicherheit wissen, dass sie sich vertrauen können, dann werden sie wohl beide nicht aussagen, für ein Jahr in den sauren Apfel beißen und danach wieder das Leben genießen. Fällt jedoch einer oder beide um, so sieht die Bilanz wesentlich schlechter aus.

In diesem Beispiel gibt es keine Proberunde, man muss also alles auf eine Karte setzen. Die Proberunden könnten bestenfalls vorher gespielt worden sein, indem sie sich gegenseitig schon mehrmals das Vertrauen bewiesen haben. Es geht also in den meisten Fällen um die Erfahrung miteinander.

In der Tat wird Vertrauen langsam aufgebaut. Niemand würde so verrückt sein, einem Wildfremden auf der Straße eine Million zu borgen – einem langjährigen Geschäftspartner, mit dem man gute Erfahrungen gemacht hat, aber vielleicht schon. Dieses Phänomen machen sich Betrüger zunutze, indem sie langsam Vertrauen aufbauen und dann dieses plötzlich missbrauchen:

Sie borgen sich z. B. eine kleine Summe Geld aus und zahlen diese pünktlich zurück. Dann wird die geborgte Summe schon größer, aber ebenfalls pünktlich zurückgezahlt. Dieses Spiel wiederholen sie einige

> Male, manchmal über einen größeren Zeitraum hinweg. Wenn das Vertrauen des Gläubigers nun groß genug ist, leihen sie sich eine sehr große Summe Geld und werden nie wieder gesehen.

Dass es solche Betrüger gibt, wissen wir alle. Die Frage ist nur: Wie verhält man sich am besten?

Evolution der Kooperation

Um diese Frage zu klären, wurde von Axelrod das Gefangenen-Dilemma in ein Spiel mit mehreren Durchgängen abgewandelt. Die neuen Spielregeln sehen folgendermaßen aus:

> Es gibt zwei Spieler. Das Spiel geht über 200 Runden. In jeder Runde kann Spieler A bzw. Spieler B entweder kooperieren (Wert C) oder nicht kooperieren (Wert D), wobei die Spieler beim Treffen ihrer Wahl nicht die Wahl des anderen Spielers kennen. Die Punkteverteilung nach jeder Runde ähnelt nun jener des Gefangenen-Dilemmas. Wenn beide kooperieren, bekommen beide drei Punkte. Wenn beide nicht kooperieren, erhalten beide keinen Punkt, und wenn einer der Spieler kooperiert, der andere jedoch nicht, so erhält der kooperierende keinen Punkt, der nicht kooperierende hingegen fünf Punkte.

	B kooperiert	**B kooperiert nicht**
A kooperiert	A und B 3 Punkte	B 5 Punkte, A 0 Punkte
A kooperiert nicht	A 5 Punkte, B 0 Punkte	A und B 0 Punkte

Axelrod lud nun Forscher der verschiedensten Richtungen ein, ein Computerprogramm zu schreiben, welches das obige Spiel gewinnt. Dabei musste jedes Programm gegen alle übrigen Programme, gegen eine Kopie seiner selbst sowie gegen einen Zufallsgenerator für „C“ und „D“ antreten. Zu den 14 Mitstreitern in diesem Wettbewerb zählten Programme, die von Psychologen, Politologen, Mathematikern, Wirtschaftswissenschaftern und Soziologen, welche das „Gefangenen-Dilemma“ sehr eingehend untersucht hatten, geschrieben worden waren.

Aus diesem Wettbewerb ging ein Programm als eindeutiger Sieger hervor. Es handelte sich um eines der kürzesten Programme, die an dem Wettbewerb teilgenommen hatten, und es griff auf eine sehr simple Strategie zurück. Dieses beruhte zum Erstaunen der Teilnehmer auf bedingt kooperativem Verhalten. Die Grundidee war „Tit for Tat" („wie du mir, so ich dir"). Beim ersten Zug arbeitete es mit dem Spielpartner zusammen, und bei den folgenden Zügen tat es genau das, was das andere Programm in der vorhergehenden Runde gemacht hatte. Es war also nicht nachtragend, kooperierte aber auch nicht um jeden Preis. Da 14 Teilnehmer keine statistisch große Zahl sind, wiederholte Axelrod den Wettbewerb, diesmal mit 62 Teilnehmern aus sechs Ländern, wobei die 14 Programme des ersten Turniers wieder mit von der Partie waren. Auch diesmal war „Tit for Tat" wieder der Sieger.

Axelrod wollte nun herausfinden, ob „Tit for Tat" auch in realen, von der Evolution gesteuerten Welten erfolgreich sein würde. Hierzu brachte er die verschiedenen Programme in eine neue Computersimulation, in der nachgestellt wurde, wie die Tiere einer Population in Wechselwirkung treten und sich fortpflanzen. Im Grunde lauteten die Spielregeln wie im vorhergegangenen Wettkampf, nur dass anstatt von Punkten Nachkommen vergeben wurden, die ihrerseits wieder die Strategie ihrer Vorfahren lebten.

Anfangs vermehrten sich vor allem die „Betrüger"-Strategien – vor allen anderen das „Nie-kooperieren-Programm" –, weil sie die „naiven", kooperierenden Programme übervorteilten. Im weiteren Spielverlauf konnten aber kooperierende Programme immer mehr Oberhand gewinnen, allen voran „Tit for Tat".

Wir spielen in unseren Seminaren dieses Spiel sehr oft nach, und das Bild ist fast immer das gleiche: Eine Gruppe versucht zu kooperieren, die andere tut dies nach einigen Runden nicht mehr. Das Ergebnis ist, dass beide nicht mehr kooperieren und somit keine Punkte erhalten. Nach zehn Runden können die Gruppen jeweils vor der nächsten Runde einen Unterhändler zu einem Gespräch mit einem Unterhändler der Gegengruppe entsenden. Das Ergebnis nach diesen Verhandlungen verläuft signifikant besser.

Was können wir aber daraus lernen?

- Wenn die anderen nicht wollen, ist Kooperation unmöglich.

- Durch Verhandlungen (am besten moderiert) kann ein festgefahrener Karren wieder befreit werden.

Christian Vogel beschreibt in seinem Buch „Vom Töten zu Mord“ die Theorie Axelrods:

> „Axelrod konnte auf spieltheoretischer Basis allgemein verständlich darstellen, wie verlässliche Reziproksysteme (rückkoppelnde Systeme) kooperativen Verhaltens auf rein eigennütziger Motivationsbasis und ohne jede übergeordnete Außensteuerung, allein über einen der natürlichen Selektion entsprechenden Mechanismus der individuellen Erfolgsmaximierung, entstehen und sich ausbreiten können. Auch hier bedarf es keiner das Gemeinwohl schützenden und fördernden übergeordneten Instanz, sei dies nun die biologische Spezies als selbstregulative Einheit höherer Ordnung oder eine das *bonum commune* (Gemeinwohl) verfassungsgemäß im Auge haltende Staatsregierung."

Allerdings ist ein bestrafendes System (Gerichte, Polizei etc.) sehr wohl notwendig, wenn der (Geschäfts)-Kontakt nur einmal stattfindet. Dann ist die Situation nämlich ähnlich wie jene beim „Gefangenen-Dilemma“. Als Beispiel sei hier der Internethandel erwähnt:

> Wenn ein Internetanbieter innerhalb weniger Tage mit Kreditkartenbetrug viele Millionen scheffeln kann und dann einfach verschwindet oder unter neuem Namen im Cyberspace erneut sein Unwesen treibt, so ist es zum Wohle der Gesellschaft unbedingt notwendig, solchen Betrügern das Handwerk zu legen. Der Kaufmann nebenan kann sich solches Verhalten nicht leisten, denn er ist ja an sein Geschäftslokal und somit an den Ort gebunden und auf gute Geschäftsbeziehungen angewiesen, will er wirtschaftlich überleben.

Da es sich bei dem Kaufmann um echte rückkoppelnde Systeme handelt, ist auch viel seltener eine Intervention (Klage, Anzeige) nötig.

Die Evolution lehrt uns: Langfristig zahlt sich kooperatives Verhalten aus. Kurzfristig kann man aus unfairem und aggressivem Verhalten aber Kapital schlagen.

Die Konfliktspirale

Wenn die Kooperation zwischen den Parteien oder Systemen nicht gelingt, können sie in eine Konfliktspirale rutschen, die folgendermaßen aussieht:

Störung

↓

Debatte

↓

bedrohliche Situation

↓

„Fight or Flight"

↓

Vernichtung

Störung
Sie stellt den Anfang jeder Konfliktsituation dar. Den Beteiligten ist oft nicht klar, woher diese Störung kommt; jedenfalls ist sie spürbar. In dieser Phase wäre die Konfliktbearbeitung noch leicht möglich, wird aber oft verabsäumt. Einerseits ist eben der Grund der Störung nicht ganz klar, andererseits scheuen die Beteiligten eine Diskussion.

Debatte
Die Störung ist soweit bewusst und störend geworden, dass sie nicht mehr unterdrückbar ist. Es kommt zu einem Gespräch, das oft im Streit endet. Ein Wort gibt das andere, und die Wortwahl wird zunehmend negativ.

Bedrohliche Situation
Bei Eskalation werden die Tatsachen vergessen, negative Gefühle überwiegen und die Handlungen werden von ihnen dominiert. Der Konflikt zehrt an der Energie der Beteiligten. Jede Partei versucht, ihre Meinungen zu verteidigen, ohne die andere Seite überhaupt anzuhören.

„Fight or Flight"
Aggression durch Wörter/ konkrete Aggression. Wenn es so weit ist, hilft meistens nur der Einsatz eines Moderators, oder die Gerichte werden bemüht. Die Beziehung zwischen den Parteien ist stark gestört.

Vernichtung
Ziel der letzten Stufe, wenn der Kampf die gewählte Strategie ist. Beide Parteien rutschen in den Bereich der Gewalttätigkeit, deren Folgen die Zersplitterung bzw. die Vernichtung der Beziehung oder des Gegners sein kann. Die Schädigung des Gegners rückt dabei in den Vordergrund. Oft kann ein Eingriff einer höheren Instanz, etwa ein gerichtliches Urteil, die Situation einigermaßen entschärfen, indem eine Lösung erzwungen wird. Selbstverständlich können wir in diesem Fall nicht davon ausgehen, dass die beste Win-Win-Lösung gefunden wird. In weniger zivilisierten Bereichen kommt es zu Mord und Totschlag.

Lösungsansätze

Es gibt kein Rezept, mit Konflikten zurechtzukommen, da es auch keine Standardlösung gibt. Jede Konfliktsituation ist einzigartig und muss individuell behandelt werden. Die Lösung sollte auf die spezielle Situation zugeschnitten sein und im Einklang mit den Wertsystemen und Gefühlen der Beteiligten stehen, sonst ist sie eben keine befriedigende Lösung.

Einige grundsätzliche Lösungen von Konflikten haben sich im Laufe der Geschichte herauskristallisiert (siehe Abbildung).

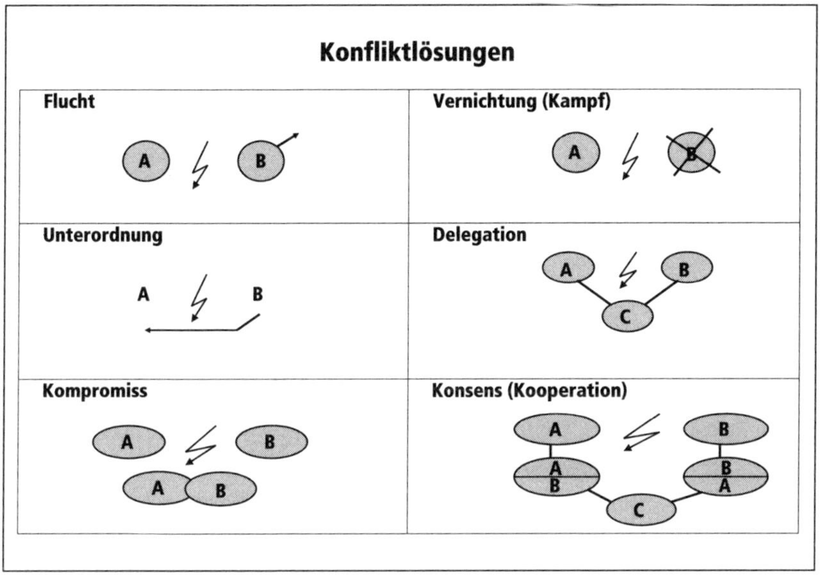

Mögliche Lösungen von Konflikten

Betrachten wir eine steinzeitliche Gruppe. In dieser Gruppe gibt es einen Häuptling sowie eine ganze Reihe Männer und Frauen; die Frauen sind in der Minderzahl. Deshalb ist es nur allzu natürlich, dass sich zwei männliche Stammesangehörige, nennen wir sie A und B, um eine weibliche Artgenossin streiten. Im Zeitalter der Gleichberechtigung könnten wir die Rollen natürlich auch umdrehen, was an dem Beispiel nicht viel ändern würde. Da in grauer Vorzeit matriarchal geführte Gruppen seltener waren als patriarchal geführte, mögen uns die Leserinnen verzeihen.

Vernichtung

Wir haben also die beiden männlichen Kontrahenten, die sich um die schöne C streiten. Nun wäre die einfachste Lösung für A, dass es den Konkurrenten B gar nicht gäbe. Und so sorgt er genau dafür, indem er B umbringt. Diese Variante birgt allerdings einige Risiken in sich. Erstens weiß A nicht sicher, ob er siegreich aus dem Kampf hervorgehen wird. Zweitens hat B vielleicht Verbündete in der Gruppe und A wäre sich seines Lebens nicht mehr sicher. Die Vendetta (Blutrache) in Sizilien entstammte der gleichen Situation und zog sich oft über viele Generationen.

Flucht

Nun könnte A B verjagen bzw. B sich vertreiben lassen, um einem Kampf auszuweichen. Diese Lösung wäre für B sicher der ersten vorzuziehen, wenn er im Kampf vermutlich unterläge. Aber wohin soll er gehen? Hat er alleine in der Wildnis überhaupt Überlebenschancen? Wenn die Flucht für B ebenfalls zu riskant ist, hat er noch eine dritte Möglichkeit:

Unterordnung

Das heißt, er erkennt die Vorherrschaft von A an, überlässt ihm die schöne C, und beide leben in Frieden weiter. Nun hat auch diese Variante einen Haken: Sobald sich B stark genug fühlt, A herauszufordern, so wird er dies vielleicht tun. A weiß das natürlich und wird deswegen immer wieder ein Zeichen der Unterordnung einfordern.

Aus der Geschichte Südamerikas ist ein ähnliches Beispiel bekannt geworden. Die Inkas haben viele andere Kulturen im heutigen Peru und Ecuador unterdrückt, sie aber weiterleben lassen. Die Unterworfenen mussten allerdings immer wieder ihre Loyalität beweisen, indem sie zu Opferzeremonien beisteuern und Tribut leisten mussten. Da die unterdrückten Völker wussten, dass sie militärisch nichts gegen die herrschenden Inkas ausrichten können, nahmen sie lieber die Unterdrückung in Kauf als im Kampf zu sterben. Flucht war aufgrund des wenigen fruchtbaren Landes nicht möglich. Die Situation änderte sich jedoch schlagartig, als einige verwegene Spanier mit Musketen und den präkolumbischen Kulturen bis dahin unbekannten Pferden ankamen. Nun witterten die Unterdrückten ihre Chance und verbündeten sich mit den Neuankömmlingen! Nur so konnten die Konquistadoren so rasch die bis dahin herrschenden Inkas besiegen. Unterwerfung bedarf also eines dauernden Druckmittels von Seiten des Unterdrückers.

Delegation

Zurück zu unseren unglückselig Verliebten. Sie hätten die Möglichkeit, ihr Problem dem Häuptling vorzutragen, der dann entscheidet. Eine zweifelsohne gute Lösung. Denn die Entscheidung des Häuptlings hat in der Gemeinschaft sicherlich Gewicht und der Auserwählte könnte sich dann vor Racheakten relativ sicher fühlen. Auch der nicht Beglückte könnte aus dem Konflikt ohne großen Gesichtsverlust hervorgehen. Das Risiko besteht darin, dass der Häuptling nicht im Sinne einer der Parteien entscheidet, sondern eine für A und B unbefriedigende Lösung findet. Vielleicht gefällt ihm C ja selbst, und so behält er sie für sich.

Noch nie wurden so viele Konflikte vor Gerichten ausgetragen wie in der heutigen Zeit. Der Anwalt ist der wichtigste Berater jedes Unternehmens geworden, Verträge werden peinlich genau auf mögliche Fallen untersucht. Auch für Gerichte gilt aber, dass der Entscheid sehr lange dauern kann, kostspielig ist und beide Parteien oft mit dem Ergebnis unzufrieden sind.

Kompromiss

Unsere beiden Kameraden könnten sich natürlich auch auf einen Kompromiss einigen. Eine möglicher Ansatz wäre es, zu teilen. Da Dreiecksbeziehungen schon damals mit großen Problemen verbunden waren, ist von dieser Variante eher abzuraten.

Viel eher eignen sich Kompromisse für Verteilungskonflikte. Dazu gehören Lohnverhandlungen ebenso wie Preisverhandlungen. Jede der Konfliktparteien muss etwas von der eigenen Idealvorstellung abgeben, und so trifft man sich in der Mitte. Keiner der beiden ist zwar vollkommen zufrieden, aber die Lösung ist tragbar und dauerhaft. Gewarnt sei allerdings vor faulen Kompromissen.

Konsens

Der Konsens stellt die Krönung der Konfliktlösung dar. Er braucht viel Zeit und guten Willen von beiden Seiten. Wird er aber erreicht, so ist er die bei weitem beste Lösung. A und B versetzen sich dabei in die Lage des anderen und versuchen gemeinsam, oft mit Unterstützung eines Moderators, eine Lösung zu finden, die besser ist als die beiden Einzelwünsche zusammen. Die Konsenslösung liegt oft näher als wir glauben. Im Verlauf des Konfliktes sind wir aber oft zu blind, sie zu sehen. Daher benötigen wir externe Hilfe und Zeit.

Eine Seminarteilnehmerin berichtete von ihrer Scheidung als wirkliche Konsenslösung. Anfangs gab es natürlich Kränkungen und alles sah nach einem Rosenkrieg aus. Dann besannen sich beide und durchliefen einen Moderationsprozess mit zwei Moderatoren. Dieser Gesprächsprozess dauerte über ein Jahr, aber für beide Ehepartner kam eine Lösung heraus, die sie sich nie zu träumen gewagt hätten. Es ist also möglich.

Konsens ist die Meisterform der Konfliktlösung. Er führt zu einer wahren Win-Win-Situation. Allerdings benötigt man dafür viel Zeit und die Bereitschaft beider Seiten.

Die Rolle des Moderators

Als Führungskraft werden Sie gewollt oder ungewollt öfters in die Rolle des Moderators bei Konflikten schlüpfen müssen. Bei festgefahrenen Auseinandersetzungen empfiehlt sich allerdings ein externer Moderator.

Der Moderator ist eine in dem Konflikt unbeteiligte und für beide Parteien neutrale Person, die die Kommunikationsabläufe strukturieren soll. Sein Part besteht darin, wie ein Katalysator im Konfliktlösungsprozess zu wirken. Die Aufgabe des Moderators ist hauptsächlich, beide Parteien dazu zu bringen, einander zuzuhören, ihre Bedürfnisse zu erläutern, sich in die Lage des anderen zu versetzen und gemeinsam zu einer Win-Win-Lösung zu kommen. Diese Rolle unterscheidet sich von der eines Richters: Dem Moderator wird die Entscheidung nicht delegiert, sondern die Beteiligten treffen sie selbst, nachdem die Konfliktsituation bearbeitet worden ist. Die Wünsche, Gefühle, Eindrücke der Beteiligten werden ans Licht gebracht, um die Konfliktthemen überhaupt klar erkennbar zu machen, bevor sie bearbeitet werden.

Selbstverständlich müssen beide Parteien offen sein – ohne „verdeckte Anliegen“ oder geheime Wünsche und Absichten. Denn wenn sie ihre wahren Ziele verheimlichen und nicht bereit sind, ihren Beitrag im Konfliktlösungsprozess zu leisten, kann kein noch so bemühter Moderator einen Erfolg verbuchen.

Tipps zur erfolgreichen Moderation eines Konflikts

1. Wer sind die am Konflikt beteiligten Parteien?
2. Was sind die Konfliktthemen?
3. Jede Partei schildert ihre **Sichtweise** der Lage. Die andere soll zuhören und warten, bis sie an der Reihe ist. In dieser Situation ist es hilfreich, wenn der Moderator Notizen auf einem Flipchart macht, das von allen gesehen werden kann. Es ist oft nicht leicht, eine Partei dazu zu bringen, der anderen Seite wirklich zuzuhören, ohne zu unterbrechen. Die im Kommunikationskapitel (ab Seite 107) erwähnten Feedback-Regeln sind hier hilfreich. Durch diese Schilderungen werden die Positionen klar. Es ist nicht selten der Fall, dass sich schon in dieser Phase der Konflikt löst, weil durch die Schilderung der eigenen Sichtweisen Missverständnisse beseitigt werden. Ebenso kann sich auf der Beziehungsebene einiges klären, und die Beteiligten können diese Klärung als Lösung empfinden.
4. **Lösungsansätze** finden: Wenn bis dahin der Konflikt nicht gelöst ist, kann jede Partei ihre Vorstellung der Lösungen präsentieren. Das ist ein kreativer Prozess für alle involvierten Personen. Hier ist es sehr wichtig, dass tatsächlich jeder zu Wort kommt. Spielregeln für das weitere Verhandeln werden definiert, wie z. B. die Feedback- und weiteren Kommunikationsregeln. Die Vor- und Nachteile jedes Punktes werden herausgearbeitet. Jede Partei soll versuchen, sich in die Lage der anderen zu versetzen.

Das Instrument

Bei eingefahrenen Konflikten hat sich untenstehendes Formular bewährt. Es wird vom Moderator vor der Sitzung an die beiden Parteien verteilt und von diesen ausgefüllt. Schon der Reflektionsprozess bewirkt einiges, oft sind wir uns nicht einmal über unsere Idealvorstellung im Klaren.

Formular: Annäherung an die Lösung

1. Wie viel Zeit steht zur Konfliktlösung zur Verfügung?

   ____

2. Haben Sie ähnliche Konflikte schon öfter gehabt?

   ____

3. Wie wurde der Konflikt bisher ausgetragen?

   ____

4. Welche Verhaltensrituale haben sich bisher eingespielt?

   ____

5. Was müsste ich bei einem Rollentausch alles bedenken?

   ____

6. Was müsste sich mein Konfliktpartner bei einem Rollentausch alles überlegen?

   ____

7. Wie stellt sich jeder für sich die ideale Lösung vor?

   ____

8. Wie könnte eine für beide befriedigende Lösung aussehen? (Und was darf auf keinen Fall passieren?

   ____

Zusammenfassung des Kapitels „Konflikt"

Kooperation statt Wettbewerb

Kooperation ist in der Natur viel häufiger als Wettbewerb und Vernichtung. Weil Darwins „Überleben des Fittesten" aus dem Zusammenhang gerissen wurde und den Ausbeutern des 19. Jahrhunderts sehr gelegen kam, wurde ein ganzes Wirtschaftssystem darauf aufgebaut. In heutigen Unternehmen stoßen wir jedoch täglich an die Grenzen des Wettbewerbdenkens. Komplexe Aufgaben können nur durch Kooperation gelöst werden.

Konflikte müssen bearbeitet werden

Konflikte sind natürlich und an sich noch nicht schlecht. Allerdings müssen sie bearbeitet werden, wenn man eine positive Lösung erhalten will. Lässt man Konflikte zu lange schwelen, explodieren sie zumeist zum ungünstigsten Zeitpunkt.

Ein Konsens ist die beste Lösung

Die Krönung der Konfliktlösung ist der Konsens. Die Lösung ist also wesentlich mehr als ein Kompromiss, bei dem beide Teile sich in der Mitte treffen und so von ihrer Ideallösung erheblich abweichen müssen. Die Konsenslösung benötigt Zeit und zumeist externe Unterstützung. Die nächstbeste Lösung ist der Kompromiss. Kampf, Flucht, Unterordnung oder Delegation sind keine sehr tragfähigen Lösungen von Konflikten. Daher werden sie immer wieder aufbrechen.

Der Zeitpunkt ist wichtig

Der richtige Zeitpunkt für die Lösung ist von großer Bedeutung. In der Hitze des Gefechtes wird man zu keiner vernünftigen Diskussion kommen. Auch sollte man für jede Verhandlung ein kleines Ziel stecken und lieber öfter und dafür kürzer verhandeln. Zuhören der Konfliktparteien ist Imperativ. Dies zu gewährleisten, ist Aufgabe des Moderators.

Stress

Wir sind wie ein großer, aus dem Wasser gezogener Fisch, der wild hin- und herzappelt, um seinen Weg zurückzufinden. In so einer Lage fragt sich der Fisch nie, wohin ihn die nächste Zappelbewegung führen wird. Er spürt nur, dass seine gegenwärtige Lage unerträglich ist und er etwas anderes versuchen muss.
Chinesische Erkenntnis

Was hat Stress mit Führung zu tun?

Das Phänomen Stress hat für Führungskräfte in zweierlei Hinsicht Bedeutung. Einerseits betrifft es sie selbst, denn alle uns bekannten Führungskräfte sind potentiell großem Stress ausgesetzt. Andererseits betrifft dieses Phänomen aber auch die Mitarbeiter/-innen. Abgesehen von humanistischen Gründen gibt es auch wirtschaftliche, zu viel Stress von Mitarbeiter/-innen fernzuhalten. Von chronisch schwer gestressten Mitarbeiter/-innen wird man auf Dauer keine gute Leistung erwarten können, sie werden krank und fallen dadurch oft ganz aus.

Wie viel Stress ist aber zu viel? Es gibt natürlich keine allgemein gültige Antwort auf diese Frage. Welchem Stressausmaß ein Mensch über längere Zeit gewachsen ist, hängt von der Persönlichkeit, der körperlichen Verfassung, der Aufgabe etc. ab. Hier bestehen große individuelle Unterschiede, aber auch die Tagesverfassung und der Gesundheitsstatus spielen eine große Rolle. Wie Sie sich und Ihre Mitarbeiter/-innen fordern können, ohne krankmachend zu überfordern, davon handelt dieses Kapitel. Die negativen Auswirkungen von Stress können durch eine Reihe von kompensatorischen Maßnahmen vermindert oder gar verhindert werden. Auch diese Maßnahmen werden hier diskutiert. Schlechtes Zeitmanagement ist oft Ursache von zu viel Stress, gutes Zeitmanagement hingegen kann helfen, objektiv große Arbeitsbelastung zu bewältigen. Aus diesem Grunde befasst sich der letzte Teil dieses Kapitel mit diesem Thema.

Stress – Salz des Lebens oder zu vermeidendes Übel?

Trotz der häufig negativen Konnotation von Stress behaupten einige, dass er für sie das Salz des Lebens sei. Was hat es damit auf sich? Man könnte die Stresseffizienz, also den subjektiv empfunden Stress, mit folgender Formel beschreiben:

$$\text{Stresseffizienz} = \frac{\text{„Return on Investment"}}{\text{Stressinvestition}}$$

Das „Return on Investment“ beschreibt gewissermaßen die Belohnung für den objektiv erlebten Stress, die Stressinvestition. Diese Belohnung kann vielfältige Gestalten annehmen. Sie kann rein monetärer Natur sein, in positiven zwischenmenschlichen Beziehungen bestehen, Ehre und Ruhm beinhalten etc. So bedeutet eine Geburt für die Mutter eine enorme Stressinvestition – das wird aber nicht so erlebt, da das, was sie dafür erhält, alle Mühen aufwiegt. Ähnlich geht es Bergsteigern bei der Bezwingung eines schwierigen Berges oder Wissenschaftern bei einer bahnbrechenden Entdeckung.

Wenn hingegen nichts zurückkommt, werden geringe Belastungen schon als sehr negativ empfunden. Stress ist also ein zu vermeidendes Übel, wenn die Belastung tatsächlich die Belastungsgrenze entweder in Höhe oder Dauer überschreitet oder wenn das „Return on Investment“ sehr gering ist. Ist die Belohnung jedoch erstrebenswert und die Belastungsgrenze noch in einiger Entfernung, so kann Stress durchaus das „Salz des Lebens“ sein.

Guter Stress und böser Stress

Im Volksmund wird gelegentlich von gutem und von bösem Stress gesprochen. Was hat es nun damit auf sich? Guter Stress wird von Hans Selye, dem Urvater aller Stresstheorien, als Eustress bezeichnet, böser Stress als Distress.

Der Eustress wird dann empfunden, wenn wir uns der Situation noch gewachsen sehen und aufgrund der herausfordernden Aufgabe große Energien mobilisieren können. Es ist Ihnen sicherlich auch schon so ergangen, dass Sie bei einer Prüfung unheimliche Leistungsfähigkeit verspürt haben, von der Sie selbst überrascht waren. Das Ergebnis fiel dann wahrscheinlich auch dementsprechend gut aus. Dies ist vor allem dann der Fall, wenn wir uns gut vorbereitet haben und von den Aufgaben nicht überfordert fühlten. Waren wir hingegen schlecht vorbereitet oder die Prüfung entsprechend schwierig gestaltet, so geht der Eustress sehr rasch in Distress über.

Der Übergang vom Eu- zum Distress ist leider nicht so leicht erkennbar und geschieht oft schleichend. Solange wir uns im Eustress-Bereich befinden, nimmt unsere Arbeitseffizienz mit steigendem Stressniveau zu. Im Distress sinkt unsere Effizienz, Aufgaben zu erledigen, jedoch. Da die Arbeit aber nun langsamer oder schlechter erledigt wird, nimmt der Distress weiter zu, wodurch die Effizienz nochmals sinkt. Es kommt zu einem Teufelskreis, aus dem es kein Entrinnen zu geben scheint. Diese Zusammenhänge sind in einer Grafik veranschaulicht.

Bei unseren Seminaren hat bis jetzt noch keine neu ernannte Führungskraft behauptet, sie hätte nach der Ernennung weniger oder auch nur gleich viele Aufgaben zu erfüllen gehabt wie vorher – und zwar sowohl in qualitativer als auch in quantitativer Hinsicht. In den meisten Fällen musste ein Großteil der früheren Aufgaben zusätzlich zur Führungsaufgabe weiterhin erledigt werden. Dieser Umstand führt dazu, dass gerade neu ernannte Führungskräfte einer sehr großen

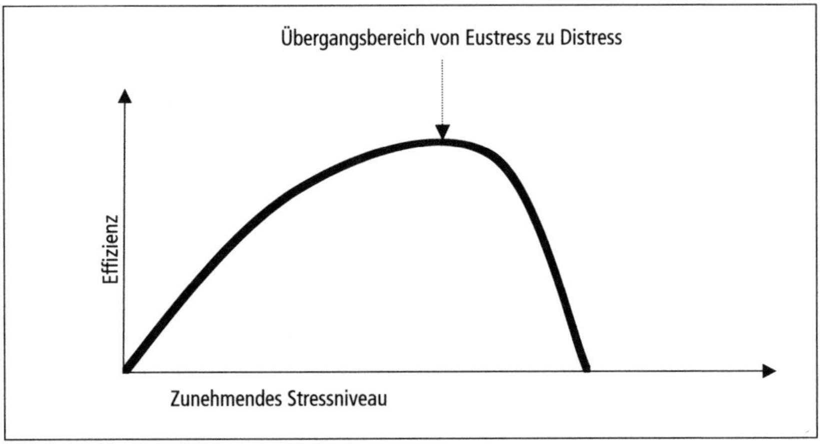

Im Eustress-Bereich nimmt die Effizienz mit dem Stressniveau zu, im Distress-Bereich hingegen drastisch ab.

Stressgefahr ausgesetzt sind. Da, wie oben erwähnt, der Übergang vom Eustress zum Distress nicht durch Warnlampen angezeigt wird, empfinden viele Menschen den Distress erst dann als sehr störend, wenn schon erste gesundheitliche Beschwerden auftreten.

Der biologische Ursprung

Um den Wirkungsmechanismus von Stress zu veranschaulichen, möchten wir gerne zu einer Zeitreise in die Steinzeit einladen. Betrachten wir also einen unserer Vorfahren, der gerade im Begriff ist, seine gemütliche Höhle zu verlassen, um Freunde in der Nachbarhöhle zu besuchen. Aus Sicherheitsgründen greift er zum Speer und verlässt die gewohnte Umgebung. Nach einiger Zeit gemütlichen Wanderns wird er plötzlich vom Grollen eines sich in der Nähe befindlichen Säbelzahntigers, die es damals noch in ausreichender Zahl gab, aus seinen Gedanken gerissen. Und schon steht besagter Tiger mit drohender Gebärde vor ihm. Dem Tiger ist offensichtlich nicht nach Spielen zumute, das ist aus seiner Mimik klar erkenntlich.

Im Gehirn unseres armen Steinzeitmenschen spielt sich ungefähr folgendes ab: Durch den akustischen und den darauf folgenden optischen Reiz erkennt das Gehirn große Gefahr. Aus Erfahrung ist ihm bekannt, dass grollende Säbelzahntiger kein gutes Vorzeichen sind. Das Gehirn schaltet auf den Kampf-Flucht-Modus, denn nur diese beiden Optionen scheinen Erfolg versprechend. Sofort wird Alarmstufe Rot gegeben. Adrenocorticotropes Hormon (ACTH) wird von der Hirnanhangsdrüse ausgeschüttet, wodurch die Nebenniere angeregt wird, Adrenalin und Cortison in die Blutbahn abzugeben. Diese Stoffe führen zu folgender Kaskade von Reaktionen:

- Die Pulsfrequenz wird auf ein Maximum angehoben, der Blutdruck ebenso, das Blut wird aus dem für Kampf oder Flucht unwichtigen Verdauungsapparat und Genitalbereich in die Muskulatur umgeleitet. Auch die Versorgung des Großhirnes, welches im Normalfall viel Sauerstoff und Energie verbraucht, wird auf ein Minimum heruntergefahren.
- Nur die entwicklungsgeschichtlich älteren Areale, wie das limbische System und das Kleinhirn, werden ausreichend versorgt. Diese Regionen haben alle notwendigen Reaktionsmuster gespeichert, wodurch sie für Kampf oder Flucht völlig ausreichen.
- Die Schweißproduktion wird angeregt und die Blutgerinnung stark aktiviert, da Verletzungen in der geschilderten Situation sehr wahrscheinlich sind und diese Wunden sich zumindest schnell verschließen müssen, wenn der Organismus nicht verbluten soll.
- Die Funktionstüchtigkeit des Immunsystems wird interessanterweise in der Akutphase vermindert, da die Energie eben anderswo wichtiger ist. Sollte diese prekäre Situation überlebt werden, so können Infektionen immer noch in der nachfolgenden Erholungsphase von den Immunzellen eliminiert werden.
- Nicht zuletzt werden natürlich alle Energiereserven des Körpers mobilisiert; für die ersten Sekunden das in den Muskeln gespeicherte Phosophokreatinin, dann der im Blut zirkulierende Traubenzucker (Glucose), danach die Glykogenreserven der Leber.

Nun ist der Organismus unseres bedauernswerten Vorfahren optimal auf Kampf oder Flucht vorbereitet. In beiden Fällen muss die Muskulatur Maximales leisten, muss die Aufmerksamkeit extrem fokussiert sein und dürfen Wunden nicht lange bluten. Sollte unser Mann es aber geschafft haben, dem Säbelzahntiger den Garaus zu machen oder sich durch rasches Entfernen in Sicherheit zu bringen, so wird er zweifelsohne eine lange Ruhepause brauchen, um von den eben beschriebenen Reaktionen des Körpers wieder auf ein Normalniveau zu kommen.

Was ist nun der Zusammenhang zwischen dem Kampf mit einem Säbelzahntiger, die zugegebenermaßen in der heutigen Zeit sehr selten geworden sind, und der Arbeitsbelastung im Job? Die Antwort, die Sie wahrscheinlich schon erraten haben, lautet, dass der Stressmechanismus heute wie damals genau gleich abläuft. Nur die Stressoren haben sich geändert.

Chronischer Stress

Unser gestresster Vorfahre konnte sich nach diesem extremen Distress-Erlebnis sicherlich lange Zeit ausruhen – vorausgesetzt, er hat die Begegnung mit dem Säbelzahntiger überlebt. Er konnte also langsam wieder auf ein Nullniveau der Erregung kommen. Dies gilt für die heutige Situation leider oft nicht mehr. Die Stressoren an sich sind zwar in ihrer Intensität zumeist geringer als in obigem Beispiel, allerdings sind es dafür viele hintereinander. Selye nannte die Reaktion auf einen Stressor Generelles Anpassungssyndrom, kurz GAS. Er stellte es folgendermaßen dar:

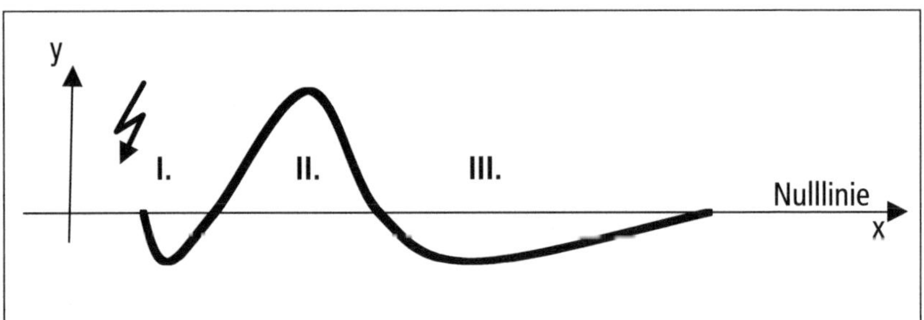

Der Blitz symbolisiert das stressverursachende Ereignis. I. Vorphase, II. Reaktion- bzw. Adaptationsphase, III. Erholungsphase; X-Achse = Zeit, Y-Achse = Erregungs- und Stressniveau.

In der Vorphase tritt kurzfristig eine Verminderung der Energiebereitstellung und Mobilisierung ein. Sie wird oft auch als Schrecksekunde bezeichnet. Die Reaktionsphase bereitet den Körper auf maximale Leistung vor. Nach erbrachter Leistung bedarf es einer Erholungsphase, um wieder auf das Nullniveau zu kommen. Genau hier liegt aber im Berufsstress das Problem. Zumeist bleibt nicht genug Zeit für die Erholung, und so beginnt der nächste Stressor schon zu wirken, bevor wir überhaupt in die Erholungsphase eingetreten sind. Somit wird das Nullniveau gar nicht erreicht und wir stehen ständig unter „Strom". Oft kommt dann noch Freizeitstress dazu, anstatt sich in der freien Zeit auszuruhen. Die Situation stellt sich dann so dar:

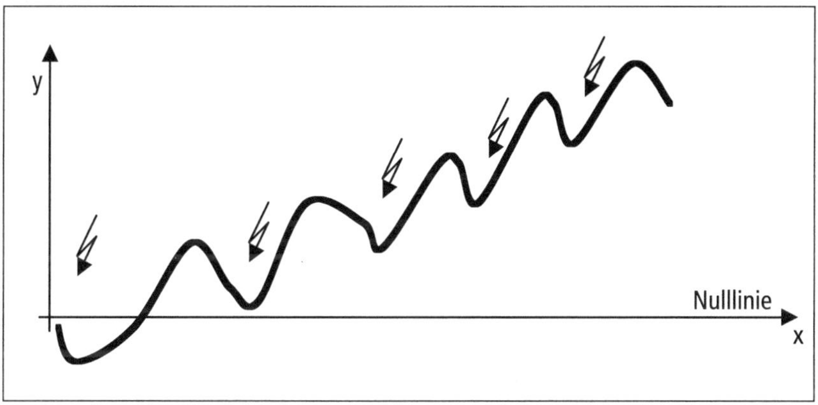

GAS-Kurve bei hoher Frequenz an Stressoren ohne Zeit für die Erholung. X-Achse = Zeit; Y-Achse Erregungs- und Stressniveau.

Das ständig erhöhte Bereitschaftsniveau führt zu Schlafschwierigkeiten, das Gehirn und der Körper können nicht einfach abschalten. Gerade dieser Schlaf wäre aber so wichtig, um dem Organismus die Erholung zu gönnen, die er unbedingt benötigt. Nervosität und chronische Müdigkeit sind die ersten Folgen. Bei diesen bleibt es aber im Allgemeinen nicht.

Die Folgen für die Gesundheit

Was für unseren bedauernswerten Vorfahren gut, ja überlebensnotwendig war, ist für die Stresssituation des Alltags schlecht. Im Gegensatz zum Büromenschen konnte bzw. musste er die gesamte mobilisierte Energie tatsächlich verbrauchen, indem er kämpfte. Durch die extreme körperliche Anstrengung konnte er auch rascher wieder auf ein Nullniveau kommen. Im Büro ist dies aber keineswegs so. Oder können Sie sich auf einen Boxkampf mit dem nächstbesten Kollegen einlassen, wenn die Situation wieder einmal sehr stressig wird? Obwohl dies aus medizinischer Sicht wahrscheinlich das Beste wäre, möchten wir trotzdem von einer Empfehlung Abstand nehmen. Die Konsequenzen könnten gravierend sein. Eine Alternative wäre es, in einem freien Raum einen Sandsack aufzuhängen, wie es in einigen Brokerhäusern in New York gemacht wurde. Diese Methode schont Ihre Kollegen, die Sie ja noch brauchen.

Genau die für unsere Vorfahren so wichtigen physiologischen Reaktionen sind also in der heutigen Zeit die Ursache für die stressverursachten Krankheiten. Die erhöhte Pulsfrequenz führt zu einer chronischen Belastung des Herzens. Eine biologische Faustregel besagt, dass ein Säugerherz ca. eine Million Mal schlägt. Das menschliche Herz bildet die einzige Ausnahme mit ungefähr 2,5 Millionen Schlägen. Wenn unser Herz also doppelt so schnell schlägt, leben wir nur halb so lange. So einfach ist das.

Der erhöhte Blutdruck führt einerseits zu platzenden Adern. Findet dies im Gehirn statt, so kommt es zu einem Schlaganfall. Ganze Hirnareale sterben ab; und je nachdem, im welcher Hirnregion sich das abgespielt hat, fallen unterschiedliche Funktionen aus. Das Herz muss viel angestrengter pumpen – und jeder Techniker weiß, dass eine Pumpe auf Volllast nicht sehr lange hält.

Im Zusammenhang mit der gesteigerten Blutgerinnungsneigung kommt es zu Thrombosen, die im betroffenen Bereich zu einer Sauerstoffunterversorgung führen. Trifft es die Herzkranzgefäße, die das Herz selbst mit Sauerstoff versorgen, so kommt es zum Herzinfarkt. In anderen Körperregionen führen Blutgerinnsel zu Durchblutungsstörungen und daraus resultierender eingeschränkter Bewegungsfähigkeit. Da in der Stresssituation der Magen und der Darm schlecht durchblutet sind, treten bei chronischer Belastung Verdauungsbeschwerden, Magen- und Zwölffingerdarmgeschwüre auf.

Die Mobilisierung aller Energiereserven schlägt sich auf Dauer in Übergewicht und Stoffwechselerkrankungen nieder. Die herabgesetzte Sexualfunktion kann zu Impotenz und Frigidität führen, wodurch Beziehungen oft sehr stark in Mitleidenschaft gezogen werden.

Die herabgesetzte intellektuelle Leistungsfähigkeit ist dort, wo wir mit dem Kopf arbeiten müssen, sehr hinderlich und führt zu weiterem Stress, da wir bei der Lösung von Problemen nicht weiterkommen. Für unseren Kämpfer hingegen war wichtig, dass er sehr schnell die richtige Reaktion zeigte, um zu überleben, philosophische Selbstgespräche über Sinn und Unsinn der Existenz eines Säbelzahntigers hätten seine Lebenserwartung drastisch gesenkt.

Nicht zuletzt sei das supprimierte Immunsystem erwähnt. Tagtäglich entstehen im Körper Millionen potentielle Krebszellen, und nur den „Killerzellen“ (NKC) ist es zu verdanken, dass sie in ihren Anfängen vernichtet werden. Ist nun jedoch die Zahl und Funktionstüchtigkeit dieser Killerzellen eingeschränkt, so erhöht sich einfach die Chance, dass eine Krebszelle nicht früh genug erkannt wird und sich durch Teilung zu einer Geschwulst entwickelt, die zu groß für eine Vernichtung durch die Immunzellen geworden ist. Auch jeder Angriff von Keimen – seien es nun Bakterien, Viren oder Pilze – wird bei herabgesetztem Immunsystem viel eher Aussicht auf Erfolg haben. Die Folge sind alle erdenklichen Infektionen.

Die fünf Phasen des Distress

Dauert der chronische Stress, und hier ist vor allem Distress gemeint, über größere Zeiträume an, so ergibt sich eine Reihe von Konsequenzen. Das „Canadian Institute of Stress“, das von Hans Selye gegründet und nach seinem Tod von anderen weitergeführt wurde, hat fünf Phasen beschrieben, die allerdings nicht immer in der angegebenen Reihenfolge durchlaufen werden müssen:

1. Chronische körperliche und geistige Müdigkeit
2. Zwischenmenschliche Probleme
3. Emotionale Turbulenzen
4. Chronisches körperliches Unwohlbefinden
5. Stressverursachte Krankheiten

1. Chronische körperliche und geistige Müdigkeit

Sie haben sicherlich schon Menschen erlebt, die am Morgen fünf Tassen Kaffee benötigen, um auf Touren zu kommen. Sie machen immer ein müdes Gesicht, und mit der Konzentration ist es auch nicht so weit her. Früher waren sie voller Energie und Leistungsdrang, aber jetzt sind sie ständig müde und abgeschlafft. In der Anfangsphase wollen sie diesen Leistungseinbruch verbergen und schreiben ihn einer Verkühlung oder Ähnlichem zu. Nachdem er aber länger andauert, suchen sie vielleicht einen Arzt auf, der jedoch keine medizinischen Ursachen finden kann. Vielleicht rät er dem Patienten, sich einfach einmal gut auszuschlafen. Wenn er wüsste, dass guter Schlaf schon lange nicht mehr möglich ist! Oft wacht unser Patient in der Nacht auf, kann schlecht einschlafen und fühlt sich auch nach neun Stunden Bettruhe wie gerädert.

Zumeist werden diese Symptome allerdings noch nicht ernst genommen, man glaubt an eine vorübergehende Phase. Sollten Sie die eben beschriebenen Phänomene bei Kollegen oder Mitarbeitern wahrnehmen, ist unbedingt Hilfe angesagt. Oft wollen sich diese jedoch nicht helfen lassen, da sie das damit gleichsetzen, eine Schwäche einzugestehen. Steuert man in dieser Phase mit den geeigneten Maßnahmen gegen, kann noch relativ leicht Schlimmeres vermieden werden. Wird nichts unternommen, so schlittern die Betroffenen nach einiger Zeit, die individuell unterschiedlich lang ausfallen kann, in die zweite Phase.

2. Zwischenmenschliche Probleme – Rückzug

Dr. K. ist Oberarzt in einem großen Krankenhaus. Er hat mit seinen 40 Jahren viel erreicht, musste dafür aber hart arbeiten. Eigentlich sollte er mit seiner beruflichen Entwicklung zufrieden sein – was er bis vor kurzem auch war, mittlerweile aber nicht mehr ist. Er geht jeden

Morgen ungern in das Krankenhaus, da er keine Patienten mehr sehen will. Er will sich die Beschwerden nicht mehr anhören, wo es zwickt, juckt oder schmerzt. Am liebsten würde er sich in sein Kämmerchen zurückziehen und von dort die Diagnosen stellen. In der Tat war dies die Vorgangsweise der Ärzte im Mittelalter. Sie ließen sich die Beschreibungen der Kranken von den Pflegern geben und versuchten durch rationale Überlegungen die Ursachen der Krankheiten zu erkennen. Mit sehr geringem Erfolg, wie die medizinische Geschichtsschreibung zu berichten weiß. Aber so würde es Dr. K. am liebsten auch machen.

Wenn er dann, wie heute üblich, den Patienten gegenübersteht, so versteckt er sich hinter dem Schreibtisch oder Geräten und versucht, so wenig wie möglich Augenkontakt mit dem Patienten aufzunehmen. Kommt er am Abend nach Hause, so gehen ihm seine Kinder auf die Nerven, die partnerschaftliche Kommunikation ist auf ein Minimum reduziert und Freunde hat er auch schon lange nicht mehr getroffen.

Diese Form des Rückzugs ist bei Menschen in Sozialberufen besonders häufig. Ärzte, Krankenschwestern, Therapeuten, Sozialarbeiter und Psychologen leiden oft schon in jungen Jahren darunter. Vermutlich hängt das damit zusammen, dass sie ständig mit menschlichem Leid konfrontiert sind. Aber auch in allen anderen Berufsgruppen kommt es vor. Man beginnt, mit Kollegen, Familienmitgliedern, Freunden und sogar Fremden Probleme zu haben. Man vermeidet immer häufiger vormals stabilisierende und positive Kontakte. Man fühlt sich leicht gereizt und ärgert sich über Nichtigkeiten. Oft kommt noch Misstrauen anderen gegenüber dazu. Als Reaktion ziehen sich auch die Menschen des Umfeldes zurück, Einsamkeit ist das Ergebnis.

3. Emotionale Turbulenzen

Hierbei handelt es sich um die Hochschaubahn der Gefühle. Im einen Moment empfinden wir ein Hochgefühl, das ohne offensichtlichen Grund von einem emotionalen Tief abgelöst wird. Geringste Begebenheiten führen zu depressiven Stimmungen, gelegentlich sogar zu Tränenausbrüchen. Als Anlässe reichen Wetteränderungen, der Verkehr, das Wort eines Vorgesetzten oder wenn etwas nicht sofort funktioniert.

Die leichte Gereiztheit aus Phase zwei ist jetzt noch verstärkt, wir sind von Selbstzweifeln gequält, können Prioritäten nicht mehr richtig setzen und oft auch nicht mehr fokussiert denken. Die Arbeitsleistung nimmt ab, wir versuchen, uns durch den Arbeitstag zu schleppen, um erschöpft an seinem Ende das traute Heim zu erreichen. Depression ist oft die Folge.

4. Chronisches körperliches Unwohlbefinden

Maria ist Personalchefin in einem großen Unternehmen. Sie ist sehr jung für diesen Job und musste sich in ihrer von Männern dominierten Firma oft gegen Widerstände durchsetzten. Der Druck auf sie ist enorm. Wann immer wir die Firma aufsuchten, war sie entweder verschnupft, verkühlt oder hatte Rückenschmerzen – oder sie befand sich überhaupt krankheitshalber zu Hause. Vor kurzem brach sie sich das Handgelenk, weil sie im Büro umkippte. Sie pilgerte von Arzt zu Arzt, erhielt leichte Schmerzmittel oder andere Pulver. Eine klare Diagnose gab es nie. Es wurde zwar schwache, verhärtete Muskulatur attestiert, Massage und Akupunktur verschrieben. Der Erfolg war allerdings bescheiden.

In dieser Phase warnt der Körper eindringlich, dass wir uns viel zu oft und viel zu lange im zweiten GAS-Stadium befinden, der Reaktionsphase (siehe Seite 180). Das ist ein Zustand ständiger Wachsamkeit, den kein Körper über längere Zeit durchhält.

Von Soldaten im Vietnamkrieg wird berichtet, dass sie nach einigen Wochen im Feld sehr oft völlig zusammenbrachen. Im vietnamesischen Urwald mussten sie rund um die Uhr wachsam sein, Vietkong konnten zu jeder Tages- und Nachtzeit aus dem Nichts auftauchen. Diesen Zustand der ständigen Bereitschaft hält unser Körper nur über einen kurzen Zeitraum durch, danach benötigt er unbedingt eine Ruhepause. Diese Soldaten mussten oft wochenlang im künstlichen Tiefschlaf gehalten werden, da sich die Nervenbahnen sonst nicht mehr beruhigt hätten. Dies ist nämlich eine teuflische Konsequenz aus der ständigen Bereitschaft. Selbst wenn sich unser Körper und mit ihm die Nerven ausruhen könnten, können sie es wegen der zu starken Erregung doch nicht. Das ist auch der Grund für Schlafprobleme in stressreichen Zeiten.

Im Alltag treten Symptome wie Zähneknirschen, Kopfschmerzen bis hin zur Migräne, Muskelverspannungen, Gelenkschmerzen, Nervosität, Konzentrationsschwäche und vieles mehr auf. Der Übergang zur nächsten Phase ist fließend.

5. Stressverursachte Krankheiten

Nach heutigem Stand der Wissenschaft wird davon ausgegangen, dass im Grunde alle Krankheiten auch eine Wurzel im Stress haben können. An erster Stelle sind natürlich die Herz- und Kreislaufkrankheiten zu nennen, des weiteren Magen- und Darmbeschwerden und Rückenschmerzen, die übrigens den häufigsten Grund für krankheitsbedingte Arbeitsausfälle darstellen.

Allerdings wird durch chronischen Distress das gesamte Immunsystem durcheinander gebracht, wodurch auch jede Art von Infektion, Allergie oder gar Krebs damit in Zusammenhang gebracht werden kann.

Es handelt sich bei diesem Stadium um einen chronischen Erschöpfungszustand. Die über längere Zeit akkumulierten, oft versteckten Schäden am Körper treten jetzt zutage. Durch plötzliche Entspannung, wie z. B. in einem Urlaub, durchläuft der Körper rasche Hormonänderungen, die gar in einem Herzinfarkt resultieren können. Die Medizin setzt meist nur an den Symptomen an und nicht an der eigentlichen Ursache. Ohne diese aber zu berücksichtigen, werden immer wieder neue Krankheiten auftreten, und der Heilungserfolg wird ausbleiben. Wird nicht rasch etwas gegen den zugrunde liegenden Stress unternommen, dann führt diese Situation zum physischen Verfall des Organismus, er altert stark beschleunigt.

Die sechs Extremtypen

Die Nachfolger Selyes haben sechs verschiedene Stresstypen definiert, die mit unterschiedlichen Distress-Phasen beginnen und oft auch in einer Phase über längere Zeit stecken bleiben. Es folgt eine Darstellung dieser sechs Typen, mit Charakteristiken, Symptomen, Beispielen und Lösungsansätzen. Niemand wird sich natürlich in allen Punkten wieder finden; vielmehr sind die beschriebenen Typen die extremste Form mit allen bei dem jeweiligen Typus beobachteten Eigenheiten. Trotzdem werden Sie vielleicht verblüffende Parallelen beim einen oder anderen Typus zu Ihrer eigenen Situation feststellen.

Wie die beschriebenen Lösungsansätze im Detail zu verstehen sind, wird im Abschnitt „Stressbewältigung“ behandelt. In Klammer steht die jeweilige Originalbezeichnung der Typen.

Einzelgänger (Loner, Relationship malnutrition)

Mentale und emotionale Charakteristika: Einsam und oft deprimiert, obwohl dieses Gefühl oft von einem Lächeln, einem oberflächlichen „Hallo“ für jedermann überdeckt wird. Fühlt sich unangenehm in Gegenwart von anderen, hat Schwierigkeiten mit menschlicher Nähe, hat interpersonelle Probleme. (Bleibt oft in der zweiten Distress-Phase, dem Rückzug vor anderen, stecken.)
Physische Symptome: Wenige spezielle und offensichtliche physische Symptome, hat aber eine sehr aufrechte Körperhaltung und einen starren, seriösen bis sehr ernsten Gesichtsausdruck; seltene, aber schwere Infektionen, von denen die Erholung sehr lange dauert.
Verhaltenssymptome: Verbringt wenig Zeit mit Freunden und Familie; vermeidet gesellschaftliche Ereignisse bzw. bleibt im Hintergrund; eher Beobachter als Mitmacher; zum Lockerwerden wird gelegentlich Alkohol verwendet; einzige Unterbrechung der Lebensroutine sind geplanter Urlaub und Reisen.
Typische Beispiele: Der kompetente Mitarbeiter der nach dem Motto „Arbeit und Freundschaft vertragen sich nicht“ agiert und im Büro sozial isoliert ist; wird oft als „sehr private bzw. zurückgezogene Person“ beschrieben (und mit dem „starken, ruhigen Typ“ verwechselt).
Frühe Warnsignale: Abnehmende Qualität des Kontaktes mit anderen; zunehmende soziale Isolation; Beziehungsprobleme; Alkohol- und Drogenmissbrauch.
Langzeitkonsequenzen: Vollkommene soziale Isolation.

➔ **Lösung:** Erlernen und Üben von Beziehungsfähigkeiten; lernen, emotional offener und ausdrucksstärker zu sein.

Der „Loner“ lebt nicht notwendigerweise alleine oder vermeidet Sozialkontakte, obwohl das oft der Fall ist, wenn das Ende des „Loner“-Stadiums erreicht ist. Sie/er ist aber jemand, der sich zumeist einsam fühlt, sogar in einer Menschenmenge und besonders bei gesellschaftlichen Ereignissen mit „Freunden“, und wenig bis nichts aus Beziehungen mitnimmt. „Loner“ sind oft Einzelarbeiter und erfolgreich in ihrer Arbeit, aber sie erlangen immer weniger Befriedigung daraus. Sehr oft zerfallen die Beziehungen aus der Vergangenheit, wie z. B. zu Schulkollegen, Studienfreunden etc., und keine neuen Beziehungen treten an ihren Platz. Mit der Zeit verlieren sie die Fähigkeit, Gespräche mit emotional-persönlichem Charakter zu führen. Oft werden sie zu Einzeltrinkern, suchen den Trost bei sich selbst. Sie fühlen sich zunehmend von ihrem Leben gefangen, obwohl sie nach außen hin unter Kontrolle und kompetent wirken.

Der „Loner“ fühlt sich sehr unwohl beim Preisgeben seines wahren Selbst oder seiner wahren Emotionen. Sie/er fühlt sich unwohl unter anderen Menschen, besonders wenn irgendeine Art von intimer Interaktion wahrscheinlich ist. Sie/er hat Schwierigkeiten, Gefühle zu zeigen und Gefühlsäußerungen anderer anzunehmen. Er ist sich seines sozialen Verhaltens bewusst und fühlt sich entweder nicht gut, wie er andere Menschen behandelt oder rechtfertigt seine Einsamkeit mit der Tatsache, dass mit den anderen etwas nicht stimmt. Obwohl er es nicht zugibt, fühlt sich der „Loner“ fast immer oder immer alleine.

Es ist durchaus möglich, ein „Loner“ zu sein, obwohl man verheiratet ist oder in einer fixen Beziehung lebt. Die Beziehung tendiert jedoch zu minimaler Kommunikation und selten wird diese Kommunikation von Gefühlen handeln. Es braucht sehr viel Energie, Emotionen zu verbergen. Kein Feedback von anderen zu bekommen, wie man wirkt und wer man ist, wirkt sich in Form von stressiger Unsicherheit aus. Das ist der hauptsächliche Energieverlust des „Loners“. Der Schlüssel für diesen Typ ist, zu lernen, besser mit den eigenen Emotionen und denen anderer umzugehen und diese auch auszusprechen. Das beinhaltet die Entwicklung der Fähigkeit, emotional offener zu sein – eine harte Herausforderung für jemanden, der so verschlossen ist.

Der Ängstliche (Worry wart, Chronic worrier)

Mentale und emotionale Charakteristika: Hat Schwierigkeiten, seine Gedanken abzuschalten; pessimistisches Gehabe (erwartet immer das Schlimmste); Selbstbeschuldigungen aufgrund geringen Selbstvertrauens; häufige Angstzustände; glaubt, dass wenn sie/er nur lange genug über etwas nachdenkt, sich eine Lösung auftun wird.
Physische Symptome: Langsame Erholung nach stark stressigen Ereignissen; Spannungskopfschmerz, Rückenschmerzen (eher unterer Bereich), Einschlafschwierigkeiten; rasche Gewichtszu- oder -abnahme.
Verhaltenssymptome: Hat den Ruf eines sich sorgenden Menschen; es gelingt ihr/ihm nicht, Karriere- und Beziehungsangelegenheiten wahrzunehmen.
Typische Beispiele: Der langweilige Freund, der nur über seine Probleme spricht; der chronische „Jobhopper"; die Person, die von der Angst, etwas falsch zu machen, gelähmt ist.
Frühe Warnsignale: Wird leicht irritiert, wenn nicht genug Zeit zum Nachdenken (bzw. sich sorgen) vorhanden ist; empfindet andere oft als kalt und herzlos, weil sie sich nicht um sie/ihn sorgen.
Langzeitkonsequenzen: Erreicht wenig im Berufsleben; hat gelegentlich psychische Probleme wie klinische Depressionen, die von „manischen Phasen" durchbrochen werden, in welchen selbstzerstörerischer Enthusiasmus (besonders Änderungen den Job und Beziehungen betreffend) ein Versuch sind, die Depressionen zu bekämpfen.
➔ **Lösung:** Mehr Selbstschätzung erlernen; lernen, den Geist zu beruhigen (z. B. mittels „mind-focusing relaxation techniques").

Ein gewisses Ausmaß an Sorge dient sicherlich einem guten Zweck: Es hilft uns, Probleme vorherzusehen und uns darauf vorzubereiten. Aber eine ständig ängstliche Sicht der Zukunft und ein qualvoller Rückblick auf die Vergangenheit zeichnen den „Worry wart" aus. Er/sie sorgt sich um Probleme, die gar nicht da sind und macht kleine Probleme zu Fragen auf Leben und Tod. Er verwendet so viel Energie in die Sorge um sich selbst, seine Gesundheit, seine Beziehungen und seinen Job, dass er wenig Energie für Leben und Arbeit übrig hat. Es scheint, als ob er in seinem Wagen säße und den Motor aufheulen lässt, aber keinen Gang einlegt. Er verbraucht sehr viel Energie und kommt nirgends hin.

Der „Worry wart“ glaubt, dass sich zu sorgen der Preis für Erfolg ist oder dass es eine Barriere für die Zielerreichung darstellt. Er kann seine Gedanken nicht abschalten, und dieselben Sorgen kommen immer wieder in sein Bewusstsein. Er ist ein zwanghafter Denker, der sich selbst die Schuld an seinen Problemen gibt, aber er kann seinen eigenen Rat zur Lösung nicht umsetzen. Er ist pessimistisch und erholt sich sehr langsam von stressigen Ereignissen.

Der „Worry wart“ ist die Sorte von Mensch, von der Freunde sagen: „Wenn er sich einmal nicht sorgt, dann stimmt mit ihm etwas nicht.“

Oft beschäftigt er sich sehr mit seiner Gesundheit. Er sucht Rat in Selbsthilfebüchern, befolgt deren Konzepte aber nicht oder überlegt lange, ob er es ausprobieren soll oder nicht. Weiter besucht er Kurse und Seminare zur besseren Lebensgestaltung oder beginnt eine Psychotherapie, nur um bald wieder aufzuhören. Seine Beziehungen leiden; sie enden bevor sie wirklich begonnen haben, weil er sich zu viele Sorgen macht. Seine Karriere ist gekennzeichnet von vielversprechenden Starts, die sich wie Luftblasen auflösen. Für ihn ist sich sorgen zu einer Lebenseinstellung geworden.

Der „Worry wart“ ist durch das ständige Sorgen gestresst, weil er für die inneren Diskussionen, die zu nichts führen, viel Kraft braucht. Die beste Möglichkeit für diesen Typ besteht darin, diese inneren Diskussionen zu beruhigen. Des Weiteren sollte er sich selbst mehr schätzen lernen, sich selbst weniger die Schuld für alles Mögliche geben und neue Möglichkeiten suchen, sich als erfolgreiche Person zu erleben.

Der Hyperaktive (Speed freak, Stress hyper-responder)

Mentale und emotionale Charakteristika: Ungeduldig, leicht irritiert; unterdrückt Gefühle; Zustand emotionaler Turbulenzen (bleibt längere Zeit in der Phase der emotionalen Turbulenzen).

Physische Symptome: Schwitzt leicht, hat gestörten und/oder kurzen Schlaf (wacht früh auf); empfindet gelegentlich chronisches körperliches Unwohlbefinden.
Verhaltenssymptome: Unterbricht in Gesprächen, ist kritisch; streitet leicht, versucht mehrere Dinge gleichzeitig zu tun.
Typische Beispiele: Workaholic, Super(wo)man.
Frühe Warnsignale: Vermindertes Stehvermögen; Müdigkeitsanfälle.
Langzeitkonsequenzen: Totale Erschöpfung; Magengeschwüre, Herzinfarkt, Darmentzündungen.
➔ **Lösung:** Erlernen und Praktizieren von Entspannungstechniken.

Wir alle kennen „Speed freaks" – ob sie nun dauerhaft hyperaktiv sind oder ob sie durch manische und hyperaktive Phasen gehen. Es scheint ihnen unmöglich, abzuschalten, und sie denken immer zwei Schritte weiter, auch was ihr Leben betrifft. Oft sind sie extrovertierte, erfolgreiche Menschen, die an der Spitze ihrer Welt stehen (z. B. Job). Obwohl „Speed freaks" immer in Bewegung sind, wissen sie meist nicht genau, wohin es geht oder warum sie sich so schnell dorthin bewegen. Sie sind meist „Workaholics". Aber ob nun Spiel oder Arbeit – sie tun es mit großer Intensität und scheinen unfähig, zu entscheiden, was wichtig ist und was nicht. Sie sind oft unruhig oder „zappelig", nicht in der Lage stillzusitzen. Sie fallen anderen bei Gesprächen oft ins Wort und nehmen deren Aussagen vorweg; oft wechseln sie das Thema. Sie sind leicht verärgert und irritiert, äußern sich kritisch über andere (obwohl sie ihre wahren Gefühle für sich behalten); auch geraten sie leicht in Streit. Sie sind sehr ungeduldig, wenn sie warten müssen, sei es in einer Schlange, im Straßenverkehr oder auf einen Freund, der zu spät dran ist. Sie machen immer mehrere Dinge gleichzeitig.

„Speed freaks" schlafen rastlos, wachen mehrmals in der Nacht auf oder erwachen früh am Morgen voll Adrenalin, ohne wirklich erholsam geschlafen zu haben. Sie laufen Gefahr, plötzlich zusammenzubrechen, versuchen diesen Umstand dann aber vor den Freunden zu verbergen. Abgesehen von diesen gelegentlichen Zusammenbrüchen können sie sich nicht entspannen. Ihr Konzept von Entspannung ist physische Aktivität oder Urlaubstage, die so voll gestopft sind mit

Terminen wie ein harter Arbeitstag. Sie brauchen Projekte, um ihre Freizeit zu füllen.

Da „Speed freaks“ so häufig sind, sind viele wissenschaftliche Arbeiten alleine über diesen Typ geschrieben worden. Menschen mit großem Herzinfarktrisiko oder Risiko von kardiovaskulären Krankheiten sind unweigerlich „Speed freaks“, oft auch A-Stress-Typen genannt. Mehr als jeder andere Stresstyp vergeudet der „Speed freak“ seine Stressenergie unnötig damit, seinen Körper ständig im „Rot-Alarm-Zustand“ zu belassen. Eine Aufzeichnung des Stressenergie-Levels über den Tag würde eine erhöhte Basislinie zeigen, mit mehreren täglichen Spitzen, die weit über das gesunde Ausmaß des Überstress hinausgehen. Entspannungstechniken sind eine effektive Hilfe für den „Speed freak“.

Mauerblümchen (Basket case)

Mentale und emotionale Charakteristika: Depression; Mangel an Energie und Standfestigkeit.
Physische Symptome: Chronische Müdigkeit; Schmerzen im unteren Rückenbereich, schlechte Durchblutung, Spannungskopfschmerz und Migräne; chronische Muskelverspannungen; sehr anfällig für leichte Infektionen, einschließlich grippaler Infekte und Verkühlungen; leidet oft an Allergien. Bleibt meist in Distress-Phase 1 oder 5 stecken.
Verhaltenssymptome: Beschwert sich ständig („Mein Rücken bringt mich noch um“ etc.); zunehmender Gebrauch von Stimulanzien, um durch den Tag zu kommen.
Typische Beispiele: Mitarbeiter, der ständig im Krankenstand ist (sehr viele Fehltage und geringe Job-Produktivität); pilgert von Arzt zu Arzt.
Frühe Warnsignale: Zunehmende Müdigkeit und Mangel an Energie.
Langzeitkonsequenzen: Schlechte „Performance“ auf allen Gebieten.
➔ **Lösung:** Bessere Ernährung, mehr Bewegung.

„Basket cases“ sind Menschen, die sich am Ende eines jeden Tages ausgepumpt fühlen und oft schon müde sind, bevor der Tag beginnt. Bei der Arbeit kämpft sie/er gegen niedrige Energie und ermüdet leicht. Für sie/ihn ist es ein großer Willensakt, in einer normalen Arbeitstagwelt zu existieren. Oft „saugt" er auch an der Energie von Arbeitskollegen und Freunden. Sie/er klagt oft über Verspannungen, Migräne, Rückenschmerzen im Lendenbereich, kalte Hände oder Füße und Muskelschmerzen – und dies ohne ersichtlichen medizinischen Grund. Wenn ein Arzt mehr Bewegung empfiehlt, winkt er ab und fühlt sich zu müde dazu. Sie/er ist besonders anfällig für leichte Infektionen, Verkühlungen und Allergien. Freunden gegenüber beklagt er sich oft, wie müde er ist und wie schlecht er sich fühlt. Leicht begibt sich der „Basket case" in eine Abwärtsspirale, die im Verlust des Jobs und/oder der nächsten Beziehungen resultieren kann.

Der „Basket case" verbraucht Stressenergie, indem er physisch nicht fit ist. Sein Körper verkraftet Stress nicht, ohne dabei kaputtzugehen oder extrem erschöpft zu sein. Für diesen Stresstyp wären mehr Bewegung und verbesserte Essgewohnheiten sehr hilfreich.

Grenzgänger (Cliff walker)

Mentale und emotionale Charakteristika: Ist unbekümmert in Bezug auf alle Arten von Risiko – von Gesundheit über Geld bis hin zum Autofahren („Wenn ich schon sterben muss, dann möchte ich wenigstens Spaß beim Hinkommen haben"), „lebt auf geborgte Zeit", fühlt sich gleichzeitig aber unverwundbar und unsterblich.
Physische Symptome: Hoher Blutdruck, Herzkrankheiten, Diabetes, Arthritis, Migräne, Rückenschmerzen, Gicht.
Verhaltenssymptome: Hoher Anteil von Fett, Koffein, Salz, Zucker und raffinierter Nahrung im Speiseplan; ist oft Raucher und trinkt gerne Alkohol; nimmt oft Schmerzmittel wie z. B. Aspirin; keine oder wenig körperliche Bewegung; versucht Modediäten, bleibt aber nicht dabei.
Typische Beispiele: Eher übergewichtig und schlampig gekleidet, die typische „Couch potato".
Frühe Warnsignale: Der Blutdruck steigt über gesunde Werte; sieht älter aus als sie/er ist; blasse Hautfarbe; schlampige Körperhaltung; Ringe unter den Augen.
Langzeitkonsequenzen: Schlaganfall; Herzinfarkt; frühzeitiger Tod.
➔ **Lösung:** Essgewohnheiten ändern und körperliche Aktivität.

Wie der Name schon sagt, ist der „Cliff walker" ein Grenzgänger. Sein Lebensstil besteht aus chronischem Selbstmissbrauch und Selbstausbeutung. Zusammen mit dem „Speed freak" ist er *der* Kandidat für den Herzinfarkt zwischen 30 und 50. Oft leidet er auch unter einer Vielzahl von anderen Beschwerden: Migräne, Bluthochdruck, Magengeschwüre, Bronchitis, Gicht, Diabetes, Arthritis und schweren Rückenproblemen. Seine Gesundheit und seine Essgewohnheiten sind in einem fürchterlichen Zustand. Wahrscheinlich isst und trinkt er zu viel, ist übergewichtig, nimmt Beruhigungsmittel und Magentabletten häufig, macht selten oder nie Bewegung und hat wenig Erholungszeit und Familienleben. Sein Speiseplan beinhaltet viel Fett, raffinierte Lebensmittel und Zucker. Aufgrund seines ungesunden Lebensstils ist es nicht möglich vorherzusagen, wann er von den Klippen fällt – aber eher früher als später.

Oberflächlich betrachtet scheinen „Cliff walker" und „Basket case" viele Parallelen aufzuweisen. Tatsächlich aber sind sie sehr unterschiedlich. Der „Basket case" zeichnet sich durch abnehmende Effizienz aus. Man könnte ihn mit einem Auto vergleichen, das langsam aber sicher zusammenbricht. Im Gegensatz dazu ist der „Cliff walker" schon zusammengebrochen. Wenn man den „Basket case" als nicht fit bezeichnet, so müsste man den „Cliff walker" ein Wrack nennen, der Stressenergie verliert wie ein auf Grund gelaufener Tanker Öl. Dennoch sind seine Stressenergie-Reserven noch ausreichend, bis es zu einem massiven „Leck" kommt, z. B. einen Herzinfarkt. Es ist nur eine Frage der Zeit, bis das schwächste Organsystem vollkommen zusammenbricht. Eine Kleinigkeit kann dann das Fass zum Überlaufen bringen. Bewegung und bessere Ernährung können einen ersten, wichtigen Schritt darstellen.

Drifter (No satisfying life purpose or direction)

Mentale und emotionale Charakteristika: Unglücklich, deprimiert, hoffnungslos; es fehlt der „Motor" (drive), und er fühlt, zu wenig zu erreichen; zweifelt bestehende Ziele an und ist sich bewusst, dass es eine Kluft zwischen dem tatsächlichen Leben und dem, wie sie/er gerne leben würde, gibt.

Physische Symptome: Wenig Energie, Schlaflosigkeit, häufig kränklich.
Verhaltenssymptome: Investiert seine abnehmende Energie vor allem in Freizeitaktivitäten; sucht rasche Befriedigung (Essen, Unterhaltung); Beziehungen werden oft instabil; schwankt von einem Extrem zum anderen; macht gelegentlich eine massive Richtungsänderung im Leben, z. B. Karriere, Scheidung, Aussteigen etc.
Typische Beispiele: Teenager oder junger Erwachsener, der sich nicht für einen bestimmten Beruf oder Karriere oder Ausbildung entscheiden kann (z. B. der Berufsstudent, der ewig studiert); der 30- bis 40-Jährige in der Midlife-Crisis; der frischgebackene Pensionist, der den Sinn wieder finden muss; der Familienmensch (z. B. Hausfrau), der darunter leidet, dass das „Nest“ leer ist.
Frühe Warnsignale: Zunehmende Entfremdung und Unzufriedenheit am Arbeitsplatz, obwohl sich Erfolge einstellen; abnehmende Energie für Freunde und Familie.
Langzeitkonsequenzen: Exzentrisches Verhalten, emotionale Schwierigkeiten; höheres Risiko von Selbstmord oder Unfällen.
➔ **Lösung:** Sich mit den grundsätzlichen Werten beschäftigen („Was will ich wirklich?“) und den Lebensstil entsprechend darauf umstellen.

Es gibt zwei Hauptarten von „Driftern“. Der auffälligere ist jener, der kein Ziel und keine Richtung zu finden scheint. Er hat vielleicht einen Universitätsabschluss, wechselt dann aber den Arbeitsplatz wie andere die Hemden, ohne wirklich Boden unter den Füßen zu finden. Ebenso häufig sind jedoch Menschen in der klassischen Midlife-Crisis. Sie sind oft sehr erfolgreich, aber an einem Punkt angelangt, an dem sie ihre Ziele hinterfragen und die Aufopferung, die dafür notwendig war. Es gibt zwei besonders kritische Lebensabschnitte, in denen das „Drifter“-Verhalten häufig zutage tritt: das ausklingende Teenageralter bis in die frühen Zwanziger, wenn Menschen ihren Berufsweg beginnen müssen, und das Alter um die Pensionierung.

Die meisten Menschen gelangen irgendwann an einen Punkt, an dem sie an ihren Zielen und an dem, was sie erreicht haben, zweifeln. Und zwar von der Hausfrau, deren Kinder das „Nest“ verlassen haben, bis zum Generaldirektor, den sein Erfolg nicht mehr befriedigt. Diese Krise kann mehrere Monate dauern, aber auch viele Jahre. Sie ist zumeist von geringer Produktivität und Kreativität sowie flüchtigen Bekanntschaften gekennzeichnet. Auch der Einsatz für Kollegen und am Arbeitsplatz allgemein ist vermindert. Die Kluft zwischen Berufserfolg und persönlichem Misserfolg kann in schwerer Depression, psychischer Lähmung und dramatischen Lebensänderungen, die schwere Konsequenzen haben, resultieren.

Der klassische Drifter fühlt sich unfähig, die Person zu werden, die er gerne wäre. Er glaubt, dass seine Kreativität verkümmert und dass er nichts aus seinen Talenten und Fähigkeiten gemacht hat oder diese in einer ungeeigneten Weise vergeudet. Er zweifelt seine Ziele an, besonders die Karriereziele, und empfindet, dass die Art, wie er die Zeit verbringt, nicht sein Selbst und seine Interessen widerspiegelt. Er glaubt, dass er von anderen als erfolgreicher empfunden wird, als er ist. Er weiß nicht, was er will, er weiß nur, dass er nicht will, was er hat.

Seine Situation ähnelt jener des Sisyphus der griechischen Mythologie, der den Stein immer wieder auf den Gipfel schafft, nur um festzustellen, dass er immer wieder hinunterrollt. Da ihn nichts befriedigen kann, bleibt er auf neu eingeschlagenen Wegen nicht lange genug, bis sie ins Ziel führen. Weil er so viel Energie in sein Leben investiert hat, glaubt er, dass es einen Sinn dafür geben muss. Warum hat er sich sonst so lange und so hart angestrengt?

Der „Drifter" verliert seine Stressenergie durch psychische Unsicherheit. Er stellt sich nicht mehr voll hinter eine Sache, die er anfängt, sondern beginnt vieles halbherzig. Selbstzweifel sind die Folge. Die Lösung für den „Drifter" besteht darin, sich intensiv mit seinen Werten und Zielen zu beschäftigen und dann sein Leben entsprechend zu ändern.

Mischtypen sind häufig

Vielleicht haben Sie die teilweise extremen Beschreibungen abgeschreckt? So ging es zumindest vielen Teilnehmern unserer Stressseminare. Aber keine Angst, man muss ja nicht gleich zu 100% einen gewissen Typ verkörpern, vielmehr wird man einige Anteile bei sich wieder finden, andere aber nicht. Denn jeder von uns ist letztendlich ein Mischtyp. Die am häufigsten beobachteten Primärtypen waren

- Mauerblümchen (22,8%),
- Einzelgänger (20,4%),
- Drifter (19,1%),

Außerdem kann sich unsere Typzusammensetzung im Laufe des Lebens durchaus verändern. Traumatische Erlebnisse können sogar sehr rasch zu einer neuen Verteilung und Intensität führen.

Die zwei Stressreaktionsmuster

Schon Hans Selye erkannte, dass seine Probanden mit zwei sehr unterschiedlichen Verhaltensmustern auf Distress reagieren. Das entwicklungsgeschichtlich vermutlich dominierende war das Mobilisieren aller Kräfte für Kampf oder Flucht. Selye beobachtet jedoch noch einen Typus, der auf große Stressbelastung mit Lähmung und Handlungsunfähigkeit reagiert. Die Person verharrt in der Schrecksekunde.

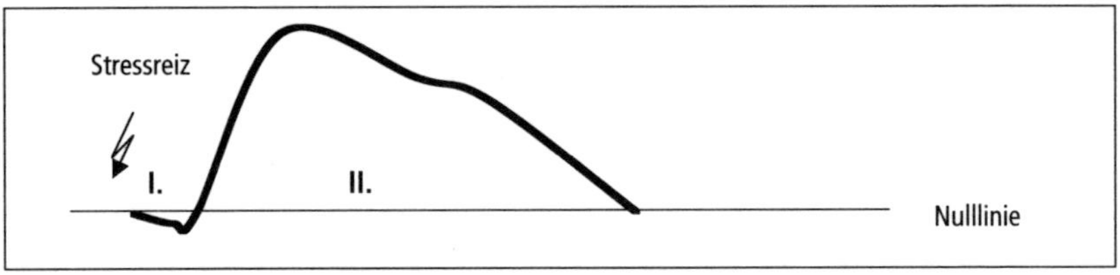

Kampf- und Fluchttyp: Die Vorphase (I.) ist sehr stark vermindert oder fehlt vollkommen, die Reaktionsphase (II.) ist verlängert und verstärkt, die Erholungsphase fehlt.

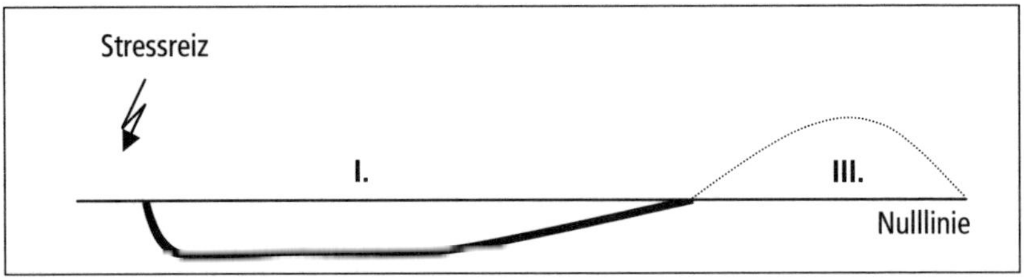

Schrecktyp: Die Vorphase (I.) ist übersteigert, die Reaktionsphase (II.) fehlt ganz oder tritt erst mit großer Verzögerung ein.

Selye führt die unterschiedlichen Reaktionen auf eine Dominanz des Sympathikus-Systems beim Kampf- und Fluchttyp und des Parasympathikus-Systems beim Schrecktyp zurück. Die beiden Systeme sind in ihrer Wirkung auf den Organismus Antagonisten. Sie werden vom Gehirn gesteuert und durch Nerven kontrolliert. Der Sympathikus mobilisiert die Energie, führt zu Wachsamkeit und hilft uns, am Morgen aufzustehen. Der Parasympathikus führt zur Verlangsamung und Müdigkeit, hilft einzuschlafen und unterstützt die Darmtätigkeit.

Je nach dominierendem System werden folgende physiologische Reaktionen beobachtet:

Sympathikus	**Parasympathikus**
■ steigert Atmung und Herzfrequenz	■ verlangsamt die Atmung
■ aktiviert Pulsfrequenz und Blutdruck	■ drosselt Pulsschlag und Blutdruck
■ Durchblutung und Schweißbildung	■ Durchblutung wird vermindert

Die folgende Tabelle zeigt, wie die beiden Reaktionsarten von den Betroffenen erlebt werden:

Stresstypen (je nach der überwiegenden vegetativen Reaktion)	
Kampf- und Fluchttyp (Sympathikus dominiert)	**Schrecktyp** (Parasympathikus dominiert)
Nervosität	Schwäche
Herzklopfen	Angstzustände
Reizbarkeit	Hilflosigkeit
Überaktivität	Lähmung
Hektik	Überforderung
Daraus ergibt sich ein unterschiedliches psychosomatisches Krankheitsrisiko:	
Krankheiten die das Herz, den Kreislauf und das Gefäßsystem betreffen, Migräne, Bluthochdruck, Herzrhythmusstörungen, Angina pectoris	niedriger Blutdruck, Bronchialasthma, Krankheiten im Verdauungssystem, Diarrhöe, Gastritis, Magen- und Darmgeschwüre

Folgender Fragebogen kann für eine erste Selbsteinschätzung nützlich sein. Vergeben sie für jede Aussage eine Punktezahl von 0 bis 3.

Fragebogen: Selbsteinschätzung

0 trifft überhaupt nicht zu
1 trifft selten zu
2 trifft gelegentlich zu
3 trifft oft zu

Ich fühle wenig Begeisterung für meine Arbeit.	0 1 2 3
Ich fühle mich müde, auch wenn ich ausreichend geschlafen habe.	0 1 2 3
Ich fühle mich frustriert, wenn ich meine Arbeitsaufgaben erledige.	0 1 2 3
Ich empfinde Stimmungswechsel, bin irritierbar und ungeduldig bei kleinen Unannehmlichkeiten.	0 1 2 3
Ich möchte mich gerne vom konstanten Zugriff auf meine Zeit und Energie schützen.	0 1 2 3
Ich fühle mich negativ, sinnlos oder deprimiert bezüglich meiner Arbeit.	0 1 2 3
Meine Entscheidungsfähigkeit scheint schlechter als normal zu sein.	0 1 2 3
Ich denke, dass ich nicht so effizient bin wie ich sein sollte.	0 1 2 3
Die Qualität meiner Arbeit ist geringer als sie sein sollte.	0 1 2 3
Ich fühle mich physisch, emotional oder geistig ausgelaugt.	0 1 2 3
Meine Widerstandsfähigkeit gegen Krankheit ist herabgesetzt.	0 1 2 3
Mein Interesse an Sex ist herabgesetzt.	0 1 2 3
Ich esse mehr bzw. weniger, trinke mehr Kaffee oder Tee, rauche mehr, oder trinke mehr Alkohol, um mit meiner Arbeit zurechtzukommen.	0 1 2 3
Ich habe kein Mitgefühl für die Probleme und Bedürfnisse anderer.	0 1 2 3
Meine Kommunikation mit meinem Vorgesetzten, meinen Kollegen, Freunden oder Familienmitgliedern scheint verschlechtert.	0 1 2 3
Ich bin vergesslich.	0 1 2 3
Ich habe Konzentrationsschwierigkeiten.	0 1 2 3
Ich langweile mich leicht.	0 1 2 3
Ich empfinde Unzufriedenheit.	0 1 2 3
Wenn ich mich frage, warum ich jeden Tag aufstehe und zur Arbeit gehe ist die einzige Antwort: „das Geld".	0 1 2 3

Schlüssel zur Interpretation:

0–20	Ihr Stressniveau ist nicht sehr hoch. Scheinbar haben Sie Mechanismen gefunden, den Belastungen entgegenzuwirken. Weiter so!
21–40	Sie sind auf dem besten Weg zum Burn-out. Noch ist es nicht zu spät, Sie sollten aber rasch an sich arbeiten und Bewältigungsmechanismen anwenden.
41–60	Alarmstufe Rot! Sie sollten sehr rasch etwas gegen den von Ihnen erlebten Stress tun. Sonst sind negative Folgen für Ihre Gesundheit sehr wahrscheinlich.

Die sechs Säulen der Stressbekämpfung

Wir hören nicht auf zu spielen, weil wir alt werden. Wir werden alt, weil wir aufhören zu spielen.
N. N.

Gäbe es keine Lösung, so wäre alles bisher gesagte zwar interessant, aber hoffnungslos. Es gibt aber Lösungsansätze, die je nach Stresstyp unterschiedliche Wichtigkeit haben. Bei der Beschreibung der sechs Typen nach den Arbeiten des Canadian Institute of Stress sind die unterschiedlichen Hauptangriffspunkte schon erwähnt. So ist es für den „Grenzgänger“ („Cliff walker“) von großer Bedeutung, bei der Ernährung und Bewegung anzusetzen, für den „Hyperaktiven“ („Speed freak“) hingegen bei der Entspannung. Natürlich ist es von Vorteil, alle sechs Säulen der Stressbewältigung zu berücksichtigen, allerdings sollte man dort beginnen, wo es am notwendigsten ist.

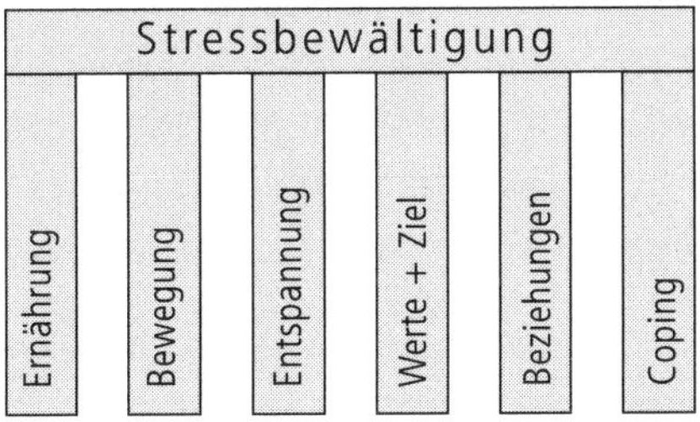

Die sechs Säulen der Stressbewältigung.

Ernährung

Über Ernährung wurde und wird sehr viel geschrieben, und die verschieden Philosophien könnten unterschiedlicher kaum sein. Ein großer Teil der Diäten und Empfehlungen hat durchaus seine Berechtigung, zumindest unter bestimmten Bedingungen. Einige wiederum sind schlichtweg gesundheitsgefährdend. Wir wollen uns hier auf Grundsätze beschränken, ohne eine bestimmte Ernährungsphilosophie zu propagieren. Hält man sich an diese Grundsätze, ist zur Stressreduktion schon viel erreicht. Gerade in stressreichen Zeiten ist der Körper auf eine ausgewogene und richtige Ernährung angewiesen, weil der Bedarf an Vitaminen, Mineralien und anderen essenziellen Substanzen steigt und deren Mangel sich besonders negativ auswirkt.

Man kann die Nahrung in zwei große Kategorien unterteilen:

- Energielieferanten (Kohlenhydrate, Fette, Eiweiß) und
- essentielle Stoffe (Vitamine, Minerale, Spurenelemente, Ballaststoffe).

Kohlenhydrate

Die Kohlenhydrate sind die am schnellsten verdaubare Form von Energie und sollten einen Großteil der Ernährung ausmachen. Sie sind in Getreideprodukten, Reis, Kartoffeln etc. enthalten. Kohlenhydrate bestehen aus Ketten von Zuckermolekülen. Je nach Länge der Kette unterscheidet man einfache Kohlenhydrate (Traubenzucker ist die am schnellsten mobilisierbare Form), mittelkettige Kohlenhydrate und komplexe oder langkettige Kohlenhydrate.

Je längerkettig sie sind, desto länger benötigt der Organismus, sie abzubauen, allerdings erfolgt die Energieabgabe auch stetiger. So erreicht man mit Traubenzucker einen sehr raschen Anstieg des Blutzuckerspiegels, der jedoch genauso schnell wieder abfällt. Bei sportlichen Aktivitäten ist in der Regel eine Mischung von kurz- und langkettigen Kohlenhydraten gut, im Büroalltag, wo der sportliche Aspekt eher gering ist, sollte man komplexe, langanhaltende Kohlenhydrate zu sich nehmen.

Fette

Fette enthalten doppelt so viel Energie wie Kohlenhydrate und Eiweiß und bestehen aus Fettsäuren, die chemisch an Glycerin gebunden sind. Man unterscheidet gesättigte, einfach ungesättigte und mehrfach ungesättigte Fettsäuren. Die beiden letzteren sind für den Körper notwendig, auf gesättigte Fettsäuren könnten wir theoretisch verzichten.

In früheren Zeiten, als die meisten Menschen noch schwere körperliche Arbeit verrichten mussten, war Fett zweifelsohne ein sehr wichtiger Energielieferant. So decken die extremen Ausdauersportler während des Wettkampfes den Großteil ihres Energiebedarfs aus Fett, da sie soviel Kohlenhydrate gar nicht essen könnten. Dies gilt für den Normalverbraucher allerdings nicht. Für vorwiegend sitzende Tätigkeit sollten wir den Fettkonsum stark einschränken, aber nicht auf die ungesättigten Fettsäuren verzichten. Diese sind in den meisten pflanzlichen Fetten und Ölen, wie z. B. Olivenöl, enthalten.

Eiweiße

Eiweiß (Protein) hat zwei Funktionen:

- Besteht Energiebedarf, weil zu wenig Kohlenhydrate oder Fette vorhanden sind, werden die Eiweiße abgebaut und daraus Energie gewonnen. Dies geschieht auch dann, wenn im Rahmen extremer Hungerzustände nur mehr wenig körpereigenes Fett abgebaut werden kann und somit die Muskeln, die ja aus reinem Eiweiß bestehen, herangezogen werden. Aus diesem Grund führt sehr intensives Fasten zu Muskelschwund.
- Wird der Energiebedarf durch Fette und Kohlenhydrate gedeckt, so wird Eiweiß zum Körperaufbau verwendet. Dies beinhaltet Muskeln, Enzyme, Haare, Hautbestandteile und vieles mehr.

Eiweiße werden aus 20 verschiedenen Aminosäuren aufgebaut, von denen der menschliche Körper zwölf selbst herstellen kann, acht müssen jedoch zugeführt werden. Werden diese acht essenziellen Aminosäuren nicht zugeführt, so kommt es auf Dauer zu schwerwiegenden Mangelerscheinungen. Besonders darauf zu achten gilt es für Vegetarier, vor allem jene, die auch auf Milchprodukte, Eier und Fisch verzichten. Es gibt zwar durchaus Pflanzen, in denen die essentiellen Aminosäuren in ausreichender Menge vorhanden sind. Man muss sie jedoch in ausreichender Menge zu sich nehmen.

Vitamine und Mineralstoffe

Besonders in stressreichen Zeiten steigt der Bedarf unseres Körpers an Vitaminen und Mineralstoffen. Dies hat zwei Gründe:

- Zum einen ist der Stoffwechsel angeregt, wodurch eben mehr Vitamine und Mineralstoffe umgesetzt und ausgeschieden werden,
- zum anderen haben vor allem die Vitamine neben ihrer Aufbaufunktion auch die Eigenschaft, Radikale abzufangen.

Radikale sind sehr reaktionsfreudige Moleküle, die alles angreifen und somit in seiner Struktur verändern, was ihnen in den Weg kommt. Sind dies Zellen, so können sie diese nachhaltig schädigen, was sogar zu deren Entartung führen kann. Das Ergebnis ist Krebs. Einige der Vitamine (A, C und E, wahrscheinlich aber auch andere) sind nun hervorragende Radikalfänger, machen diese freien Radikale also unschädlich, bevor sie Schaden anrichten können. Dabei werden die Fängersubstanzen aber verbraucht, müssen also nachgeliefert werden.

Neuere Untersuchungen haben gezeigt, dass auch grüner Tee diese Wirkung entfaltet. Vitamine und Mineralstoffe sind vor allem in Früchten, aber auch in Gemüse sowie in Vollkornprodukten enthalten. „Junk-Food“ enthält so gut wie keine Vitamine und Mineralstoffe. Vermutlich nimmt der Körper Vitamine und Minerale aus natürlichen Produkten besser und effizienter auf als aus Präparaten. Zu Vitamin- und Mineralpräparaten sollte man trotzdem greifen, wenn man nicht genügend Obst und Gemüse zu sich nehmen kann, sei es aus zeitlichen, diätetischen oder anderen Gründen.

Nicht nur die Zusammensetzung des Speiseplanes spielt eine entscheidende Rolle, sondern auch die absolute Menge an aufgenommenen Kalorien. Der Begründer des modernen Karate, Gichin Funakoshi, sagte in einem Interview zu seinem 90. Geburtstag auf die Frage, worauf er sein hohes Alter bei sehr guter Gesundheit zurückführe:

> „Betrachten wir für einen Moment den wichtigen Gesichtspunkt der Nahrung. Ich esse mäßig, nie so viel, dass ich voll bin. Gemüse ist ein

Durchschnittliche und ideale Zusammensetzung des Speisezettels in Prozent der Gesamtenergieaufnahme

Energielieferant	Ist	Soll
Fett	42%	30%
Eiweiß	12%	12%
Komplexe Kohlenhydrate	22%	48%
Zucker	24%	10%

Hauptbestandteil meiner Diät, und obwohl ich gerne Fleisch und Fisch esse, schränke ich diese beiden Dinge noch ein. Ich habe mir zur Regel gemacht, nie mehr als eine Beilage oder eine Schale Suppe zu essen. Ich glaube, die Mäßigung in Bezug auf das Essen ist ein Hauptgrund, warum ich meine gute Gesundheit erhalten habe."

Essen Sie gerade in stressreichen Zeiten regelmäßig, dafür kleinere Mengen. Vor allem aber ausgewogen.

Flüssigkeitsaufnahme

Wir halten es für besonders wichtig, auf die Bedeutung der Flüssigkeitszufuhr hinzuweisen. Durst ist leider nur ein ungenauer Indikator, dass wir Wasser benötigen. Besonders in der kalten Jahreszeit, wenn die Luft in den Wohnungen und Büros sehr trocken ist, verlieren wir alleine durch die Atmung einige Liter pro Tag. Trockene Atemwege sind jedoch die ideale Voraussetzung für Verkühlungen, da die körpereigenen Immunzellen in diesem trockenen Milieu nicht effektiv sind. Stress führt zusätzlich zu erhöhter Atemfrequenz, wodurch noch mehr Wasserdampf abgeatmet wird.

2% Flüssigkeitsverlust = 20% Leistungsverlust

Es macht auch einen Unterschied, ob man zwei Liter auf einmal trinkt oder kleine Mengen über den ganzen Tag verteilt. Einige Unternehmen tragen diesen Erkenntnissen schon Rechnung und haben an vielen Orten Wasserbehälter und Becher aufgestellt. Alkoholische und koffeinreiche Getränke besitzen eine harntreibende Wirkung, somit tragen sie nicht positiv zur Flüssigkeitsbilanz bei. Am Besten sind reines Wasser bzw. Mineralwasser, verdünnte Fruchtsäfte und Tees.

Man kann nicht zuviel trinken!

Bewegung

Bewegung ist ebenso wichtig wie gefährlich. Vieles kann man falsch machen, körperliche Schäden sind die Folge. In letzter Zeit kann man oft gequälte Läufer auf den klassischen Laufrouten begegnen, die mit hochrotem Kopf dem von Gurus proklamierten Hobby frönen. Sie sind viel zu schwer, um locker zu laufen, sind für ihre Verhältnisse zu schnell, laufen aus orthopädischer Sicht falsch und dehnen nach der Bewegung nicht ausreichend.

Die Sprechzimmer der Sportmediziner werden in naher Zukunft gefüllt sein mit dieser Spezies. Laufen ist gesund, das steht außer Zweifel. Hat man in den letzten Jahrzehnten aber versäumt, es auszuüben und stattdessen viele Kilos angehäuft, so sollte man sehr sachte an die wieder entdeckte Bewegung herangehen. Gelenke und Bänder müssen sich erst an die Belastung gewöhnen und benötigen dafür viel mehr Zeit als die Muskulatur. Cross-Training ist das Zauberwort. Es bedeutet, verschiedene Sportarten auszuüben, um die Herz-Kreislauf-Fitness zu steigern. So kommen Schwimmen, Radfahren, Rudern, Langlaufen, rasches Wandern, Circle-Training etc. neben dem Laufen in Frage.

Wenn man diese Aktivitäten abwechseln ausübt, so werden immer wieder neue Muskeln, Gelenke und Bänder belastet, die anderen können sich in der Zwischenzeit regenerieren. Außerdem macht es mehr Spaß, verschiedene Dinge zu machen. Und Freude an der Bewegung ist wichtig, um nicht frustriert wieder aufzuhören. Bei stark übergewichtigen Menschen ist Laufen in der Anfangsphase überhaupt abzuraten, da bei jedem Schritt das gesamte Gewicht auf den wenigen Quadratzentimetern des Knieknorpels abgefedert wird, was ihm sicherlich nicht gut tut.

Für die Gesundheitserhaltung reicht es völlig aus, drei mal pro Woche den Kreislauf mindestens 30 Minuten auf Trainingspuls zu belasten. Es ist dabei vollkommen egal, mit welcher Bewegung man die Pulsfrequenz erreicht. Es werden allerdings je nach Aktivität unterschiedliche Muskelgruppen mittrainiert. Der optimale Trainingspuls lässt sich am besten durch eine sportmedizinische Untersuchung mit Lactattest feststellen. Für den Anfang findet man aber mit folgender Formel durchaus das Auslangen:

Theoretischer Maximalpuls = 220 – Lebensalter in Jahren

Anfänger sollten bei ca. 65% des theoretischen Maximalpulses trainieren, Profis bei 85%.

Die negative Stressenergie in Schweiß auflösen, lautet die Devise!

Entspannung

Entspannung ist eine der wichtigsten Antistressmethoden und vor allem rasch anzuwenden. Es empfiehlt sich, eine individuell sehr angenehm empfundene und gut beherrschte Entspannungstechnik zu verwenden, wenn man gerade eine sehr stressreiche Periode durchlebt. Durch gute Kenntnis der Methode kann man rasch in die Entspannungsphase kommen, auch wenn es „rund“ geht. Die richtige Methode muss allerdings jeder Mensch für sich herausfinden. Bei den vielen Stressworkshops wurden annähernd so viele Entspannungstechniken genannt wie es Teilnehmer gab. Darunter waren Nennungen wie Tai-Chi, Chi-Gong, autogenes Training, Yoga, klassische Musik, Spaziergänge, Dösen, Spielen mit Kindern, Kochen, Rasenmähen, Sex und viele andere.

Es gibt nicht *die* beste Entspannungstechnik, sondern nur die *für Sie* beste.

Nicht zuletzt sei der Schlaf erwähnt, der besonders in Stresszeiten die wichtigste Entspannungsform darstellt.

Werte und Ziele

> Wer das Ziel nicht weiß,
> kann den Weg nicht haben,
> wird im selben Kreis,
> all sein Leben traben.
> *Christian Morgenstern*

Es gibt natürlich keine Patentrezepte, wie man sein Wertsystem und seine Ziele im Leben finden kann. Allerdings ist es für ein erfülltes Leben wichtig zu wissen, wohin die Reise gehen soll. Diese Suche kann lange dauern. Folgende Fragen können helfen, sich der Ziele – und auch der Hindernisse, sie zu erreichen – klar zu werden:

1. Was ist Ihr Ziel?
   (konkret, überprüfbar, positiv, in eigener Kontrolle)
2. Woran bemerken Sie, dass Sie Ihr Ziel erreicht haben?
   (Wie genau?)
3. In welchen Situationen möchten Sie dieses Ziel mit wem, wann, wo und wie oft leben?
   (Kontext)
4. Woran könnte Ihr soziales Umfeld erkennen, dass Sie Ihr Ziel erreicht haben?
   (Wer, wie, Reaktionen darauf)
5. Welche Auswirkungen könnte die Erreichung Ihres Zieles auf Ihr Leben haben?
   (Was wäre ein Gewinn, was ein Verlust?)
6. Gibt es Gründe, warum Sie sich selbst hindern könnten, das Ziel zu erreichen?
   (Beharrungsstrategien)
7. Sind Sie sicher, dass Sie das Ziel erreichen wollen?

Wenn die persönlichen Lebensziele und das eigene Wertsystem, sofern bekannt, mit unserem Job in Einklang zu bringen sind, wird sich das sehr positiv auf die Motivation und gegen den empfunden Stress auswirken. Wenn hingegen ein großer Widerspruch zwischen unseren Zielen und Werten und der Arbeit besteht, wird uns jede Kleinigkeit stressen, und wir werden uns im Extremfall leer und ausgepumpt fühlen.

Beziehungen

Der Mensch ist nicht zum Alleinsein geschaffen. Sowohl unsere nächsten Verwandten als auch die gemeinsamen Vorfahren leben bzw. lebten in Gruppen. Überleben als Eremit wäre in grauer Vorzeit kaum möglich gewesen. Wir haben uns also an Begleitung durch Artgenossen gewöhnt und brauchen sie sogar. Natürlich besteht hier eine große individuelle Bandbreite: So können manche Menschen keine Minute alleine sein, andere wiederum halten es wochenlang aus. Hermann Hesses „Steppenwolf“ ist eine sehr gute Beschreibung dessen, was passiert, wenn wir vereinsamen.

Beziehungen sind für unser psychisches Gleichgewicht wichtig. Dennoch ziehen wir uns gerade in Zeiten großer Stressbelastung von den wirklich guten Beziehungen zurück, vernachlässigen gute Freunde und sogar die eigene Familie. Es genügt jedoch nicht, irgendwelche zwischenmenschlichen Beziehungen zu pflegen. Um dem Distress entgegen- und für unsere Psyche positiv zu wirken, sind wertvolle und auf Gegenseitigkeit beruhende Beziehungen nötig.

Die Kommunikation ist die Form des Austausches in Beziehungen. Wenn sie gestört ist, kann es zwischenmenschlich auch nicht funktionieren. Gestörte Kommunikation bewirkt Unsicherheit, Unsicherheit bewirkt Angst und Angst macht Stress. Diesen Kreislauf zu durchbrechen ist das Gebot, wenn man stressfreier und im psychischen Gleichgewicht leben will.

Wann haben Sie zuletzt wirklich gute Freunde getroffen? Mit ihnen tiefschürfende Gespräche geführt? Einfach Zeit miteinander verbracht, die von beiden Seiten als sehr positiv erlebt wurde? Und wie sieht es mit Zeit für die engere Familie aus? Wie erleben Sie das Verhältnis zu den Arbeitskollegen? Gehen die gemeinsamen Aktivitäten über rein fachliche hinaus? Freuen Sie sich darauf, in der Früh die Kollegen zu sehen oder fürchten Sie sich davor?

An Beziehungen zu arbeiten, ist ein langwieriger Prozess.Und hat man sie verloren, dauert es lange, die alten wieder aufzubauen und neue zu entwickeln. Aber es zahlt sich aus.

Coping-Mechanismen

> Nicht die Dinge selbst beunruhigen uns, sondern die Meinung, die wir von den Dingen haben.
> *Epiktet*

Wie schon Epiktet erkannt hat, spielt unsere Einstellung gegenüber den Herausforderungen des Lebens eine entscheidende Rolle. Wie wir an die Dinge herangehen, entscheidet über unser Gefühl dabei. Die Coping-Mechanismen sind zwar langwierig zu erlernen, aber sehr erfolgreich, wenn sie einmal funktionieren. Man kann damit das Stressempfinden auf drei Ebenen vermindern:

Veränderung der inneren Einstellung
Durch Reflektion und „Nicht-so-wichtig-Nehmen" kann viel an Distress vermieden werden. Wir glauben oft, dass die Welt untergeht, wenn wir dieses oder jenes nicht zustande bringen. Viele vor uns haben dies schon gedacht, und viele nach uns werden es glauben. Jedoch, die Welt steht nach wie vor – und wird es noch lange tun.

Veränderung des Umganges mit Stress
Wenn wir unsere Stress-Alarmlämpchen aufleuchten sehen, sollten wir nicht noch hektischer werden, sondern einen Schritt zurück machen, tief durchatmen, kurz nachdenken. Vielleicht können wir einiges verschieben oder effizienter erledigen. Im Malstrom des Distress haben wir keinen Kopf für Alternativen und gehen sehr oft umständlich an die Dinge heran.

Veränderung der Stressfaktoren selbst (qualitativ und quantitativ)
Nicht zuletzt kann man an den Stressfaktoren selbst ansetzen. So ist es z. B. möglich, die Terminfrequenz zu verringern, wenn sie einen Hauptstressor darstellt. Sollte Zu-spät-Kommen unser Problem sein, so „betrügen" sich viele selbst, indem sie die Uhr zehn Minuten vorstellen. Trotz des Wissens um den Selbstbetrug funktioniert es!

Man kann auch Reservezeit im Terminkalender einplanen. Wird

sie letztendlich nicht durch Termine verbraucht, kann man in ihr wichtige, aber nicht dringende Aufgaben erledigen. Die Liste der Beispiele könnte an dieser Stelle noch unendlich weitergeführt werden. Am besten aber, man findet selbst heraus, wo sich im eigenen Tagesablauf Veränderungsmöglichkeiten anbieten.

Den Biorhythmus beachten

Zu guter Letzt sei noch erwähnt, dass eine Arbeitsaufteilung für den Tag wenn möglich den Biorhythmus berücksichtigen sollte. Das wird in einigen Jobs besser gehen, in anderen schlechter. Wahrscheinlich ist eine Optimierung aber überall möglich.

Wir sind nicht zu jeder Tages- und Nachtzeit gleich konzentrationsfähig, wie untenstehende Kurve zeigt. Daher sollten Arbeiten, die hohe Konzentration erfordern und bei denen Fehler große Auswirkungen haben, zu jener Tageszeit erfolgen, in der die Konzentrationsfähigkeit am höchsten ist. Routinearbeiten können in der Zeit der geringen Konzentrationsfähigkeit ebenso gut erledigt werden. Die Kurve ist zwar individuell etwas unterschiedlich, sieht im Allgemeinen aber ähnlich aus.

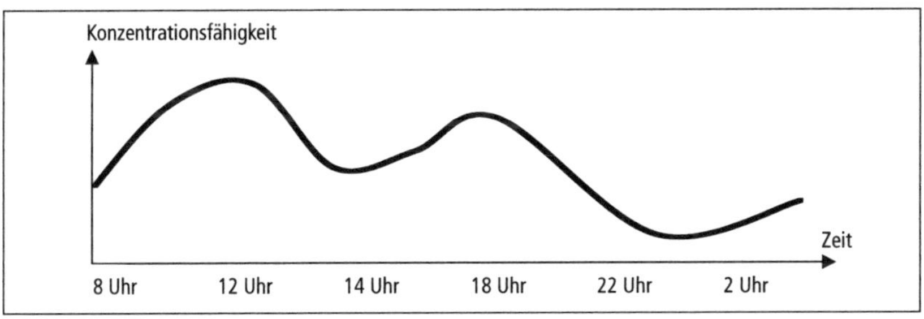

Kurve der Konzentrationsfähigkeit.

Zusammenfassung des Kapitels „Stress"

Stress ist ein Bestandteil unseres Lebens. Er hat seinen Ursprung im Überlebensprogramm aller Tiere. Auf Gefahr wird mit Mobilisierung aller Reserven reagiert, um dieser Gefahr entweder mit Kampf oder durch Flucht zu begegnen.

Die negativen Folgen
Stresssituationen sind heutzutage allerdings selten lebensbedrohlich – und so überwiegen die negativen Folgen dieser Mobilisierung, vor allem bei chronisch wirkendem Stress. Zu diesen Folgen zählen Herz-Kreislauf-Erkrankungen ebenso wie psychische Probleme und Infektionen aller Art.

Eustress – Distress
Hält man das Stressniveau jedoch in einem tragbaren Bereich, so befindet man sich im Eustress (guter Stress), der sogar positive Energie zur Bewältigung von Problemen bereitstellt. Ruhepausen sind allerdings unbedingt nötig, um die „Batterien“ wieder aufzuladen. Wird dieser tragbare Bereich überschritten, rutschen wir in den Distress (böser Stress), der zu geringerer Effizienz führt, wodurch wir noch gestresster werden. Ein Teufelskreis. Man sollte also unbedingt zurückschalten, wenn man merkt, dass der Übergangsbereich von Eustress zu Distress erreicht ist.

Strategien zur Stressbewältigung

- Gerade in Stresszeiten sollten wir auf **ausgewogene Ernährung** und viel **Flüssigkeitszufuhr** achten. Der Vitamin- und Mineralstoffbedarf des Körpers steigt unter Stressbedingungen stark an. Man kann ihn durch Früchte und natürliche Säfte decken, wenn nötig aber auch durch Präparate.
- Ausreichend **Schlaf** und **Entspannungstechniken** helfen uns, in stressreichen Zeiten das Erregungsniveau zu senken und dadurch nicht auszubrennen.
- Positive zwischenmenschliche **Beziehungen** sind für das seelische Gleichgewicht immer von Bedeutung. Da dieses Gleichgewicht unter Stress leidet, ist in dieser Situation besonderes Augenmerk darauf zu richten. Unternehmungen mit guten Freunden und Familie!
- Gemäßigte körperliche **Bewegung** baut die angestauten schädlichen Stoffe ab. Wer dreimal pro Woche für mindestens 30 Minuten wirklich schwitzt – und dies durch Bewegung und nicht, wenn wieder Rechnungen ins Haus stehen –, hat viel erreicht.

Einstellung ändern

Viele stressverursachende Faktoren lassen sich an der Wurzel packen, zumindest aber die Einstellung zu ihnen. Loslassen-Können und diese Dinge nicht als das Wichtigste der Welt zu betrachten, ist hilfreich.

Sozio-emotionale Intelligenz

Arbeitskräfte wurden gerufen
– Menschen sind gekommen.
Max Frisch

Wer kennt sie nicht? Die Mitschüler, neben denen man gern bei Schularbeiten sitzt, mit denen man aber nicht die Freizeit verbringen möchte. Es handelt sich meist um intelligente Streber, die emotionale Analphabeten geblieben sind. Nicht selten treffen wir dieses Phänomen auch bei Führungskräften an. Der fachlich Beste wird zum Manager befördert und erweist sich bald als unfähig, Menschen zu führen.

Die folgenden Zitate drücken – als Beispiele für viele – die Überraschung einiger Führungskräfte aus, dass es sich beim Führen um den Umgang mit Menschen (und deren Probleme) handelt:

„Wieso soll ich mich auf die Mitarbeiter einstellen? Ich bin ja kein Therapeut."
(In ähnlichen Worten immer wiederkehrende Aussage.)

„Das private Zeug der Mitarbeiter interessiert mich nicht. Es geht um Zielerreichung."
(Ein Geschäftsführer der Autozuliefererbranche.)

„Warum muss ich die Mitarbeiter motivieren? Es gibt ja den Arbeitsvertrag, der sie zur Leistung verpflichtet.“
(Inhaberin eines großen österreichischen Transportunternehmens.)

„In Zeiten von Personalabbau kann ich mir alle Motivationsprogramme ersparen. Angst um den Arbeitsplatz motiviert die Mitarbeiter!“
(Ein Generaldirektor eines multinationalen Unternehmens, ca. 1800 Mitarbeiter/-innen.)

Was ist sozio-emotionale Intelligenz?

Ist es ein Sammelbegriff für notwendige soziale Fähigkeiten für Führungskräfte oder eine Mode?

Die meisten großen Persönlichkeiten der Geschichte (von Alexander dem Großen über Hildegard von Bingen und Mutter Theresa bis Mahatma Gandhi – um nur einige zu nennen) sind Beispiele außerordentlicher sozio-emotionaler Intelligenz. Auch wenn das Thema erst seit etwa einem Jahrzehnt thematisiert wird, handelt es sich dabei keineswegs um eine Mode. Vielmehr wird jede Führungskraft auf längere Sicht scheitern, wenn sie nicht ein hohes Maß an sozio-emotionalen Fähigkeiten erworben hat. Intellektuelle Pferdestärken sind wichtig, doch erreichen Führungskräfte erst durch entwickelte emotionale Kompetenz das volle Potential ihrer Anlagen und Talente.

Diese Aussage soll durch folgende Formel veranschaulicht werden:

Führungserfolg = IQ x EQ
(IQ = Intelligenzquotient, EQ = emotionaler Quotient)

Es ist einsichtig, dass ein hoher IQ von z. B. 125 mit null multipliziert null Erfolg ergibt. Umgekehrt kann bis zu einem gewissen Grad ein intellektuelles Defizit durch einen hohen emotionalen Quotienten kompensiert werden (z. B. 100 × 1,3 = 130).

Längst ist zu beobachten, dass von vielen Firmen nicht in erster Linie die hellsten Köpfe mit ausgezeichneten Schulnoten gesucht werden, sondern es auf Fähigkeiten der sozio-emotionalen Intelligenz ankommt, wenn es um Führungsaufgaben geht. So sagte mir ein erfahrener international tätiger Personalvermittler: „Je älter ich werde, umso mehr kommt es mir auf zwei Merkmale an: Ich suche Menschen, die eine Leidenschaft zeigen, etwas im Leben zu leisten und die gelernt haben, sich auf ihre Gefühle zu verlassen."

Wo werden sozio-emotionale Fähigkeiten erworben? Wir entwickeln unsere sozio-emotionalen Fähigkeiten im Laufe unseres Lebens. Unsere Pflegepersonen, Eltern oder andere, wie Kindergärtnerinnen, Lehrer, Pfarrer, Kollegen, Freunde, Chefs, tragen alle über die Erfahrungen, die wir mit ihnen machen, dazu bei, mehr oder weniger menschlich zu wachsen. Wenn das Umfeld, insbesondere das Entwicklungsniveau und die Werthaltungen der relevanten Bezugspersonen unseres Lebenswegs, ungünstig war, sind diese Fähigkeiten zu jedem späteren Zeitpunkt erlernbar. Sie sind nicht leicht erlernbar – jeder weiß, dass Lernen mit „Entlernen", d. h. mit Loslassen liebgewordener Denkmuster und Standpunkte, verbunden ist –, aber sie sind lernbar.

Emotionale Intelligenz kann man lernen und lehren. Allerdings braucht das Zeit und funktioniert nicht theoretisch, sondern nur durch Erleben.

Die Definition

Auch wenn sozio-emotionale Intelligenz die korrektere Bezeichnung ist, hat sich besonders im englischen Sprachraum der Ausdruck „emotionale Intelligenz" durchgesetzt.

Unter „Emotion" verstehen wir eine komplexe, gewöhnlich starke subjektive Antwort auf einen Reiz (ein Ereignis). Einige bekannte Beispiele für Emotionen sind: Liebe, Angst, Wut, Trauer, Vertrauen, Freude. Wissenschaftlich formuliert sind Emotionen „episodische, relativ kurzlebige psychologisch-physiologische Reaktionsmuster, die aus der Bewertung eines Reizes hinsichtlich seiner Bedeutung für die Ziele bzw. Bedürfnisse des Organismus resultieren" (Gall/Kerschreiter/Mojzisch).

Daniel Goleman, der sein Buch „Emotionale Intelligenz" 1995 veröffentlichte, beschreibt emotionale Intelligenz (EI) folgendermaßen:

> „Emotionale Intelligenz ist die Fähigkeit, unsere eigenen Gefühle und die anderer zu erkennen, um uns selbst zu motivieren und sie zum Vorteil von gelungenen zwischenmenschlichen Beziehungen einzusetzen, zu lenken, zu steuern und zu beherrschen."

Eine andere Definition von Robert Cooper ist:

> „Emotionale Intelligenz ist die Fähigkeit, die Macht der eigenen und fremden Gefühle zu spüren, zu verstehen und wirkungsvoll anzuwenden – als eine Quelle der menschlichen Energie, Information, Verbundenheit und des Einflusses."

Emotional intelligent sein heißt nicht, weich zu sein. Emotional intelligent sein, heißt nicht, seinen Gefühlen unkontrollierten, freien Lauf zu lassen. Es geht vielmehr darum, die Gefühle zu handhaben, um mehr Kontrolle über uns selbst und unsere Auswirkung auf andere zu entwickeln.

Die folgenden persönlichen Ziele können durch Entwicklung der sozioemotionalen Kompetenz erreicht werden (es handelt sich um Auszüge aus den Rückmeldungen von Teilnehmer/-innen nach dem Besuch unserer Seminare mit dem Titel „Emotionale Intelligenz"):

- Teamfähigkeit steigern
- Konflikte konstruktiv nutzen
- Andere beeinflussen
- Meine Unbeherrschtheit verringern
- Stress reduzieren
- Andere verstehen
- Besser zuhören, weniger reden
- Selbstvertrauen entwickeln
- Motiviert bleiben, trotz widriger Umstände
- Bereiter werden für Veränderungen
- Mich besser kennen lernen
- Meine Produktivität steigern

- Reibungsverluste in Beziehungen vermeiden
- Bessere Entscheidungen treffen
- Meiner Intuition vertrauen
- Mehr Freude im Leben haben
- Beruf und Familie harmonisieren
- Besser mit Ärger und Frustration umgehen

In folgenden Bereichen kann durch Entwickeln emotionaler Intelligenz Nutzen für das Unternehmen erreicht werden:

- Zusammenarbeit, Teamarbeit
- Kommunikation
- Selbstmotivation
- Mitarbeitermotivation
- Konfliktlösungsfähigkeit
- Umgang mit Veränderungen
- Führungsqualität
- Betriebsklima
- Kreativität und Innovation
- Kundenbeziehungen

Die fünf Kernkompetenzen der emotionalen Intelligenz

1. Emotionale Selbst-Bewusstheit
2. Emotionale Selbst-Regulierung
3. Selbst-Motivation
4. Mitgefühl – Empathie
5. Motivation, Win-Win-Beziehungen

1. Emotionale Selbst-Bewusstheit

„Erkenne Dich selbst“, steht über dem Orakel zu Delphi. Wäre dieses Vorhaben einfach, müsste man nicht ein Orakel bemühen.

Menschen, die sich ihrer Gefühle bewusst sind, können dieses Wissen als Hilfestellung bei den täglichen Entscheidungen – was als nächstes zu tun ist, und warum, und was nicht – nutzen. Führungskräfte, die sich ihrer Gefühle wenig bewusst sind, können Mitarbeiter/-innen oder Kunden vor den Kopf stoßen, ohne es zu wollen oder manchmal sogar zu bemerken, stören Teamarbeit und beeinflussen so die Leistung negativ.

Gibt es positive und negative Gefühle?

Menschen erleben Gefühle als positiv, wenn sie ihre Denkfähigkeit anregen, wenn sie also wach auf das Umfeld reagieren. Menschen bezeichnen Gefühle als negativ, wenn sie ihre Denkfähigkeit beeinträchtigen und die Aufmerksamkeit dämpfen. Nichts liegt daher näher, als negative Gefühle möglichst zu vermeiden.

Wenn wir unsere emotionale Selbst-Bewusstheit steigern wollen, hilft es, Gefühle als neutral zu bezeichnen, sie einfach als das zu akzeptieren, was sie sind, nämlich Botschaften aus unserem Inneren, die uns helfen sollen, die jeweilige Situation zu meistern. So wird es eher gelingen, sie zuzulassen. Jedes Gefühl, ob es von uns als positiv oder negativ erlebt wird, ist wertvolle Information über unseren Energiezustand!

Menschen beantworten äußere Reize (Ereignisse) unterschiedlich. Was manche Führungskräfte schon in starken, beeinträchtigenden Stress (Distress) versetzt, bedeutet für andere nicht mehr als einen angenehmen Erregungszustand, der zu erhöhter Leistungsbereitschaft führt.

Jede unserer Wahrnehmungen eines Reizes (Ereignisses) löst Hirnprozesse aus. Dabei kann eine Reaktion „auf niedrigerer Stufe“ erfolgen, bevor das „höhere Hirn“ eine vernünftigere Antwort zur Verfügung stellt (Kurzschlusshandlung – „emotionale Entführung“). Darauf bewusst Einfluss zu nehmen, das ist das Ziel der Selbst-Regulierung. Die Voraussetzung dafür ist aber, sich der Gefühle bewusst zu sein. Denn Gefühle beeinflussen unser Verhalten, unsere Denkfähigkeit, unsere Kreativität und unsere Fähigkeit, gute Entscheidungen zu treffen.

Anleitung: Wie kann man höhere Selbst-Bewusstheit entwickeln?

1. Führen Sie für eine Weile (mindestens sechs Wochen) ein „emotionales Logbuch". Das Kapitel „Selbst-Bewusstheit" versehen Sie mit den Spalten: Uhrzeit, Ereignis, Gefühl, Verhalten.
2. Geben Sie sich abends Rechenschaft über Ereignisse des Tages, die mehr oder weniger starke Gefühle ausgelöst haben.
3. Versuchen Sie, dieses Gefühl zu benennen und zu beschreiben.
4. Analysieren Sie die Folgen dieses Gefühls auf Ihr Verhalten.
5. Besprechen Sie Ihr Logbuch mit einer Person, der Sie vertrauen.
6. Nehmen Sie das Feedback dieser Person ernst, vergleichen Sie es mit Ihren Beobachtungen und lassen Sie Veränderungsprozesse zu.

Nach diesem Übungsprogramm werden Sie Ihre beiden Energiequellen, die intellektuellen und emotionalen, besser nutzen und einsetzen können.

Selbst-Bewusstheit beschränkt sich nicht auf das bewusste Erleben der Gefühle. Es ist ebenso bedeutsam, wie wir von anderen wahrgenommen und erlebt werden. Dieses Feedback erlaubt uns, Korrekturen an unserem Selbstbild vorzunehmen und so zu einer realistischeren Annahme über uns selbst zu gelangen.

Führungskräfte, die ein übersteigertes Selbstbewusstsein zeigen, können auf ihr Team unterdrückend und demotivierend wirken. Oft haben arrogante, überhebliche, sich selbst überschätzende Führungskräfte kurzfristigen Unternehmenserfolg und werden auch medial bewundert. Die Kosten, die sie ihrem Unternehmen aber – besonders langfristig – zufügen, werden oft übersehen. Übergroße Bescheidenheit und geringes Selbstbewusstsein haben ebenfalls eine Reihe von negativen Auswirkungen auf die zu führenden Teammitglieder. In beiden Fällen sind Störungen in der Beziehungsgestaltung und Leistungseinbußen zu erwarten.

Beide Formen mangelhafter Selbst-Bewusstheit wirken sich negativ auf das Betriebsergebnis aus.

2. Emotionale Selbst-Regulierung

Die Fähigkeit zur emotionalen Selbst-Regulierung als Teil der emotionalen Intelligenz befreit uns davon, ein Gefangener unserer Gefühle zu sein. Durch Selbst-Regulierung können wir ein vertrauensvolles Umfeld schaffen und verschwenden nicht viel Zeit mit hemmenden oder blockierenden Gefühlsausbrüchen, wodurch sowohl persönliche Ziele als auch Unternehmensziele gefährdet werden können. Früher hätte man dasselbe Phänomen wohl als Selbstbeherrschung bezeichnet, geht es doch nicht um Herrschaft des Verstandes über Gefühle, sondern um eine Balance!

Anleitung: Wie kann man seine Fähigkeit zur Selbst-Regulierung verbessern?

1. Nehmen Sie Ihr emotionales Logbuch und beginnen Sie ein Kapitel „Selbst-Regulierung“. Markieren Sie im Kapitel „Selbst-Bewusstheit“ jene Situationen, in denen Sie sich rückblickend lieber anders verhalten hätten, also wo ein zu starker Gefühlszustand das vernünftige, zielgerichtete Verhalten verhindert hat.
2. Beim nächsten Auftreten eines solchen Zustandes konzentrieren Sie sich – weg vom rasenden Verstand und den störenden Gefühlen – auf etwas „Größeres“. (Der Sternenhimmel eignet sich dazu hervorragend. Oder lächeln Sie Ihrem Herzen zu. Ihnen wird schon das Richtige einfallen.)
3. Versuchen Sie, sich an eine emotional positiv besetzte Situation zu erinnern, sich in sie zu versetzen.
4. Dann stellen Sie sich die Frage – jetzt aus Distanz: Was wäre eine effizientere Reaktion auf diese Situation?
5. Hören Sie auf die Antwort von innen.
6. Handeln Sie aus der Position der Balance, d. h. mit Herz *und* Verstand.
7. Halten Sie Ihre Erfahrungen im Logbuch fest.

Daniel Goleman empfiehlt, für das unbeherrschte Ausrasten („emotional hijacking“) eine Auszeit („time-out“) zu nehmen. Das ist ein guter Rat, damit die Schritte 2 bis 6 noch besser gelingen. Wie lange diese

Auszeit sein soll, ist individuell verschieden. Je nach Erregungszustand und Persönlichkeit kann sie von einer Sekunde bis zu Tagen dauern. Es ist sinnvoll, ein emotional unbeherrschtes Gespräch erst danach fortzusetzen, um zu einem effizienten Ergebnis zu gelangen.

Die oben beschriebenen Schritte 2 bis 6 können vor, während oder nach einem Gespräch angewendet werden.

Die im Management by Objectives (MbO) vorgesehenen Mitarbeitergespräche sind ein weites Anwendungsgebiet für die Selbst-Regulierungs-Kompetenz der Führungskraft. Letztlich wird diese Fähigkeit über die Effizienz entscheiden! Auch wenn nicht ein optimales Gesprächsklima hergestellt werden kann, erlaubt die balancierte, neutrale Position ein besseres Ergebnis, ist energiesparend für beide Seiten und blockiert künftige Entwicklungen nicht.

3. Selbst-Motivation

Lob ist in der Arbeitswelt selten, Kritik aber häufig anzutreffen. Entsprechend wird daher von Führungskräften ein besonders hohes Maß an Selbstmotivation erwartet.

Und was motiviert uns? Jede Tätigkeit, deren Ergebnis uns lohnend erscheint. Natürlich ist es sehr unterschiedlich, was Menschen für sich als lohnend beurteilen: Ein Forscher wird von möglichen neuen Entdeckungen oder Erfindungen in Bann gezogen; ein Bilanzbuchhalter freut sich über Summengleichheit im Soll und im Haben; ein Chirurg gerät ins Schwärmen, wenn er über eine schwierige, erfolgreiche Operation berichten kann; für einen Geschäftsführer ist es lohnend, gesteckte Unternehmensziele auch erreicht zu haben; und ein Werbefachmann strebt nach Wirkung seiner Werbemaßnahme auf potentielle Kunden.

Eines ist klar: Was arbeitende Menschen in erster Linie antreibt und bewegt, ist die kreative Herausforderung und die Anregung durch eine lohnende Tätigkeit selbst. Emotion und Motivation sind beide auf das lateinische *movere* (= bewegen) zurückzuführen. Was uns im Inneren bewegt, sind die Gefühle (mehr als äußere Anreize).

Diese Aussage kann leicht an folgenden Beispielsituationen anschaulich gemacht werden:

- **Situation 1**
  Wir nehmen an, Sie wohnen in München. Ihr Chef hat ein Treffen mit einem Kunden in Köln am Samstag um 8 Uhr früh vereinbart. Sie müssen daher am Vorabend anreisen. Ihr geplanter Theaterbesuch ist zu streichen. Spüren Sie in sich hinein, welche Gefühle Sie in diesem Zusammenhang feststellen.

- **Situation 2**
  Wir nehmen wieder an, Sie wohnen in München. Vor drei Tagen haben Sie eine liebenswerte Person, von der Sie sich angezogen gefühlt haben, kennen gelernt. Diese Person wohnt in Köln und verreist morgen, Samstagmittag, für ein halbes Jahr nach Australien. Die einzige Möglichkeit, diese Person wiederzusehen ist, dass Sie den Theaterbesuch streichen und den langen Weg antreten. Welche Gefühle werden diese Fahrt begleiten? Vergleichen Sie. Werden Sie eher langsamer oder schneller fahren als im ersten Fall?

Der Hauptunterschied liegt in den Emotionen, die beide Situationen hervorrufen. Was wir gerne machen, braucht uns keiner anzuordnen. Das ist das Geheimnis der Selbstmotivation. Leider ist das Wort „Arbeitsfreude“ beinahe in Verruf geraten. Unser Zeitgeist suggeriert und empfiehlt, Freude in der Freizeit zu erleben und verbindet Arbeit eher mit Leid und Last. In unserer jahrzehntelangen Erfahrung haben wir einen Zusammenhang festgestellt: Menschen, die Spitzenleistungen erbringen, erleben bei der Arbeit Freude, Vergnügen und Spaß.

Anleitung
Überprüfen Sie immer wieder, ob Sie im richtigen Beruf sind, ob Ihnen das Führen von Menschen wirklich Spaß macht und ob Sie Menschen mögen. Der Erfolg stellt sich von selbst ein, wenn Sie sich in Ihrem Beruf als ganze Person einbringen können. „Lauf nie dem Geld nach. Wenn du das Richtige tust, wird das Geld dir nachlaufen“, heißt es.

Im Zusammenhang mit Selbstmotivation muss auch über Werte gesprochen werden. Eine „lohnende Tätigkeit“ wird ein Ziel haben, das sich in unserer Werteskala weit oben befindet.

4. Mitgefühl – Empathie

Ein Filialleiter einer österreichischen Bank im Ausland ersucht um ein paar freie Tage, um am Begräbnis seiner Mutter teilzunehmen. Die Antwort seines Chefs: „Schauen Sie, dass das Begräbnis am Montag ist, damit Sie nicht zu lange wegbleiben müssen." Ein halbes Jahr später war der Filialleiter zum größten Konkurrenten der Bank gewechselt. Ein Eingehen auf den Gefühlszustand des Betroffenen hätte hier sicher Schaden abwenden können.

Unter Empathie in der Arbeitswelt ist die Fähigkeit zu verstehen, die Gefühle der Mitarbeiter/-innen wahrzunehmen und sie intelligent zu berücksichtigen. Die Fähigkeit, eigene Gefühle abzusenden und fremde zu empfangen hat – nach Charles Darwin – wesentlich zur menschlichen Entwicklung beigetragen, und zwar dazu, soziale Ordnung herzustellen und zu erhalten.

Aus traditioneller Sicht wird dem Mitgefühl kein großer Stellenwert in der Führungspraxis eingeräumt. Und doch ist dieser Baustein der emotionalen Intelligenz entscheidend:

- wenn es um den Abbau von Widerständen im Zusammenhang mit Veränderungen im Unternehmen geht,
- für die Teamarbeit,
- für die Herausforderungen der Globalisierung,
- für den Umgang in und mit verschiedenen Kulturen,
- wenn Menschen für die gemeinsame Bewältigung schwieriger Situationen zu gewinnen sind (freiwilliger Gehaltsverzicht, Extraschicht wegen hoher Auftragslage, Personalabbau, Reduktion der Sozialleistungen wie Betriebsrenten, „feindliche Übernahme" etc.).

Die Wichtigkeit von Empathie wird auch am Beispiel des Verkäufers ganz besonders deutlich. Die wichtigste Frage für Verkäufer ist, herauszufinden, was für den Kunden wichtig ist. Er sollte bemerken, dass sein Kunde gelangweilt nach den Preisen von Limousinen fragt, sein Gesicht sich jedoch erhellt und die Augen aufleuchten beim Anblick eines Geländewagens.

Sam Walton, der Gründer von Wal-Mart, über das Geheimnis

der Mitarbeiterführung befragt, meinte: „Herausfinden, wie man zum Erfolg seiner Mitarbeiter beitragen kann."

Sowohl für den Verkäufer als auch für Sam Walton zeigt sich, wie wichtig ein hohes Maß an Empathie ist. Besonders dort, wo die Gesprächspartner ihre wahre Motivation zu verstecken trachten – ein alltägliches Phänomen im Geschäftsleben –, hilft Empathie ganz entscheidend. Mangelnde Empathie zeigt sich bei Führungskräften, denen Begriffe oder Einstellungen wie: „mangelndes Fingerspitzengefühl", „Elefant im Porzellanladen", „nur über meine Leiche" zugeordnet werden.

Welche einzelnen Fähigkeiten führen zu Empathie?

- **Aktives Zuhören (wesentlich mehr zuhören als selber reden!)**
  Es ist interessant, dass das chinesische Schriftzeichen für „hören" aus den Bildern für Ohr, Hirn und Herz besteht! Wenn Führungskräfte in Mitarbeitern nur Instrumente zur Erreichung ihrer Ziele sehen, nicht als Menschen, fehlt oft das Interesse, ihnen auch zuzuhören. Ziel des aktiven Zuhörens ist es, dass der andere sich gehört (erhört) fühlt.
- **Aufmerksames Beobachten nicht-verbaler Zeichen (Körpersprache)**
  Sigmund Freud meinte treffend, Menschen können keine Geheimnisse behalten. Auch wenn ihre Lippen schweigen, plaudern ihre Fingerspitzen.
- **Bewusstheit über die eigenen Vorurteile**
  Der amerikanische Autor Frederick Meyer hat einem seiner Bücher den Titel „Vorurteile – Geißel der Menschheit" gegeben. Menschen mit unbewussten Vorurteilen reagieren auf andere Menschen als Stereotype und nehmen sie nicht als einmalige Individuen wahr. Überlegene Teamleistungen beruhen großteils gerade auf der Nutzung der Unterschiede zwischen den Mitgliedern des Teams.
- **Wertschätzen der anderen Person**
  Führungskräfte, die anderen Menschen (und sich selbst!) stets wertend und urteilend begegnen (genau wissen, was richtig oder falsch, natürlich oder unnatürlich, schön oder hässlich ist), blo-

ckieren sich selbst und zapfen nicht das volle Potential ihrer Mitarbeiter/-innen an. Subtile Werturteile sind das häufigste Hindernis für Spitzenleistungen im Team! Erst das Bemühen um nichtwertendes Verstehen schafft das Klima, in dem Mitarbeiter/-innen ihr Bestes geben.

Anleitung

Obwohl diese Bausteine der Empathie Training und längerfristige Prozesse der Selbstentwicklung erfordern, können Sie in kurzer Zeit auch schon einiges erreichen. Auf einer Seite „Mitgefühl" in Ihrem emotionalen Logbuch tragen Sie sechs Wochen lang täglich zweimal (am besten mittags und abends) ein, wie es Ihnen in konkreten betrieblichen Situationen ergangen ist. Eine Skala von 1 (verbesserungswürdig) bis 5 (ausgezeichnet) hat sich dabei bewährt. Wieder gilt, dass Sie den Effekt der Übung steigern können, wenn Sie eine Person Ihres Vertrauens um Feedback bitten.

Sie werden das Gefängnis, das Sie sich selbst errichtet haben, sprengen und die tiefliegenden Voraussetzungen für wahre Kooperation schaffen!

5. Motivation – Win-Win-Beziehungen

Das Ziel emotionaler Intelligenz für Führungskräfte ist es, andere Menschen zu beeinflussen und langfristige Beziehungen zu Mitarbeitern und Kunden herzustellen, von denen beide Seiten profitieren (Win-Win).

Emotionen sind ansteckend. Wir übernehmen Stimmungen und Launen von anderen, verlassen ein Gespräch erheitert, inspiriert oder traurig und deprimiert. Wir übertragen genauso unsere Gefühlslage auf andere, stecken andere mit dem sozialen Virus „Emotion" an. Diese Ansteckung passiert meist in wenigen Minuten.

Menschen, die ihre Gefühle gut ausdrücken können, wirken „ansteckender" als Menschen, die mit ihren Gefühlen sehr zurückhaltend umgehen. C. G. Jung beschreibt dieses Phänomen als Psychotherapeut im Umgang mit seinen Patienten. Es ist ein schwerer Fehler anzunehmen, meint er, sich von den Gefühlen des Patienten fernhalten zu können, eine neutrale Distanz zu wahren.

Diese Aussage ist genauso wahr für die Arbeitswelt. Unsere Emotionen helfen uns bei der Orientierung und zum Überleben. Sie sind oft nonverbal ausgedrückte Warnungen, Einladungen, Signale und enthalten wichtige Informationen für unser Umfeld. Vor langen Zeiten können wir uns das so vorstellen, dass die Angst in unserem Gesicht unseren Gruppenmitgliedern den bevorstehenden Angriff eines Säbelzahntigers angekündigt und sie zu rascher Aktion aufgefordert hat. Dieses Erbe aus unserer Entwicklungsgeschichte gilt es, für effektive Win-Win-Beziehungen zu nutzen.

Goleman führt mehrfach Beweis dafür an, dass die Gefühlslage der Teilnehmer an Gruppenentscheidungen über die Qualität der Zusammenarbeit und das Ergebnis entscheidet.

Vielleicht haben Sie schon beobachtet, wie Busfahrer das erregte und angespannte Klima im vollbesetzten Autobus zum Guten wenden können – durch einen Scherz oder ihre Gelassenheit und ihr Mitgefühl. Oder wie ein Teammitglied durch nur im Gesicht zur Schau gestellten Frust die Kooperationsbereitschaft des gesamten Teams blockiert. Oder wie eine inspirierte Führungskraft freundlich lächelnd das Sitzungszimmer betritt und die depressive Stimmung des Teams im Nu verflogen ist. – All das sind Beweise dafür, dass Gefühlslagen ansteckend wirken und andere Menschen beeinflussen.

An der Stelle möchten wir die Definition von Führen vom Beginn wiederholen:

Führen heißt, Ziele erreichen mit Menschen.

Neben dem Aspekt, die Unternehmensziele im Auge zu behalten, ist wohl der weit anspruchsvollere Teil des Führens derjenige, Menschen so zu beeinflussen (motivieren), dass sie die Unternehmensziele zu ihren eigenen Zielen machen.

Ist das nicht schon Manipulation?

- Entscheidend für die Antwort ist, ob die Führungskraft mit offenen Karten spielt. Ob sie die Mitarbeiter/-innen als ganze Menschen mit vielen Fähigkeiten, Wünschen, Bedürfnissen und

Emotionen wahrnimmt und ebenso sich selbst als ganzer Mensch ihnen gegenüber darstellt: mit Fähigkeiten, Wünschen, Bedürfnissen, Emotionen, Machtansprüchen, Zielen etc. So sind die Voraussetzungen für Motivation gegeben, d. h., die Mitarbeiter/-innen finden ein Umfeld vor, in dem sie sich motiviert fühlen.
- Sieht die Führungskraft die Mitarbeiter/-innen jedoch im Gegensatz dazu nur als Mittel, ihre eigenen Ziele zu verwirklichen, so hat diese Interaktion durchaus manipulativen Charakter.

Beide Methoden können zum Ziel führen. Langfristig ist wohl der Motivation der Vorzug zu geben. Meist durchschauen die Menschen, dass sie manipuliert worden sind und lassen sich auf dasselbe Spiel kaum noch ein zweites Mal ein.

Mit entwickelter emotionaler Intelligenz gewinnen Sie Menschen, nicht Kriege. Demnach gibt es zwei Sieger, keine Verlierer. Emotional intelligente Führungskräfte wissen, wann sie „nett“ und wann sie „hart“ sein müssen.

Die Führungsaufgabe – eine Kunst?

Wer Führen als Kunst versteht, nimmt Kontakt mit den unterschwelligen Gefühlen seiner Mitarbeiter/-innen auf und kann die Auswirkungen seiner Handlungen abschätzen. So entsteht

- ein großes Maß an Übereinstimmung und Unterstützung auch für schmerzhafte betriebliche Maßnahmen (wie Kosteneinsparungen oder Personalabbau),
- ein vertrauensvolles Klima der Zusammenarbeit,
- Teamgeist,
- Bereitschaft für Veränderungen.

Zusammenfassung des Kapitels „Sozio-emotionale Intelligenz“

Es ist offensichtlich, dass die Führungskraft mit ihren menschlichen Fähigkeiten als Persönlichkeit den größten Einfluss auf die Effizienz und den Gewinn einer Abteilung, ja des ganzen Unternehmens ausübt.

Das Produkt aus intellektueller Kapazität und emotionaler Kompetenz macht den Führungserfolg aus. Die Defizite liegen derzeit zumeist auf der emotionalen Seite.

Wir wünschen uns, dass dieses Buch und unsere Arbeit helfen, diese Defizite zu erkennen und auszugleichen – und so zu Ihrem unternehmerischen Erfolg beitragen werden!

Wer sind wir?

Dr. Sigrun Schlick

Mag. Maria Lúcia Marinho

Dr. Alexander Schlick

Das Team

Wir sind ein Team von Beratern aus verschiedenen Bereichen: der Ökonomie (Dr. Sigrun Schlick), der Biologie, Anthropologie und Genetik (Dr. Alexander Schlick) und Psychologie (Mag. Maria Lúcia Marinho).

Wir haben es uns zur Aufgabe gemacht, die arbeitenden Menschen, Arbeitsgruppen und ganze Organisationen bei ihrer Entwicklung zu unterstützen und zu begleiten. Das tun wir in Form von drei Methoden: Consulting, Training und Coaching. Die Seminarsprachen sind Deutsch, Englisch und Portugiesisch. Unser Tätigkeitsbereich erstreckt sich von China bis in die USA.

Consulting

Neben der klassischen Organisationsentwicklung, die bei der Organisationskultur und der Organisationsstruktur verändernd ansetzt, begleiten wir den Prozess der Leitbildentwicklung. Wir führen Assessment-Center zur professionellen Auswahl von Führungskräften durch. Wir begleiten Arbeitsgruppen (Quality Circles) im Sinne des „Action Learning“. Ebenso gehören u. a. Untersuchungen des Betriebsklimas, Entwicklung und Durchführung von Verbesserungsmaßnahmen, Einführung von Managementkonzepten (wie MbO) dazu.

Training

Die Ausbildung von neu ernannten Führungskräften wird ergänzt durch Aufbauseminare zur Persönlichkeitsbildung, Kommunikation, Konfliktbehandlung, zum Energy Management (Stressvorbeugung und -behandlung), zur Teamentwicklung, Entwicklung von Wertebewusstsein und zum Umgang mit Veränderungen (Change).
Unser Prinzip ist, dass Inhalte und Programme individuell auf die Teilnehmer- bzw. Kundenbedürfnisse abgestimmt sind. Im Rahmen unserer permanenten eigenen Weiterbildung in Europa und Nordamerika machen wir uns ständig mit den neuesten Theorien und Erkenntnissen vertraut, um sie adaptiert an unsere Kunden weiterzugeben.

Sämtliche Trainingsprogramme werden sowohl „öffentlich" als auch „betriebsintern" angeboten.

Coaching

Die zunehmend fordernde Aufgabe der Führungskräfte wird durch persönliches Coaching begleitet. Dies führt aus unserer Erfahrung zu wesentlicher Steigerung der Leistungsfähigkeit und Persönlichkeitsentwicklung unserer Klienten. Neben diesem individuellen Coaching bieten wir auch Gruppencoachings für Teams an, die durch Methoden wie Feedback und Supervision das Ergebnis ihrer Arbeit steigern möchten.

Literatur zum Thema

Adams, J. S. (1965). In: Berkowitz (Hrsg.), Advances in Experimental Social Psychology. New York: Academic Press, 267–299.

Alderfer, C. P. (1972). Existence, Relatedness and Growth: Human Needs in Organizational Settings. New York: Free Press.

Argyris, Chris (1999). Lernende Organisation. Stuttgart: Klett-Cotta.

Argyris, Chris. Wissen in Aktion. Eine Fallstudie zur lernenden Organisation. Stuttgart: Klett-Cotta.

Axelrod, Robert (2000). Die Evolution der Kooperation. Studienausgabe. Oldenbourg.

Bateson, Gregory (1981). Ökologie des Geistes. Frankfurt a. M.: Suhrkamp TB.

Blake, Robert R. u. a. (1993). Unternehmensentwicklung mit GRID. Der Weg zur effektiven Organisation. Frankfurt a. M.: Campus.

Blake, Robert R. und Jane S. Mouton (1972). Besser verkaufen durch GRID. Das Verhaltensgitter als Methode zum optimalen Verkauf in Handel, Industrie und Dienstleistung.

Cooper, Robert K. und Ayman Sawaf (1997). Emotionale Intelligenz für Manager. Heyne.

Dawkins, Richard. Das egoistische Gen. Reinbek bei Hamburg: Rowohlt.

Deci, E. L. (1975). Intrinsic Motivation. New York: Plenum Press.

de Vries, Kets (1992). Cheftypen. Zwischen Charisma, Chaos, Erfolg und Versagen. München.

Drucker, Peter (1998). Die Praxis des Managements. München: Econ Verlag.

Freud, Sigmund. Studienausgabe. Frankfurt a. M.: Fischer TB.

Fromm, Erich (1998). Haben oder Sein. München: DTV TB.

Fromm, Erich (1992). Von der Kunst des Zuhörens. München: Heyne TB.

Gall, Stefan, Rudolf Kerschreiter und Andreas Mojzisch. Handbuch Biopsychologie und Neurowissenschaften. Ein Wörterbuch mit Fragenkatalog zur Prüfungsvorbereitung.

Goleman, D. (1997). Emotionale Intelligenz. München: DTV TB.

Herzberg, F. u. a. (1959). The Motivation to work. New York: John Wiley and Sons.

Iacocca, Lee und William Novak. Iacocca (1995). Eine amerikanische Karriere. Sonderausgabe. Econ.

Jung, C. G.. Taschenbuchausgabe in 11 Bänden. München: DTV TB.

Moss Kanter, Rosabeth (1996). Weltklasse – Im globalen Wettbewerb lokal triumphieren. Wien: Ueberreuter.

Latham, G. P. und G. A. Yukl (1975). A review of research on the application of goal setting in organizations. Academy of Management Journal, 18, 824–845.

Likert, Rensis (1992). Die integrierte Führungs- und Organisationsstruktur. Frankfurt a. M.: Campus.

Luft, Josef (1973). Einführung in die Gruppendynamik. Stuttgart.

Martin, H. und H. Schumann (1998). Die Globalisierungsfalle. Reinbek bei Hamburg: Rowohlt.

Maslow, Abraham. Motivation und Persönlichkeit. Reinbek bei Hamburg: Rowohlt.

Maslow, Abraham. Psychologie des Seins. Frankfurt a. M.: Fischer TB.

Mayer, Frederick (1999). Lebensziele. Wien: Löcker.

Mayer, Frederick (1992). Schöpferisch erleben. Wien: Löcker.

McClelland, David (1978). Macht als Motiv: Entwicklungswandel und Ausdrucksformen. Stuttgart: Klett-Cotta.

McGregor, Douglas (1990). Der Mensch im Unternehmen. Frankfurt a. M.: McGraw Hill Book.

Milgram, Stanley (1997). Das Milgram-Experiment. Zur Gehorsamsbereitschaft gegenüber Autorität. Reinbek bei Hamburg: Rowohlt.

Porter, L. N. und E. E. Lawler (1967). Antecedent attitudes of effective managerial performance. Organizational Behavior and Human Performance 2, 122 –142.

Porter, M. (1999). Wettbewerbstrategie – Methoden zur Analyse von Branchen und Konkurrenten. Frankfurt a. M.: Campus.

Reich, Robert B. (1998). Locked in the Cabinet: An Unprecedented Look Inside the Clinton White House. Vintage Books.

Rosenstiel, L. u. a. (1995). Organisationspsychologie. Stuttgart: UTB/Kohlhammer.

Schlick, Sigrun und Rudolf Zucha (2000). Führungsstärke oder Charisma? Frankfurt a. M.: Peter Lang.

Schultz von Thun, Friedmann (1999). Miteinander Reden. Reinbek bei Hamburg: Rowohlt.

Senge, P. (1998). Die fünfte Disziplin – Kunst und Praxis der lernenden Organisation. Stuttgart: Klett-Cotta.

Shula, Don und Ken Blanchard. Talent zum Coach hat jeder. Wien: Ueberreuter.

Skinner, B. F. (1938). The Behavior of Organisms. New York: Appleton-Century-Crofts.

Tannen, Deborah (1997). Andere Worte, andere Welten – Kommunikation zwischen Frauen und Männern. Frankfurt a. M.: Campus.

Tannen, Deborah (2001). Warum sagen Sie nicht, was Sie meinen? München: Goldmann.

Tausch, Reinhard (1993). Hilfen bei Streß und Belastung. Reinbek bei Hamburg: Rowohlt.

Thurow, L. (2000). Die Zukunft des Kapitalismus. Regensburg: Metropolitan.

Todes, Daniel P. (1989). Darwin Without Malthus: The Struggle for Existence in Russian Evolutionary Thought. Oxford University Press.

Tuckman, Bruce W. (1991). Educational Psychology: From Theory to Application. Thomson Learning.

Ulich, Eberhard (1998). Arbeitspsychologie. Stuttgart: Schaeffer-Poeschl.

Vogel, Christian. (1989) Vom Töten zum Mord. Hanser.

Vroom, V. H. (1964). Work and Motivation. New York: Wiley.

Walton, Sam und John Huey (2001). Wal-Mart – Die Geschichte von Sam Walton und seiner erfolgreichen Handelskette. Moderne Industrie.

Welch, Jack und John A. Byrne. Was zählt. Die Autobiographie des besten Managers der Welt. Econ.

Watzlawick, Paul u. a. (2000). Menschliche Kommunikation. Formen, Störungen, Paradoxien. 10., unveränderte Auflage, Bern.

Weber, Max : Die protestantische Ethik und der Geist des Kapitalismus. Beltz Athenäum.

Wilson, Edward O. Die Zukunft des Lebens. Siedler.

Zucha, Rudolf (1995). Führungsstärke in der Praxis. Wien: WUV Universitätsverlag.

Index

F

G

H

I

J

K

L

T

U

V

W

Z